Los Premios Nobel

PAUL HEYSE

L'ARRABBIATA
Y OTRAS NARRACIONES

EDICIONES ORBIS, S.A.

Título original: L'ARRABBIATA
Traducción de Rafael de la Vega

Traducción cedida por Aguilar, S.A. de Ediciones

ISBN: 84-7530-313-7
D.L.B. 29338-1983

Compuesto, impreso y encuadernado por
Printer industria gráfica, s.a. Provenza, 388 Barcelona
Sant Vicenç dels Horts

Printed in Spain

L'ARRABBIATA[1]

1. La rabiosa, la huraña. En italiano en el original.

No había despuntado aún el sol, y sobre el Vesubio flotaba un ancho banco gris de niebla, que se extendía hasta Nápoles, ensombreciendo las pequeñas aldeas del litoral. El mar estaba en calma. Pero en el barrio marinero, situado en una estrecha ensenada bajo los altos acantilados de Sorrento, bullían ya los pescadores, con sus mujeres, afanándose por arrastrar a tierra las barcas, atadas con larguísimas maromas, en las que se distinguían las redes, colgadas fuera de ellas para pescar durante la noche. Otros preparaban el aparejo de sus embarcaciones, arreglaban el velamen y sacaban los remos y pertrechos de las grandes cuevas excavadas profundamente en la roca, que, bajo su bóveda enrejada, almacenaban durante la noche los útiles de pesca. Nadie había ocioso o desocupado; hasta los más ancianos, los que ya nunca se hacían a la mar, se incorporaban también a la larga fila de los que arrastraban las redes; y aquí y allá, alguna abuelita devanaba el huso sobre uno de los lisos terrados, o se ocupaba en cuidar del nietecillo, mientras la hija ayudaba al marido en la faena.

—¡Eh, Rachela, mira! ¡Ahí viene nuestro *padre Curato*![1] —dijo una anciana, dirigiéndose a una chiquilla no mayor de diez años, que agitaba su pequeño huso junto a ella—. Ahora mismo sube a la barca; Antonino le llevará a Capri. ¡*María Santissima*, el buen señor está todavía adormilado!

Y diciendo esto hizo señas con la mano a un minúsculo

1. Las frases o expresiones que figuran en el original en italiano, van en cursiva.

y risueño sacerdote que, al pie mismo de ellas, acababa de acomodarse en la barca, después de haber doblado cuidadosamente su manteo, extendiéndolo sobre uno de los bancos de madera. Los que se hallaban en la playa interrumpieron un instante su tarea para ver partir a su párroco, que saludaba cariñosamente a derecha e izquierda.

—¿Por qué tiene que ir a Capri, abuela? —preguntó la niña—. ¿Es que no hay allí párroco y tienen que pedirnos prestado el nuestro?

—No seas simple —dijo la vieja—. Allí tienen más que suficientes, y también muchas iglesias bonitas, y hasta un ermitaño, cosa que nosotros no tenemos. Lo que sucede es que allí vive una *signora* muy principal, que vivió mucho tiempo aquí, en Sorrento, y estuvo una vez tan enferma, que el padre tuvo que llevarle el Santísimo más de una vez, porque pensaban que no pasaría de esa noche. Pero la Santísima Virgen se apiadó de ella, de manera que se puso otra vez sana y buena, y hasta pudo bañarse de nuevo en el mar todos los días. Cuando se fue de aquí para Capri regaló un buen montón de ducados a la iglesia y a los pobres, y dicen que no quiso marcharse hasta que el padre le prometió visitarla allí donde vive ahora para confesarse con él. Es asombrosa la estima en que le tiene la señora; y podemos estar bien contentos de tener por párroco a una persona que tiene prendas de sobra para ser arzobispo, y a quien consultan los señores importantes. ¡Que la Virgen le acompañe!

Y diciendo esto agitó la mano en dirección al bote, que se preparaba en aquellos momentos para desatracar.

—¿Tendremos un día despejado, hijo? —preguntó el sacerdote.

Y miró con expresión dubitativa hacia Nápoles.

—El sol no ha salido todavía —replicó el muchacho—. Cuando salga terminará, sin duda, con este poco de niebla.

—Pues date prisa, para que lleguemos antes del calor.

Antonino acababa de aferrarse a uno de los largos remos con objeto de dejar la barca en completa libertad, cuando se detuvo de pronto y escudriñó las alturas del escarpado sendero que llevaba desde la villa de Sorrento hasta el barrio marinero.

Apareció en lo alto una esbelta figura de muchacha, que bajaba apresuradamente por el pedregoso camino y hacía señas con su pañuelo. Traía un bulto bajo el brazo, y su atuendo era bastante pobre. Sin embargo, tenía un gesto casi aristocrático, aunque un poco salvaje, cuando echaba hacia atrás la cabeza, y sus negras trenzas, que llevaba atadas en círculo por encima de ésta, parecían una diadema.

—¿A qué esperamos? —preguntó el párroco.

—Viene a la barca alguien que también querrá ir a Capri. Con su permiso, padre; no nos retrasaremos por esto, pues se trata de una muchacha de apenas dieciocho años.

En aquel momento se acercaba ésta corriendo a lo largo del muro que bordeaba el sinuoso sendero.

—¿Laurella? —dijo el párroco—. ¿Qué tendrá que hacer en Capri?

Antonino se encogió de hombros. La muchacha se acercaba con paso ligero y parecía abstraída y recelosa.

—¡Buenos días, *Arrabbiatta*! —alzaron la voz algunos jóvenes marineros.

Y habrían dicho más cosas, si la presencia del cura no les hubiese infundido respeto, pues la orgullosa mudez con que la muchacha acogió su saludo pareció excitar a los impertinentes mozos.

—Buenos días, Laurella —dijo también el sacerdote—. ¿Qué tal? ¿Vienes también a Capri?

—Si me lo permiten, padre.

—Pregúntale a Antonino, que es el patrón del barco. Cada uno es dueño de lo suyo, y Dios lo es de todos.

—Aquí hay medio florín —dijo Laurella, sin dirigir la mirada al joven barquero—. Si pudiese ir por esta cantidad...

—Tú lo necesitarás más que yo —gruñó entre dientes el mozo.

Y apartó unas cestas de naranjas para dejar sitio libre. Las llevaba para venderlas en Capri, porque la rocosa isla no producía suficientes para el consumo de sus muchos visitantes.

—No quiero ir gratis —dijo la muchacha, y sus negras cejas se contrajeron.

—Anda, niña, ven —dijo el sacerdote—. Antonino es un buen muchacho y no piensa enriquecerse con tu miseria. Ven aquí, salta —y le tendió la mano—, y siéntate a mi lado. Mira, ¿ves?, ha extendido su chaqueta para que te sientes con más comodidad. Conmigo no ha sido capaz de hacer eso. Pero la gente joven es así; por una mocita se afana más que por diez religiosos. Vamos, vamos, no necesitas disculparte, Tonino. Está dispuesto así por Dios: cada uno se preocupa por sus iguales.

Entre tanto, Laurella había saltado dentro y se había acomodado sin decir palabra, después de haber apartado a un lado la chaqueta. El joven barquero esperó a que hubiese terminado, mascullando algo entre dientes. Luego empujó con fuerza en el muelle, y la pequeña lancha se deslizó libremente por las aguas de la bahía.

—¿Qué traes aquí, en este paquete? —dijo el sacerdote, mientras ella contemplaba fijamente el mar, que resplandecía ya bajo los primeros rayos del sol.

—Seda, hilo y un pan, padre. La seda la venderé a una mujer de Capri, que se dedica a tejer cintas y cordones, y el hilo, a otra.

—¿Devanaste tú misma la seda?

—Sí, señor.

—Si mal no recuerdo, tú aprendiste también a tejer cintas.

—Sí, señor. Pero mi madre está otra vez peor y no puedo salir de casa; además, no podemos pagar un telar útil y de buena calidad.

—¿Está peor tu madre? ¡Vaya por Dios! Pues cuando estuve a veros por Pascua, ella estaba levantada.

—Sí, pero la primavera es la peor estación del año para ella. Desde que tuvimos los grandes temporales y los terremotos ha tenido que permanecer echada, a causa de los dolores.

—No dejes de rezar y de pedirle a la Santísima Virgen que interceda por ella, hija mía; y sé buena y animosa, para que tu oración sea atendida —y después de una pausa—: Cuando te acercabas por la playa te gritaron: «¡Buenos días, *Arrabbiata*!» ¿Por qué te llaman así? Ése no es un nombre digno de una chica cristiana, que debe ser siempre dulce y paciente.

El moreno rostro de la muchacha enrojeció, y sus ojos relampaguearon.

—Se burlan de mí, porque no bailo, ni canto, ni doy tanto palique como otras. Que me dejen en paz; yo no me meto con ellos.

—Sin embargo, tú tendrías que ser amable con todos. Que bailen y canten otras, cuya vida es más regalada que la tuya. Pero dar una palabra amable, también es conveniente para una persona afligida.

Bajó ella los ojos y frunció las cejas, cual si quisiera ocultar así su negra mirada. Bogaron en silencio un buen rato; el sol resplandecía, magnífico, sobre las montañas, y la cumbre del Vesubio sobresalía por entre los jirones de la niebla que envolvía aún sus laderas, mientras las casas de la llanura de Sorrento deslumbraban de blancura entre los verdes naranjos.

—Laurella, ¿no has vuelto a saber nada de aquel pintor, aquel napolitano que quiso casarse contigo? —preguntó el cura.

Negó ella con la cabeza.

—Entonces comenzó a pintarte un cuadro. ¿Por qué le rechazaste?

—Y ¿para qué querría él hacer eso? Hay otras mucho más bonitas que yo. Y después, quién sabe a lo que hubiera llegado; mi madre dijo que podía hechizarme con eso y perjudicar mi alma, o incluso llevarme a la muerte.

—No creo que fueran cosas tan lamentables —dijo gravemente el sacerdote—. ¿No estás siempre en manos de Dios, sin cuya voluntad no caerá ni un solo cabello de tu cabeza? Y ¿ha de ser más fuerte que el Señor un hombre con un cuadro? Además, bien podías tú ver que te quería bien. De otro modo, ¿cómo hubiera querido casarse contigo?

Ella callaba.

—¿Por qué le rechazaste, di? Era un buen muchacho, un chico como Dios manda, y hubiera podido sosteneros a ti y a tu madre mucho mejor de lo que tú puedes ahora, tejiendo y devanando seda.

—Nosotras somos pobres —dijo con vehemencia—, y mi madre está enferma desde hace mucho tiempo. Habría sido una carga para él. Además, yo no valgo para casarme con un señorito; cuando sus amigos hubiesen ido a verle se habría avergonzado de mí.

—¿Qué estás diciendo? Yo te digo que él era un hombre muy cabal. Y por si fuera poco, quería mudarse a Sorrento, para vivir allí. No, no volverá tan pronto una persona así, como caída del cielo, para ayudaros.

—¡No quiero marido, nunca, jamás! —dijo ella, tercamente y como ensimismada.

—¿Es que has hecho voto, o quieres entrar en un convento?

Ella negó de nuevo con la cabeza.

—Tienen razón las personas que te echan en cara tu terquedad, aunque el nombre que te han puesto no sea muy bonito. ¿No se te ocurre pensar que no estás sola en el mundo y que con esa testarudez haces más dura la vida de tu madre enferma y agravas su misma enfermedad? ¿Qué motivos de peso puedes tener tú para rehusar la mano honrada y sincera que quiere sosteneros a ti y a tu madre? ¡Contesta, Laurella!

—Tengo un motivo —dijo ella en voz baja y titubeando—. Pero no puedo decirlo.

—¿Qué no puedes decirlo? ¿Ni siquiera a mí, tampoco? ¿Ni siquiera a tu confesor, a quien te confías en todo lo demás, y que sólo busca tu bien?

Ella esbozó un gesto con la cabeza.

—Descarga tu corazón, niña. Si tienes razón, yo he de ser el primero en dártela. Pero eres joven y conoces poco el mundo; y te arrepentirías luego, tardíamente, si echaras a perder tu felicidad por culpa de unos pensamientos infantiles.

Ella arrojó una mirada furtiva y recelosa sobre el muchacho, que remaba afanosamente, sentado en el otro extremo del bote, con su gorrilla de lana calada hasta las orejas. Tenía la mirada clavada en el mar y parecía totalmente abstraído en sus pensamientos.

El sacerdote captó la mirada e inclinó el oído hacia ella.

—Yo no he conocido a mi padre —susurró, y sus ojos se ensombrecieron.

—¿Tu padre? Creo que murió cuando tú tenías apenas diez años. ¿Qué tiene que ver tu padre (Dios le tenga en gloria) con tu testarudez?

—Usted no le ha conocido, padre, y no sabe que sólo él es el culpable de la enfermedad de mi madre.

—¿Cómo puede ser eso?

—Porque él la maltrató y le pegaba y la pisoteaba. Aún me parece estar viendo las noches en que regresaba a casa enfurecido. Ella no le replicaba ni una palabra y hacía todo lo que él mandaba; pero él la pegaba de tal modo, que el corazón quería saltarme en pedazos. Yo me cubría la cabeza con la sábana y fingía dormir, pero me pasaba la noche llorando. Y él, cuando la veía tirada en el suelo, se transformaba súbitamente, la levantaba en brazos y la besaba de tal modo, que ella gritaba que la iba a ahogar. Mi madre me prohibió decir una palabra a nadie; pero todo esto la ha consumido y debilitado tanto, que nunca más ha vuelto a tener salud desde que murió él, hace ya muchos años. Y si mi madre se muere antes de tiempo (no lo permita Dios), yo sé bien quién es el que la ha tronchado.

El curita meneó la cabeza y parecía indeciso sobre el problema de hasta qué punto debía dar la razón a su joven penitente. Finalmente, dijo:

—Perdónale, como tu madre le ha perdonado. No fijes más tus pensamientos en aquellas tristes escenas, Laurella. Ya vendrán mejores tiempos para ti, tiempos que te harán olvidar todo lo anterior.

—No puedo olvidarlo —dijo ella, con un estremecimiento—. Y sepa usted, padre, por qué quiero permanecer soltera: para no tener que estar sometida a nadie que me maltrate primero y luego me acaricie. Ahora, si alguien quiere pegarme o besarme, yo sé defenderme; pero mi madre no podía defenderse, ni evitar las palizas ni los besos, porque estaba enamorada de él. Yo no quiero querer a nadie por cuya causa llegue a verme algún día enferma y en la miseria.

—Eres una criatura y hablas como quien no sabe nada de lo que pasa en la vida. ¿Son, acaso, todos los hombres como tu pobre padre, que se entregan por completo a cada capricho y pasión, y se portan mal con sus mujeres? ¿Es que no has conocido tú muchos hombres como es debido entre los vecinos del pueblo, y mujeres que viven en paz y concordia con sus maridos?

—Nadie sabía tampoco cómo era mi padre para con mamá, pues ella se hubiera muerto mil veces antes que decírselo a nadie, o quejarse de algún modo. Y todo esto, porque le quería. Si con el amor ocurre que le tapa a uno la boca cuando se debe pedir auxilio y deja al desamparado frente al criminal en situación que éste pueda matarle si se le antoja, no quiero entregar mi corazón a ningún hombre.

—Te digo que eres una criatura y no sabes lo que dices. Cuando te llegue tu hora, el corazón te preguntará si quieres amar o no, y entonces, de nada te servirá todo lo que tienes ahora en la cabeza —y prosiguió, tras una pausa—: Y el pintor aquel, ¿le creías también capaz de haberte maltratado?

—Él ponía los mismos ojos que yo veía poner a mi padre cuando pedía perdón a mamá y quería abrazarla para decirle otra vez palabras tiernas. Conozco bien estos ojos. Puede ponerlos muy bien una persona que lleva dentro del corazón la idea de golpear a su mujer, que no le ha hecho daño alguno. Me horroricé cuando vi otra vez esos ojos.

Después de esto se sumió en un obstinado silencio. El sacerdote también calló. Reflexionaba en los muchos buenos consejos y máximas que hubiera podido oponer a las ideas de la muchacha. Pero la presencia del joven barquero, que desde el término de la confesión se había tornado visiblemente desasosegado, selló sus labios. Cuando, tras un viaje de dos horas, arribaron al pequeño puerto de Capri, Antonino transportó en brazos desde la barca al reverendo señor, por encima de las últimas olas, y le depositó respetuosamente en tierra.

No quiso esperar Laurella a que vadease de nuevo el agua para recogerla. Tomó su chal, cogió sus pequeños zuecos en la mano derecha, el paquete en la izquierda y chapotó ágilmente hasta tierra.

—Hoy me quedaré en Capri bastante tiempo —dijo el padre— y no es preciso que esperes por mí. Quizá vuelva a casa mañana por la mañana. Y tú, Laurella, cuando regreses, saluda a tu madre de mi parte. Os visitaré esta misma semana. ¿Sin duda, volverás antes del anochecer?

—Sí, si hay posibilidad —dijo la niña, mientras ponía en orden su falda con lentitud y desgana.

—Sabes que yo tengo que volver también —dijo Antonino, con una voz todo lo indiferente que le fue posible—. Te esperaré hasta la hora del Angelus. Si a esa hora no estás de vuelta, me da igual; me marcharé de todos modos.

—Tienes que volver, Laurella —intervino el curita—. No debes dejar sola a tu madre ninguna noche. ¿Tienes que ir muy lejos?

—Hasta Anacapri, en una viña.

—Pues yo, por mi parte, me voy corriendo a Capri. Vete con Dios, niña, y tú también, hijo mío.

Laurella le besó la mano y dejó caer un saludo que debían repartirse por igual el padre y Antonino. Éste, empero, no se consideró incluído en él; él quitó la gorra ante el padre y no se dignó mirar a Laurella.

Pero cuando ambos le hubieron vuelto las espaldas dejó ir su mirada breves instantes con el reverendo, que se alejaba trabajosamente por el camino sembrado de grava y guijarros, y se volvió después hacia la muchacha, que había comenzado a ascender a la derecha, con la mano puesta ante los ojos para resguardarlos del riguroso sol.

Antes que el camino se perdiese allá arriba por entre tapias, detúvose ella un momento como para tomar aliento y volvió la cabeza. El barrio marinero quedaba abajo, a sus pies. En derredor se alzaban las ásperas y escarpadas rocas, y el mar refulgía de esplendente azul; era un espectáculo digno en verdad de contemplarse. El azar dispuso que su mirada, al posarse sobre la barca de Antonino, se encontró con la que éste había dirigido hacia ella. Ambos esbozaron ese gesto de las personas que quieren disculparse de algo sucedido por equivocación, tras de lo cual, la muchacha prosiguió su camino con aspecto sombrío.

*

Faltaba tan sólo una hora para el mediodía, y ya estaba sentado Antonino en un banco ante la taberna del pueblo desde hacía dos. Algo debió de venírsele de pronto a las mientes, pues saltó de su asiento, echó a andar a pleno sol y escudriñó atentamente los caminos que a derecha e izquierda conducen, respectivamente, a dos pueblecitos de la isla.

—El tiempo está dudoso —dijo a la patrona de la hostería—. Parece despejado, pero yo conozco bien estos colores del mar y el cielo. Precisamente los observé antes que descargase la última galerna, cuando me las vi y me las deseé para poder llevar a tierra a aquella familia inglesa. Lo recordaréis, seguramente.

—No —dijo la mujer.

—Pues hoy os acordaréis de mí cuando cambie el tiempo antes del anochecer.

—¿Hay muchos señores allá? —preguntó la tabernera, después de una pausa.

—Ahora, precisamente, comienza a haberlos. Hasta ahora tuvimos mal tiempo. Los que vienen por los baños prefieren esperarse.

—La primavera llega con retraso. ¿Habéis ganado allí más que nosotros aquí, en Capri?

—Si yo me hubiese dedicado solamente a la barca, no habría tenido ni para comer macarrones dos veces por semana. De cuando en cuando llevar una carta a Nápoles, o dar un paseo por el mar a un señor que quería pescar con caña, esto era todo. Pero ya sabéis que mi tío posee grandes naranjales, y es un hombre rico. «Tonino —dice—, mientras yo viva, no has de pasar penas, y después, también me preocuparé de ti.» Así he pasado este invierno, con la ayuda de Dios.

—¿Tiene hijos vuestro tío?

—No. No se casó y estuvo mucho tiempo en el extranjero, donde reunió buenas pesetas. Ahora tiene en proyecto montar una gran factoría de pesca y quiere ponerme al frente del negocio, para que lo vigile.

—Veo que sois un hombre de buen porvenir, Antonino.

El joven barquero se encogió de hombros.

—Todos tenemos que llevar nuestra carga —dijo.

Se levantó de un salto y miró de nuevo a derecha e izquierda, oteando el tiempo, aunque debía de saber que éste sólo tiene un punto de origen en el cuadrante.

—Os traeré una botella más. Vuestro tío puede pagarla —dijo la mesonera.

—No, no; solamente un vaso. Tenéis un vino demasiado fuerte; mi cabeza está ya ardiendo.

—No entra en la sangre. Podéis beber cuanto queráis. Precisamente llega ahora mi marido, con quien tenéis que sentaros y charlar un ratito.

Venía, en efecto, bajando de la altura el gallardo *padrone* de la posada, con la red colgada de la espalda y la roja gorra sobre los ensortijados cabellos. Había llevado a la ciudad el pescado que le había encargado la noble señora de marras, para obsequiar al párroco de Sorrento. Cuando le divisó el joven barquero, le dirigió con la mano una cordial bienvenida, se sentó a su lado en el banco y comenzó en seguida a preguntar y a contar cosas.

Traía, precisamente, su mujer una segunda botella de legítimo Capri cuando la arena de la playa crujió a la izquierda de ellos y vieron venir a Laurella por el camino que trae de Anacapri. Saludó con un breve gesto y se quedó en pie, encerrada en un indeciso mutismo.

Antonino se levantó.

—He de irme —dijo—. Es una chica de Sorrento que vino esta mañana con el señor cura y quiere estar de regreso junto a su madre, que está enferma, antes que sea de noche.

—Bueno, bueno, aún queda mucho tiempo para que anochezca —dijo el pescador—. Tendrá tiempo de beber un vaso de vino. Hola, parienta, trae acá un vaso más, para la chica.

—Muchas gracias, no bebo —dijo Laurella, y volvió a sumirse en su retraimiento.

—Llena el vaso, mujer, llénalo. Le gusta hacerse rogar.

—Déjela —dijo el muchacho—. Tiene una cabeza muy dura, y lo que no quiere una vez, no hay santo que se lo haga aceptar.

Y con esto se despidió con brevedad, corrió hacia la embarcación, soltó la amarra y quedó en espera de la muchacha. Ésta saludó otra vez a los dueños de la taberna y se dirigió hacia la barca con paso lento y premioso. Miró a todos lados, como si esperase encontrar alguien que la acompañase en el viaje; pero el barrio marinero estaba desierto; los pescadores dormían, o habían salido al mar de pesca, con redes y cañas; algunas mujeres y niños se sentaban en los quicios de las puertas, dormitando o haciendo punto, y los forasteros que habían ido allí aquella mañana esperaban la hora más fresca del día para regresar a sus lugares. Laurella no pudo tampoco prolongar mucho tiempo su indagación, pues antes que pudiese pensar en resistirse, Antonino la cogió en brazos y la llevó a la barca, como si fuera una niña. Saltó él detrás, y con pocos golpes de remo se hallaron en pleno mar. Ella se había sentado en la proa de la lancha, dándole casi la espalda a él, que sólo podía ver su perfil. Sus facciones estaban ahora más serias que de costumbre. Sobre su delicada frente caían espesos los cabellos; las finas aletas de la nariz temblaban en un gesto obstinado, tan característico en ella, y la madura boca, de labios redondos y suaves, permanecía cerrada firmemente.

Cuando hubieran navegado un buen rato en este silencio se resintió ella del ardor del sol, sacó el pan del talego de lienzo que lo envolvía y se sujetó éste sobre las trenzas. Luego comenzó a comer del pan, pues no había almorzado nada en Capri.

Antonino no pudo ver esto mucho tiempo. Rebuscó en uno de los cestos, que por la mañana había estado lleno de naranjas, sacó dos y dijo:

—Aquí tienes algo para acompañar el pan, Laurella. No creas que las he reservado para ti. Rodaron desde la cesta y las encontré en la barca cuando vine para dejar en ella las dos banastas vacías.

—Cométalas tú; yo tengo bastante con mi pan.

—Son refrescantes para el calor, y tú has andado mucho.

—Me dieron arriba un vaso de agua, que me refrescó ya.

—Como quieras —dijo él, y las dejó caer de nuevo en la cesta.

Nuevo silencio. El mar brillaba como un espejo, y apenas hacía ruido al chocar con la quilla. Blancas gaviotas, de las que anidan en las grietas de los acantilados, describían sus lentos círculos, acechando su presa silenciosamente.

—Podrías llevar las naranjas a tu madre —recomenzó Antonino.

—Tenemos todavía en casa, y si se terminan, iré yo y compraré más.

—Llévaselas, de todos modos con un saludo de mi parte.

—Ella no te conoce a ti.

—Puedes decirle tú quién soy.

—Yo tampoco te conozco.

No era la primera vez que negaba ella conocerle. Un año antes, precisamente cuando el pintor de marras acababa de llegar a Sorrento, se lo encontró ella un domingo que Antonino jugaba, con otros mozos del pueblo, en la ancha plazoleta que hay al final de la calle Boccia. Allí se encontró también Laurella al pintor por vez primera; ella, que traía sobre la cabeza un cántaro de agua, caminaba sin fijarse en él. El napolitano, sorprendido de su aspecto, detúvose para mirarla; se encontraba en plena acera, en medio del círculo del juego, y con dos pasos hubiera podido salir de él; pero una áspera bola que chocó violentamente contra la articulación de su tobillo le hizo recordar de pronto que aquél no era el lugar más apropiado para perderse en ensueños. Miró a su alrededor, esperando una disculpa. Pero el joven marinero que había lanzado el golpe le miraba silencioso y ceñudo, rodeado de sus compañeros, y el forastero juzgó conveniente evitar un cambio de palabras y se marchó discretamente. Pero es el caso que en el pueblo se habló del incidente y se volvió a comentar cuando el pintor hizo la corte abiertamente a Laurella.

—No le conozco —dijo ésta, indignada cuando el pintor le preguntó si le rechazaba a él por causa de aquel mozo insolente y descortés.

También habían llegado a oídos de ella esas habladurías. Desde entonces, siempre que se cruzaba con Antonino le recordaba y reconocía bien.

Y he aquí que, ahora, estaban ambos sentados en la embarcación, como dos enemigos irreconciliables, y a ambos les golpeaba mortalmente el corazón. El rostro de Antonino, por lo demás tranquilo y bondadoso, estaba intensamente arrebolado. Golpeaba rítmicamente el agua, con tanta fuerza, que la espuma salpicaba hasta él, y sus labios se estremecían como si murmurase entre dientes ásperas palabras. Ella, por su parte, hacía como que no le veía, ponía su gesto más indiferente e, inclinada sobre la borda, dejaba discurrir el oleaje entre sus dedos. Desató luego un pañuelo y puso en orden sus cabellos, como si estuviese completamente sola en la barca. Pero sus cejas estaban fruncidas tirantemente y se llevaba con frecuencia las manos humedecidas a las ardorosas mejillas, para refrescárselas.

Estaban en alta mar y no se vislumbraba vela alguna en el horizonte. La isla había quedado atrás, y la costa yacía en la lejanía, bañada en el resplandor del sol. Ni una sola gaviota atrevesaba la profunda soledad. Antonino miró en derredor suyo. Un pensamiento le vino súbitamente a las mientes; desapareció el sofoco de sus mejillas, y dejó que se hundieran los remos. Laurella miró instintivamente hacia él, con gesto inquisitivo, pero sin temor.

—Estoy dispuesto a terminar con esto —prorrumpió el mozo—. Ha durado ya demasiado tiempo y me maravilla, realmente, que no haya acabado conmigo. ¿Dices que no me conoces? ¿Es que no has consentido que yo pasease ante ti como un estúpido, con el corazón rebosante de cosas por decirte? Y tú me despedías con malas palabras y me volvías la espalda.

—Y ¿qué tenía yo que hablar contigo? —dijo ella, cortante—. Bien veía que lo que tú pretendías era liarte conmigo. Yo no quiero andar en boca de las gentes. Y para marido no te quiero a ti; ni a ti, ni a nadie.

—¿A nadie? No dirás eso siempre. ¿Por qué despachaste al pintor? Porque entonces eras todavía una chiquilla. Algún día te quedarás sola, y entonces, insensata como eres, aceptarás al primero que llegue.

—Nadie conoce su porvenir. Es posible que cambie de manera de pensar. ¿A ti qué te importa?

—¿Que qué me importa? —se encolerizó él, y saltó del banco con tal violencia, que la barca se tambaleó—. ¿Que qué me importa? ¡Y aún puedes preguntarlo, sabiendo lo que me pasa! ¡Tendría que morir perramente el que te tratase mejor que yo!

—¿Me he prometido acaso a ti? ¿Qué culpa tengo yo de que tú seas un majadero? Y ¿qué derecho tienes tú sobre mí?

—¡Ah! —gritó él—. Desde luego, no está escrito; ningún abogado lo ha redactado en latines, sellándolo después. Pero yo sé que tengo tanto derecho a ti como a ir al cielo, si me porto como una buena persona. ¿Crees que yo quiero contemplar cómo entras con otro en la iglesia, mientras las chicas pasan delante de mí con aire de guasa? ¿Debo dejarme afrentar así?

—Por mí, puedes hacer lo que quieras. No pienso atemorizarme con tantas amenazas. Yo también quiero hacer mi santa voluntad.

—No dirás eso por mucho tiempo —dijo él, y todo su cuerpo se estremeció—. Soy lo bastante hombre como para no dejar que una testaruda así eche a perder mi vida. ¿No sabes que ahora estás en mi poder y tienes que hacer lo que yo quiera?

Estremecióse ella ligeramente y clavó los ojos en él.

—Mátame, si te atreves —dijo lentamente.

—No se debe hacer nada a medias —replicó él con voz ronca—. Hay sitio en el mar para los dos. No puedo ayudarte, niña —dijo, con un acento casi comprensivo y como en sueños—; tenemos que hundirnos los dos de una vez, ¡y va a ser ahora mismo! —gritó desgarradoramente, mientras la sujetaba de pronto con ambos brazos.

Pero al momento retiró la mano derecha, de la que empezó a brotar abundante sangre; ella le había mordido profundamente.

—¿Dices que tengo que hacer lo que tú quieras? —dijo, apartándole de sí con un rápido empujón—. ¡Mira, pues, si estoy en tu poder! —y diciendo esto saltó sobre la borda de la embarcación y desapareció en las aguas.

Reapareció inmediatamente. Su corpiño la ceñía fuertemente, y sus cabellos, destrenzados por las olas, se le adherían espesos al cuello. Braceaba afanosamente, nadando sin exhalar una voz, vigorosamente, alejándose de la barca en dirección a la costa.

El repentino susto parecía haberle paralizado el sentido al muchacho. Estaba en pie en la barca, inclinado hacia adelante, con la mirada fija en ella, como si ante sus ojos se desarrollara un milagro. Después de unos momentos se precipitó a los remos y bogó con energía en dirección a ella, mientras el piso de la embarcación se iba tornando rojo de la sangre que afluía cada vez más a su mano. En un abrir y cerrar de ojos estuvo a su lado, pese a que ella nadaba muy rápidamente.

—¡Por María Santísima —gritó—, sube a la barca! He sido un

estúpido. Dios es testigo de que se me nubló la razón. Como un relámpago del cielo me vino a los sesos algo que me carbonizó, y ya no supe lo que hacía o decía. No me perdones, Laurella; sólo debes salvar tu vida y subir otra vez a la barca.

Ella siguió nadando, como si nada hubiese oído.

—¡No puedes llegar a tierra, aún quedan dos millas! ¡Piensa en tu madre! ¡Si te sucediese una desgracia, yo me moriría de tristeza!

Ella midió con una ojeada la distancia a que se hallaba de la costa. Luego, sin contestarle a él, nadó hacia la barca y asió la borda con ambas manos. Precipitóse él a ayudarla; su chaqueta, que estaba echada en el banco, resbaló y cayó al agua cuando la barca se escoró fuertemente por el peso de la muchacha. Subió ésta ágilmente y se encaramó en su primitivo asiento. Cuando él la vió a salvo se aferró de nuevo a los remos. Ella retorcía su empapada chaquetilla y escurría el agua de sus trenzas. Al hacer esto miró al suelo de la barca y descubrió entonces la sangre. Arrojó una rápida mirada a la mano, que guiaba el remo como si fuese insensible al dolor.

—¡Eh, mira ahí! —dijo ella, y le alargó su pañuelo.

Movió él la cabeza y continuó remando. Finalmente levantóse ella, se acercó a él y ató fuertemente el pañuelo alrededor de la honda herida. Luego le quitó el remo de la mano, aunque él se resistió, y se sentó a su lado, sin dirigirle la mirada; fijó los ojos en el remo, enrojecido de sangre, y empujó la barca adelante con enérgicos golpes.

Ambos estaban pálidos y silenciosos. Cuando se hallaron cerca de tierra se cruzaron con ellos unos pescadores que querían arrojar sus redes durante la noche; saludaron a gritos a Antonino y lanzaron alguna broma a Laurella, pero ninguno de los dos levantó la vista ni respondió una sola palabra.

El sol brillaba aún bastante alto sobre Procida cuando arribaron al puerto. Laurella escurrió su chaquetilla, casi totalmente seca ya, y saltó a tierra. Allí, sobre la azotea, estaba otra vez la anciana que la había visto partir por la mañana.

—¿Qué te has hecho en la mano, Tonino? —gritó desde arriba—. ¡Cristo bendito, si la barca está llena de sangre!

—No es nada, *commare* —contestó el mozo—. Me desgarré con un clavo que sobresalía demasiado. Mañana se habrá pasado ya. Esta maldita sangre es sólo de la mano, y parece más grave de lo que es en realidad.

—Voy a bajar para ponerte un emplasto de hierbas, *comparello*. Espera, que en seguida voy.

—No os preocupéis, *commare*. Ya ha pasado todo, y mañana estará olvidado. Tengo una piel muy sana, y las heridas me cicatrizan en seguida.

Laurella se despidió con un *Addio!* y tomó la vereda que conduce monte arriba.

—¡Buenas noches! —gritó el mozo, sin mirarla.

Luego sacó los aparejos de la barca, retiró las cestas y subió lentamente los peldaños de piedra de su mísera casa.

*

Anduvo un buen rato yendo y viniendo por las dos únicas habitaciones de la casa, en las que no había nadie más que él. A través de los abiertos ventanucos, que tenían por todo cierre unos postigos de madera, corría el aire algo más fresco que sobre el quieto mar, y el muchacho se sintió a gusto en aquella soledad. Detúvose ante una imagen de la Madre de Dios y contempló con devoción la aureola de estrellas de papel de plata que la rodeaba. No se le ocurrió rezar. ¿Para qué pedir por lo que nunca más esperaba que sucediera?

El día parecía haberse dormido. Echaba de menos la oscuridad, porque estaba fatigado, y la pérdida de sangre le había debilitado más de lo que quería confesarse a sí mismo. Sintió agudos dolores en la mano y, sentándose en una banqueta, desató la venda. La sangre contenida brotó de nuevo, y la mano apareció hinchada y tumefacta. Se lavó la herida cuidadosamente, y tuvo la mano algún tiempo en agua, refrescándosela. Cuando la sacó pudo apreciar claramente la huella de los dientes de Laurella. «Tenía razón —se dijo—. Fuí un bestia y no merecí nada mejor. Mañana le devolveré el pañuelo, por intermedio de Giuseppe. No quiero que ella vuelva a verme.» Lavó también detenidamente el pañuelo y lo extendió luego al sol. Después se vendó la mano, lo mejor que pudo, con la izquierda y los dientes, tras de lo cual dejóse caer en la cama y cerró los ojos.

La luz de la luna le despertó, sacándole de su entresueño, junto con el renovado y agudo dolor de la mano. Saltó de la cama para calmar las sordas palpitaciones de la sangre con un poco de agua fresca; pero le detuvo un rumor en la puerta de entrada.

—¿Quién es? —dijo en voz alta, y abrió.

Ante él apareció Laurella.

Sin preguntar nada entró. Despojóse del pañuelo que traía anudado a la cabeza y depositó una cestilla sobre la mesa, después respiró hondo.

—Vienes a buscar tu pañuelo, ¿verdad? —dijo él—. Podías haberte ahorrado la molestia, porque mañana, a primera hora, pensaba haberle pedido a Giuseppe que te lo llevara.

—No es por el pañuelo —contestó ella al punto—. Estuve en el monte para traerte hierbas medicinales, que son muy buenas para la hemorragia. Aquí están —y destapó el cestito.

—¡Cuánta molestia —dijo él, sin aspereza alguna—, cuánta molestia! Ya está mucho mejor; y aunque estuviera peor, me lo tendría muy bien merecido. Pero ¿cómo has venido a estas horas? ¡Si te encontrase alguien aquí! Ya sabes cómo les gusta criticar y andar en chismes, aunque no sepan lo que dicen.

—No me preocupo de nadie —dijo ella con vehemencia—. Pero quiero ver la mano y aplicarte las hierbas, pues tú no podrás arreglártelas sólo con la izquierda.

—Te digo de veras que no es necesario.

—Déjame verlo, entonces, para que me lo crea.

Y sin más explicaciones le cogió la mano, sin que él pudiera resistirse, y desató los trapos que le servían de venda. Cuando vió la fuerte inflamación no pudo evitar un estremecimiento y dejó escapar un «¡Jesús, María!»

—Está un poquito hinchada —dijo él—. Pero eso se pasa en veinticuatro horas.

Ella movió la cabeza.

—Así no puedes salir al mar en una semana entera.

—Pienso hacerlo pasado mañana. ¿Qué importa eso?

Buscó ella una palangana y lavó otra vez la herida, mientras él se quejaba como un niño. Luego puso sobre la herida las saludables hierbas, que le aliviaron en seguida la quemazón, y la vendó con tiras de lino que había traído consigo.

Cuando todo estuvo terminado, dijo él:

—Te lo agradezco de veras. Y escucha: si quieres hacerme aún otro favor, perdóname que me viniese hoy a la cabeza una locura así y olvida todo lo que he dicho y hecho. Yo mismo no sé cómo pudo suceder; tú no me diste motivo alguno, a fe mía que no. Ahora no debes volver a saber nada de mí, porque podría ofenderte.

—Soy yo la que he de pedirte excusas —interrumpió ella—. Yo hubiera podido decirte las cosas de muy distinta manera, de manera mucho mejor, y no enojarte con mi estúpido comportamiento. Y por si fuera poco, la herida...

—Obraste en defensa propia, y fue el preciso momento en que de nuevo fui dueño de mí. Y, como ya te he dicho, no tiene importancia. No hables de excusas, por Dios. Me has hecho un beneficio, y yo te lo agradezco. Ahora vete a dormir. ¡Ah!, y aquí tienes tu pañuelo, para que te lo lleves.

Se lo tendió, pero ella no se movió de donde estaba y parecía sostener una lucha consigo misma. Finalmente dijo:

—Tú has perdido tu chaqueta por mi culpa, y yo sé que dentro iba el dinero de las naranjas. Me acordé durante el camino. No puedo devolvértelo, porque no tenemos dinero, y si lo tuviéramos, sería de mamá. Pero aquí tengo la cruz de plata que me dejó el pintor sobre la mesa cuando estuvo en casa por última vez. Yo no había vuelto a acordarme de ella desde entonces y no quisiera tenerla guardada en el armario por más tiempo. Si la vendes (vendrá a pesar un par de onzas, según dijo entonces mamá), te compensaría de tu pérdida, y lo que faltase, ya lo conseguiría yo hilando por las noches, cuando mi madre esté dormida.

—No quiero nada absolutamente —dijo él con brevedad, y le metió en el bolsillo la bruñida cruz que había sacado de él.

—Tienes que cogerla —replicó ella—. Quién sabe el tiempo que estarás sin poder ganar nada con esa mano. Aquí la dejo y no quiero volver a verla ante mis ojos.

—Pues tírala al mar.

—Si no es ningún regalo lo que te hago; no es más que tu perfecto derecho, lo que te pertenece.

—¿Derecho? Yo no tengo derecho a nada tuyo. Si algún día te tropezaras conmigo, hazme el favor de no mirarme, para que no piense que me recuerdas lo que te debo, y la culpa que tengo ante ti. Y ahora, buenas noches por última vez.

Metió el pañuelo en el cestillo, puso encima la cruz y lo cubrió todo con la tapa. Y cuando levantó la vista, el asombro le sobresaltó el corazón: gruesas lágrimas se deslizaban por las mejillas de la muchacha, y ella las dejaba correr sin trabas.

—*María Santissima!* —exclamó él—. ¿Estás enferma? ¡Estás temblando de pies a cabeza!

—No es nada —dijo ella—. Me voy ya —y se dirigió con paso vacilante hacia la puerta.

Pero el llanto la venció y, apoyando la frente contra el quicio, rompió en hondos e incontenibles sollozos. Antes que pudiese acercarse él para incorporarla, se volvió ella de pronto y se arrojó a su cuello.

—¡No puedo resistirlo más! —gritó, aferrándose a él como se aferra a la vida un moribundo—; no puedo oír que me digas cosas amables y que luego me eches de tu lado, con toda la culpa y el remordimiento en mi conciencia. Pégame, pisotéame, maldíceme; o, si es cierto que me quieres aún, después de todas las malas acciones que te he hecho, tómame y quédate conmigo y haz conmigo lo que se te antoje; pero no me despidas así de tu lado.

Nuevos y vehementes sollozos la interrumpieron.

Él la retuvo un rato entre sus brazos antes de contestarle.

—¿Que si te quiero todavía? ¡Virgen Santa! ¿Piensas que se me ha ido por la herida toda la sangre del corazón? ¿No le sientes golpear en mi pecho, como si quisiera salirse hasta ti? Si lo dices por probarme, o porque tienes lástima de mí, vete; vete, que también quiero olvidar esto. Pero no debes pensar que estás en deuda conmigo, que tanto sufro por ti.

—No —dijo ella con firmeza. Alzó la mirada de su hombro y le miró apasionadamente al rostro con los húmedos ojos—. No; yo te quiero y te diré más aún: he vivido llena de temor por esto y he luchado contra ello. Pero desde ahora voy a ser otra muy distinta, pues no podré resistir el no poder mirarte cuando te acerques por el callejón. Y ahora quiero besarte, para que puedas decirte, si alguna vez dudas de mi amor: Ella me ha besado, y Laurella no besa a nadie, sino a quien quiere para marido.

Le besó tres veces, se separó de él y dijo:

—Buenas noches, amor mío. Anda a dormir y cuídate la mano; y no vengas conmigo, que no me da miedo de nadie, sino sólo de ti.

Se deslizó por la puerta y se perdió de vista entre las sombras del muro. Él se quedó largo tiempo mirando por la ventana, con la mirada perdida en el mar, sobre el que parecían refulgir todas las estrellas.

*

Cuando el pequeño *padre curato* abandonó el confesionario, ante el cual había estado largo rato arrodillada Laurella, sonrió plácidamente para sus adentros. «Quien hubiera pensado —se dijo— que Dios fuera a compadecerse tan pronto de este maravilloso corazón. ¡Y yo que me reprochaba no haber conjurado más fuertemente todavía al demonio de la terquedad!... Pero nuestros ojos son miopes para los caminos ocultos del cielo. El Señor la bendiga ahora, y ojalá pueda llegar yo a ver cómo el primer arrapiezo de Laurella me lleva de viaje por el mar, en lugar de su padre... ¡Vaya, vaya con la *Arrabbiata!*»

ANDREA DELFIN

En esa callejuela de Venecia que lleva el grato nombre de *Della Cortesia* se alzaba a mediados del pasado siglo un sencillo edificio de un solo piso, con toda la apariencia de una casa hidalga, de las muchas que contiene la ciudad, cuyo portal, enmarcado por dos retorcidas columnas de madera y una amplia moldura de ornamentación barroca, estaba coronado por una imagen de la Virgen, dentro de un pequeño nicho, a cuyos pies lucía constantemente una lamparilla de humildes y rojizos destellos.

El visitante que penetrase en su amplio zaguán, de baja techumbre, se encontraba al pie de una escalinata de piedra que conducía al piso superior, sin torcerse a derecha o a izquierda. También allí ardía noche y día una lámpara, suspendida del techo por una delgada cadena, pues en su interior no penetraba la luz del día más que cuando se abría la puerta de la casa. Sin embargo, a pesar de esta eterna penumbra, era la escalera el lugar preferido de la señora doña Giovanna Danieli, propietaria de la casa, que la habitaba, desde la muerte de su esposo, en compañía de su única hija, Marietta, y alquilaba algunas habitaciones superfluas a gente de costumbres ordenadas y tranquilas. Afirmaba que las lágrimas vertidas por su querido esposo habían debilitado de tal modo sus ojos, que le era imposible soportar la luz del sol. Pero los vecinos decían, a sus espaldas, que si se pasaba todo el santo día sentada en el descansillo superior de la escalera era solamente para pegar la hebra con todo el que entrase y saliese de la casa, sin dejarle proseguir su camino hasta que hubiese satisfecho el tributo a su curiosidad y charlatanería. Por la época en que transcurrieron los acontecimientos que vamos a relatar, una razón semejante no la hubiera movido a preferir el duro asiento de un escalón de piedra a la comodidad de un blando sillón. Era por el mes de agosto de 1762. Las habitaciones que solía alquilar estaban vacías desde casi medio año antes, y la viuda no sostenía mucha relación con sus vecinos. Aquella tarde, aunque se acercaba ya la noche y era muy improbable una visita en tales horas, estaba la menuda señora sentada en su puesto habitual, con la mirada perdida en la oscuridad del zaguán. Había acostado a su hija y tenía junto a sí un par de calabazas, para limpiarlas antes de irse, a su vez, a la cama. Pero su espíritu estaba lleno de recuerdos, pensamientos y visiones. Con las manos descansando sobre la falda, apoyó la cabeza en la balaustrada; no sería la primera vez que se quedaba dormida en esa postura.

Muy cerca andaba ya de ello cuando la sobresaltaron tres lentos, pero recios golpes en el portal.

—*¡Misericordia!* —exclamó, levantándose. Se quedó inmóvil, con las manos cruzadas—. ¿Qué es esto? ¿He soñado, o he oído bien? ¿Es posible que sea él?

Prestó atención, con el aliento suspendido. Al poco se repitieron los pesados golpes con el aldabón.

«No —se dijo—. No es Orso. Suenan de otra manera. Y tampoco son los esbirros. Veamos a quién nos envía el cielo.»

Y comenzó a bajar dificultosamente las escaleras; cuando llegó junto a la puerta preguntó, a través de ella, quién era el que pretendía entrar.

Le respondió una voz varonil: era un forastero, que buscaba alojamiento en la casa. Mucho se la habían encarecido desde antiguo y esperaba permanecer en ella largo tiempo y ser grato a la dueña. Todo esto dicho en un veneciano tan puro y galán, que la señora doña Giovanna, pese a lo tardío de la hora, no vaciló en franquearle la entrada. El aspecto exterior de su huésped fortaleció aún más su confianza. Alcanzó a distinguir en la semioscuridad el traje negro y sencillo del estado llano; llevaba el recién llegado un portamantas de cuero bajo el brazo, y el sombrero, cortésmente, en la mano. Tan sólo su rostro llenó de extrañeza a la viuda. No era ni joven ni viejo, negrísima todavía la barba, la frente despejada y tersa, ardiente la mirada; por contraste, empero, la expresión de su boca y su manera de hablar eran fatigadas y dolientes, y sus cortos y recios cabellos, en sorprendente contraposición con los juveniles rasgos, estaban totalmente encanecidos.

—Perdonad, buena señora —dijo—; os he interrumpido vuestro sueño, y quizá inútilmente. Pues para no perder tiempo, quiero deciros que si no disponéis de ninguna habitación que tenga ventana abierta sobre un canal, no seré vuestro inquilino. Vengo de Brescia; mi médico me ha recomendado mucho los húmedos aires de Venecia para mi pecho y debo forzosamente habitar encima del agua.

—¡Alabado sea Dios! —dijo la viuda—. Al fin, viene alguien que sabe hacer el debido honor a nuestro canal. El pasado verano tuve en mi casa a un español, que se fué porque decía que el agua despedía una pestilencia tal, que no parecía sino que en ella habían cocido ratas y melones podridos. ¿Y a vos os la han recomendado? Razón tenemos en Venecia cuando decimos:

Agua de canal,
cura radical.

Pero esto tiene también otro sentido, señor, un sentido perverso, si se da en pensar que, más de una vez, ha partido una góndola con tres personas por mandato superior y oculto, ha puesto rumbo a las lagunas y ha regresado con dos ocupantes. Pero no hablemos de estas cosas. ¡Dios nos guarde a todos! ¿Tenéis vuestro pasaporte en orden, señor? Si no fuera así, no podría admitiros en mi casa...

—Tres veces lo he presentado ya, buena señora; en Mestre, en la góndola que hace la ronda y en el Traghetto. Mi nombre es Andrea Delfin; mi profesión, escribano notarial, que ejerzo habitualmente en Brescia. Soy un hombre pacífico, y nunca he tenido tratos con la policía.

—Tanto mejor, tanto mejor —dijo la buena mujer, mientras comenzaba a subir la escalera delante de su huésped—. Más vale prevenir que curar, y un ojo al gato, y otro, al cazo. Más útil es tener miedo que vergüenza. ¡Oh, en los tiempos que corren, señor don Andrea!... Más vale no pensar en ello. El pensar acorta la vida, aunque la pena abre el corazón. Pasad, pasad y ved vos mismo —y diciendo esto abrió la puerta que comunicaba con una amplia estancia—. Qué, ¿no es lindo? ¿No da gusto vivir aquí? Allí, la cama; con mis propias manos he cosido sus ropas, cuando era joven. Y aquí tenéis la ventana que da al canal; no es muy ancho, como podéis ver; pero sí, en cambio, muy profundo; y aquella otra, que se abre a la callejuela, y que tendréis que mantener cerrada a cal y canto, porque los murciélagos son cada año más osados. Ved allí, al otro lado del canal, que casi se le puede alcanzar con la mano, el palacio de la condesa Amidei; tan rubia como el sol es ¡y ha pasado por tantas manos...! Pero yo estoy aquí charla que te charla, y vos no tenéis todavía ni luz ni agua y, por añadidura, estaréis desfallecido de hambre.

El forastero había examinado la habitación con una rápida ojeada, yendo de ventana en ventana, y arrojó ahora su portamantas encima de un sillón.

—Todo está muy a en su punto, señora. Sobre el precio del alquiler nos hemos de poner muy pronto de acuerdo. Traedme ahora un bocado, si os place, y si tenéis en casa, también una gota de vino. Deseo dormir después.

En su cara había un no sé qué de imperioso, aunque el tono de su voz fuese blando y humilde. La mujer obedeció, presurosa, y le dejó solo durante un corto tiempo. El recién llegado se asomó otra vez a la ventana, inclinóse hacia afuera y contempló el angosto canal, que no dejaba traslucir con el más leve temblor su participación en la vida del mar, en el oleaje encrespado del viejo Adriático. Frente a él, el palacio alzaba su pesada mole, con todas sus ventanas oscuras, porque su parte delantera no daba al canal; tan sólo en su parte baja se abría una estrecha puertecilla, justamente encima de la superficie del agua, ante cuyos mismos umbrales estaba amarrada una negra góndola.

Todo esto satisfizo por entero los deseos del nuevo huésped, así como también el hecho de que nadie pudiese observar su habitación con miradas curiosas e importunas, a través de la otra ventana; pues al otro lado del callejón corría un muro horro de ventanas, sin otra interrupción de su monótona lisura que algunos saledizos, grietas y tragaluces. Tal sórdido rincón sólo podría parecer grato y habitable a los gatos, las martas y las aves nocturnas.

Un rayo de luz se coló en la estancia, la puerta se abrió, y la menuda dueña de la casa entró de nuevo en ella, llevando una vela en la mano, y tras de sí, a su hija, que había tenido que levantarse precipitadamente para ayudar a bien recibir el nuevo huésped. La figura de la muchacha era más pequeña todavía que la de su madre, aunque parecía mayor, por efecto quizá de la delicadeza de sus formas y su esbeltez adolescente, y por su manera de andar, que se diría de puntillas; pero en sus rostros se echaba de ver a la primera mirada un grandísimo parecido diferenciado tan sólo por el inevitable tributo de los años. Sin embargo, había algo en ellas que, al parecer, jamás podría asemejarlas y era la expresión de ambas caras. Entre las espesas cejas de la *signora* Giovanna había un pliegue de expectación y de penosa tensión, que no habría encontrado lugar en la clara frente de Marietta, ni siquiera con las amargas experiencias de la edad. Aquellos ojos tenían que sonreír sin cesar, aquella boquita debía de estar siempre entreabierta para corear con su risa cualquier broma. Era un espectáculo divertido en verdad ver cómo luchaban en aquel rostro, todas juntas y a una, la somnolencia, la sorpresa, la curiosidad y la travesura. Al entrar volvió la cabeza, cuyas sueltas trenzas estaban mal sujetas por un fino pañuelo, para mejor ver al nuevo inquilino de la casa, cuya grave expresión y canoso cabello no abatieron en absoluto su alegre curiosidad.

—Madre —susurró, mientras ponía sobre la mesa una fuente con jamón, pan e higos frescos y una botella de vino hasta la mitad—, ¡qué cara tan curiosa tiene! Parece una casa nueva en el invierno, con el tejado cubierto de nieve.

—¡Calla, condenada! —dijo la madre—. No te fíes de las canas, que son engañadoras. Has de saber que está enfermo y harías bien en tener un poco más de respeto, porque los males entran a brazadas y salen a pulgadas, como dice el refrán; quiero decirte, hija, que vienen a caballo y se marchan a pie. Y Dios nos guarde a ti y a mí, porque el enfermo come poco, pero la enfermedad, todo lo devora. Anda, ve a buscar un poco de agua, si la hay en la casa. En llegando la mañana, hemos de levantarnos ambas y comprar la necesaria provisión. Mira, se ha sentado y, al parecer, le ha cogido ya el sueño. Él está cansado del viaje, y tú lo estás de callar y estar sentada. Así es el mundo.

Mientras tenía lugar esta conversación, cuchicheada apenas por madre e hija, el forastero se había sentado junto a la ventana y había apoyado la cabeza en la palma de la mano. Cuando levantó la mirada, apenas pareció darse cuenta de la presencia de la linda muchachita, que le hizo una graciosa reverencia.

—Venid, señor Andrea, venid y comed algo —dijo la viuda—. Quien de noche no come, hambre pasa en sueños. Los higos que aquí veis son frescos, y tierno, este pernil; y en cuanto al vino, es vino de Chipre, que no lo bebe mejor el propio dux. Su bodeguero nos lo procura por aquello de la amistad que le unió con mi marido. Mas vos habéis viajado, señor. ¿No os habéis encontrado nunca a mi Orso, Orso Danieli?

—Señora —dijo el forastero, vertiendo un poco de vino en su vaso y abriendo uno de los higos—, jamás he salido de Brescia, y no conozco a nadie que lleve semejante nombre.

Marietta abandonó la estancia, y cuando bajaba por la escalera le oyeron cantar en voz baja, pero muy limpia y clara, una cancioncilla.

—¿Oís a la niña? —dijo la señora Giovanna—. Nadie la creería hija mía, aunque la gallina negra pone blanco el huevo. Siempre cantando y saltando, como si no estuviéramos en Venecia, donde es fortuna que los peces sean mudos, porque, de otro modo, hablarían cosas que a más de uno le erizarían los cabellos. Pero ¿qué queréis? Así era también su padre, Orso Danieli, el primer trabajador de Murano, donde hacen esos vasos multicolores, tan lindos, que en todo el mundo pueden igualarlos. Quien canta, sus males espanta, solía decir él. Y cátate que un buen día se me acerca y me dice: «Giovannina, yo no resisto más tiempo aquí, este aire me aprieta el gaznate; ayer volvieron a ahorcar a otro, y después le colgaron del cadalso por los pies, y eso sólo por que habló más de la cuenta contra los inquisidores y el Consejo de los Diez. Sabes dónde has nacido, pero no dónde morirás, y hay más de uno que cree sentarse sobre el caballo y se encuentra sentado en el santo suelo. Por modo y manera, Giovannina —me dijo—, que me marcho a Francia; quien tiene arte va por toda parte, y quien tiene dineros pinta panderos. Yo me soy ducho en lo mío, y cuando haya logrado un buen pasar allá fuera te vienes tras de mí, con la chiquilla.» Os diré, señor Andrea, que el angelito contaba entonces ocho años y que se echó a reír cuando besó a su padre por última vez, sacándole a él también la risa a la cara. Pero yo, pobre de mí, me eché a llorar, y allí le vierais a él también como una Magdalena. Pese a todo, se fue en su góndola más contento que unas Pascuas, y aún le oí silbar cuando torcían la esquina. Un año pasó. Y ¿qué diréis que sucedió? Pues que la *Signoria* dio un día en preguntar por él; prohibido estaba a los de Murano llevar sus artes a países extraños, para que no aprendiesen los secretos de su oficio viéndolo ejecutar; tuve que escribirle, noticiándole que volviera, bajo pena de muerte. Rióse de la carta y de la amenaza; pero los señores del tribunal no entendían de bromas. Y una mañana, cuando estábamos en la cama todavía, vinieron a sacarme de ella y de mi casa, la niña conmigo, y nos arrastraron hasta la prisión; y allí tuve que escribirle de nuevo, diciéndole dónde me hallaba con mis huesos, yo y la niña, y que allí me quedaría por siempre amén hasta tanto que viniese él mismo a buscarme y sacarme. Poco después tuve respuesta; la risa le había desaparecido como por ensalmo y, según decía, llegaría a Venecia pisándole los talones a la carta. Esperé que cumpliese lo dicho, un día tras otro. Pero pasaron semanas, y aun meses, y yo sentía más pena cada vez en mi corazón, y más flojera en mi cabeza, porque aquello es el mismísimo infierno, señor Andrea; por suerte, tenía conmigo a mi niña, que nada alcanzaba de aquel dolor, si no es que comía mal y pasaba mucho sofoco durante aquellos días de la canícula; pero, sin embargo, cantaba para ponerme alegre, lo que me hacía casi imposible contener mis lágrimas. Tres meses pasamos así, hasta que un día nos sacaron de la mazmorra, notificándonos que el soplador de vidrio Orso Danieli había muerto en Milán, de fiebres, y que podíamos volver a nuestra casa. Otros me han dicho lo mismo también; pero el que tal cosa crea no conoce a la *Signoria*. ¿Muerto? ¿Es que se puede morir cuando se tiene en la cárcel a mujer e hija y es preciso sacarlas de allí?

—Pues ¿qué pensáis que haya sido de vuestro marido? —dijo el forastero.

Ella le miró con sus ojos que le recordaron de pronto que había vivido muchas semanas bajo los techos malditos de las prisiones.

—Hay quienes viven y no regresan nunca —dijo—, y hay quien está muerto y, a pesar de eso, vuelve. Pero más vale no hablar de estas cosas. ¿Quién me asegura a mí que luego no iréis vos y repetiréis cuanto os he dicho delante del tribunal? Aparentáis ser un *galantuomo*, sin duda; pero ¿quién es hoy día recto y leal? De cada mil, uno; de cada ciento, ninguno. No lo toméis a mal, señor Andrea; pero ya sabréis lo que se dice por aquí:

> *Con mentiras y engaños se sale adelante;*
> *con astucia y embustes se medra.*

Sobrevino una pausa. El huésped había rechazado el plato hacía largo tiempo y escuchaba a la viuda con atento interés.

—No puede ofenderme en modo alguno que vos no queráis confiarme vuestros secretos; vuestra vida no me concierne en absoluto, y aunque fuera de otro modo, tampoco podría ofreceros ayuda. Pero explicadme una cosa, señora: ¿cómo es posible que toleréis, y aun os agrade, a vos y a todo el pueblo de Venecia, este tribunal, bajo cuya tiranía tanto habéis sufrido? No estoy muy enterado de cómo se han desarrollado las cosas en esta ciudad —ni, por lo demás, me he entregado nunca a cuestiones políticas—; pero eso no obstante, ha llegado a mis oídos que el pasado año se alzó aquí un motín popular para derribar a ese tribunal secreto y siniestro, que hasta se levantaron también en contra suya algunos miembros de la nobleza, y el Gran Consejo de la República eligió una Comisión para que estudiase sosegadamente el asunto, dividiéndose la vida de la ciudad en dos facciones, a favor y en contra. Estas noticias llegaron hasta mi escritorio de Brescia. Y cuando, al cabo, todo volvió a estar como antes, y el poder del tribunal secreto más reciamente asentado que nunca, ¿por qué, queréis decirme, encendió el pueblo hogueras de júbilo y escarneció a los nobles que se habían manifestado en contra del tribunal y que ahora tenían hartas razones para temer su venganza? ¿Por qué no hubo nadie que impidiese a los inquisidores desterrar a Verona a sus osados enemigos? Y eso que nadie sabía si los dejarían vivir allí en paz, o si estarían afilándose las dagas que debían enmudecerlos para siempre. Yo, señora, como os he dicho ya, sé muy poco de todo esto y me es por completo indiferente todo cuanto aquí sucede. Enfermo estoy y, en sanando de mi dolencia, o al menos aliviándome de ella, saldré presto de este revuelto y oscuro mundo. Pero no deja de asombrarme el espectáculo de este pueblo versátil, que hoy llama tiranos a esos tres hombres, y mañana se regocija con la caída de quienes pretendían poner fin a esta tiranía.

—No digáis eso, señor —replicó la viuda, sacudiendo la cabeza—. Vos no le habéis visto al que fué cabecilla de la rebelión, el señor *avogadore* Angelo Querini, a quien desterraron, porque declaró la guerra a la justicia secreta. Pero yo sí que le he visto, y otras muchas personas también; y todos dicen que era un honrado caballero y un gran sabio, que había estudiado noche y día las antiguas historias de Venecia y que conocía las leyes como el zorro los palomares. Todo el que le veía pasar por la calle, o le encontraba en el Broglio, entre sus amigos, recostado en una columna, y con los ojos semicerrados, reconocía al momento que era un *nobile* desde la pluma del sombrero hasta la hebilla de sus zapatos. Y todo cuanto dijo y trajinó contra el tribunal no eran cosas para el pueblo, señor, sino para los grandes señores. Pero a los borregos les da lo mismo, señor Delfín, que los degüellen o que les devore el lobo, y

Cuando el prior no está
retozan los monacillos.

Y por eso fué tan grande la maldad, que el tribunal volvió a ser restablecido en todos sus derechos, y al igual que antes, a nadie tenía que rendir cuentas de sus hechos, sino a Dios Nuestro

Señor en el día del Juicio, y a su propia conciencia todos los días. En el canal Orfano, de ciento que allí rezaron su último avemaría, diez pertenecen a la gente pobre, y noventa, a los grandes señores. Pero poneos en el caso de que los nobles criminales y los ciudadanos fuesen juzgados y condenados públicamente por el Gran Consejo... ¡Misericordia! Entonces tendríamos ochocientos verdugos, en lugar de tres, y el ladrón grande colgaría al pequeño.

Él quiso responder algo, pero se dió por satisfecho con una breve y seca carcajada, que la viuda tomó por una expresión de asentimiento. En aquel momento entró Marietta en la habitación, trayendo una vasija con agua y un fumigatorio, en el que ardía una hierba de olor áspero y picante. El humo daba directamente en la cara de la muchacha, que ponía los gestos más divertidos que imaginarse pueda, entre toses, estornudos y mucho lloriqueo. Dejó la vasija en la mesa, y acto seguido comenzó a dar vueltas por la habitación, con menudos pasos, muy junto a las paredes, que estaban cubiertas por un sinnúmero de moscas y mosquitos.

—¡Largaos de aquí, gentuza —dijo, mientras fumigaba las paredes—, sanguijuelas, que sois peores que los abogados y los doctores! ¿Os gustaría también cenar higos y probar el vino de Chipre? Bien que os reiríais, y después, para darle las gracias a este señor, le acribillaríais la cara cuando estuviese dormido, asesinos, traidores. Pero esperad, esperad, que os voy a dar algo que os hará dormir sin cenar...

—¡Hasta cuándo estarás charlando, descomulgada! —dijo la madre, que había seguido todos los movimientos de su hija con miradas relampagueantes—. ¿No sabes que el cántaro que mucho suena, poca agua lleva, y quien mucho habla mucho yerra?

—Madre —dijo la muchacha sonriendo—, tengo que cantarles a los mosquitos una nana; ¡mirad de cuánto sirve! Ya empiezan a caer dormidos por docenas. ¡Buenas noches, gandules, pillos, que no pagáis alquiler y siempre andáis husmeando en todas las ollas! Mañana hablaremos otra vez, si no tenéis bastante con lo de esta noche.

Balanceó una vez más sobre su cabeza las brasas, y después se acercó a la ventana, arrojó las cenizas al canal y, tras de inclinarse ante el huésped, abandonó la habitación ligera como el viento.

—¿No es una pícara, una criatura insoportable y malcriada? —dijo la señora Giovanna, levantándose y disponiéndose a su vez a retirarse—. Pero cada oveja halla su pareja. Y, por lo demás, ahí donde la veis, tan menuda e incorregible, es lista y hacendosa como ella sola, y de ella se podría decir aquello de

Vale más poco y bueno que mucho y malo.

¡Si no fuese por mi niña, señor Andrea, qué sería de mí! Pero vos queréis dormir, y yo, necia de mí, estoy aquí charla que te charla, como la marmita en el fuego. ¡Que descanséis bien, y bienvenido a Venecia!

Respondió él secamente a su saludo, sin darse cuenta de que ella esperaba una frase de elogio de su niña. Cuando se halló a solas, su cara se fué tornando más sombría y amarga cada momento que transcurría. La luz ardía con una larga mecha, y las moscas que habían logrado escapar a las hechicerías de Marietta cubrían en hirvientes grumos los higos maduros; afuera, en el callejón, volaban los murciélagos delante de la ventana, rozando continuamente la reja. Pero el solitario huésped parecía muerto para todo cuanto sucedía a su alrededor, y sólo sus ojos brillaban con extraña luz.

Cuando dieron las once en el reloj de la torre de alguna iglesia cercana, se levantó mecánicamente y tendió la mirada en torno. Junto al techo, flotaba en espesas y perezosas volutas el áspero humo de la hierba mágica, y a ellas se unía el de la vela. Andrea abrió la ventana, para purificar el aire. Entonces vió luz enfrente, en una ventana medio cubierta por una blanca cortina, y distinguió una muchacha, que estaba sentada a la mesa ante una fuente y desmenuzaba los restos de una gran empanada, llevándose a la boca después, con los dedos, los trozos de comida, y bebiendo de cuando en cuando de una botella de cristal. Su cara tenía una expresión liviana, pero no provocativa, y había pasado ya de la primera juventud. En su atavío, descuidado y negligente, y en sus cabellos a medio soltar, había un no sé qué de estudiado y consciente, que, empero, no resultaba desagradable. Debía de haber notado hacía tiempo que la habitación de enfrente había recibido un nuevo habitante; sin embargo, aunque le vió ahora asomado a la ventana, prosiguió tranquilamente su banquete, y sólo cuando bebió alzó la botella hasta su cara, como si quisiese saludar a otra persona o brindar junto con ella. Después hizo a un lado la vacía fuente, arrimó a la pared la mesa con la lámpara, de modo que toda la luz cayó de lleno sobre un amplio espejo que había al fondo de la habitación, y comenzó a probarse ante dicho espejo, uno por uno, un montón de trajes de máscaras que yacían sobre un sillón, ofreciendo su figura, reflejada en el espejo, a la contemplación del desconocido. Por sus gestos demostró quedar muy complacida de sus disfraces. Miraba a su propia imagen y le dirigía los gestos más amables y picarescos, se reía a carcajadas, contraía las cejas para dar a su cara una expresión ora trágica, ora languideciente, y en medio de toda aquella pantomima, lanzaba de cuando en cuando secretas miradas de reojo a su mudo contemplador, a quien veía también en el espejo. Pero como la oscura silueta permaneció inmóvil, y las esperadas demostraciones de aplauso y complacencia se hicieron esperar en vano, enojóse sin duda y preparó un golpe maestro. Atóse en torno a las sienes un gran turbante granate, coronado por un centelleante presea y una pluma de garza. No le sentaba mal el rojo aquel, y armonizaba bien con el tono dorado de su cara y sus cabellos. Al contemplarse así, hízose a sí misma una profunda reverencia de aprobación; pero al ver que él seguía quieto y mudo, acabósele la paciencia y se fué en derechura a la ventana, con el turbante sobre la cabeza. Descorrió del todo la cortinilla y dijo con tono amistoso y desenvuelto:

—Buenas noches, *monsú.* Desde hoy, a lo que veo, sois mi vecino. Es de esperar que no toquéis la flauta, como vuestro predecesor, el cual no hubo noche que me dejara dormir a mi sabor.

—Hermosa vecina —dijo el forastero—, no os importunaré con música alguna, a fe mía. Soy un enfermo y deseo precisamente que nadie perturbe mi sueño.

—¡Vaya!... —dijo la joven, con un dejo de burla en su voz—. ¿Conque sois un enfermo? Decidme: ¿y no sois también rico?

—No; ¿por qué lo preguntáis?

—Porque es terrible cosa ser a un mismo tiempo pobre y enfermo. ¿Quién sois vos y cuál es vuestro empleo u oficio?

—Andrea Delfin es mi nombre. He sido escribano de Audiencia en Brescia, y ahora busco un trabajo más sosegado en casa de algún notario veneciano.

La respuesta echó por tierra, al parecer, todas las esperanzas que la joven había puesto en su reciente conocimiento. Se puso a jugar, distraídamente, con una cadena de oro que colgaba de su cuello.

—Y vos ¿quién sois, linda vecina? —preguntó él con un tono de ternura y afecto que estaba en viva oposición con la seca y dura expresión de su cara—. Tener tan cerca vuestra graciosa imagen será para mí un consuelo en medio de mis penas.

Ella se sintió halagada, ostensiblemente, al escuchar por fin las palabras que había esperado oír desde un principio.

—Para vos —dijo—, soy la princesa Smeraldina, que os permite languidecer de lejos por su favor y privanza. Cada vez que me veáis ponerme este turbante, tenedlo por señal de que me siento inclinada a concederos un rato de plática, pues me aburro mucho más de lo que sería de esperar, dada mi juventud y mis encantos. Habéis de saber —prosiguió, dando de lado la comedia—, que mi señora la condesa no me permite en modo alguno tener el más pequeño amorío, aunque ella cambie de amantes con más frecuencia que de camisa. Dice mi señora que ha despedido de su servicio a su confidente y doncella de cámara en cuanto ha querido servir a dos señores; es, a saber: a ella y al pequeño dios alado. Y aquí me tenéis, suspirando sin cesar; que si no viniese a habitar ahí en vuestro cuarto, bien que sea de tarde en tarde, algún desconocido y extranjero galán, que se enamore un poquito de mí...

—¿Quién es en estos días el amante de tu señora? —interrumpióla Andrea secamente—. ¿Recibe en su casa tan sólo a la nobleza de Venecia o entran y salen también los legados y embajadores extranjeros?

—La mayoría de las veces vienen con antifaz —respondió

Smeraldina—; empero se sabe muy bien que el joven Gritti es su más firme amor, más que cualquiera otro haya sido, al menos durante el tiempo que llevo a su servicio. Más sin duda que el embajador austríaco, que le hace la corte de un modo tal que es risa verle. ¿Conocéis vos también a mi señora la condesa? Es linda.

—Soy forastero aquí, niña. No la conozco.

—Pues habéis de saber —prosiguió con rostro ladino y socarrón—, que se llena de afeites y cosméticos, aunque todavía no ha cumplido los treinta. Si deseáis verla, no hay nada más fácil. Se tiende un tablón entre vuestra ventana y la mía; vos pasáis por ella y yo os conduciré en derechura a un cierto lugar, donde podréis contemplarla sin ser visto. ¿Qué no se debe hacer en obsequio de un vecino? Pero..., esperad. Sí, me llaman. ¡Buenas noches!

—¡Buenas noches, Smeraldina!

La joven cerró la ventana.

—Pobre... y enfermo —díjose, mientras corría la cortinilla—. En fin, aún es bastante bueno para el aburrimiento.

También él había cerrado la ventana y cruzaba ahora su habitación con pasos lentos.

—Bien está esto —dijo—, me viene como anillo al dedo. En el peor de los casos podré sacar algún provecho de ello, sin duda alguna.

Su gesto y su continente mostraban a las claras que pensaba en cualquier cosa antes que en aventuras amorosas.

Desató su portamantas y vació su contenido, compuesto por un poco de ropa blanca y un par de libros de oraciones, trasladándolo todo a un armario que había adosado a la pared. Uno de los libros cayó al suelo, y la baldosa devolvió un sonido hueco. Al punto apagó él la luz, corrió el cerrojo de la puerta y comenzó a registrar y palpar el suelo minuciosamente, a la débil claridad que enviaba la lejana lámpara de Smeraldina. Tras un breve esfuerzo consiguió levantar la pétrea baldosa, que estaba encajada perfectamente, aunque sin argamasa, y dejó al descubierto un hueco bastante amplio, del hondo de una mano y de ancho de un pie, en cuadro. Quitóse con presteza la casaca y se desató después una pesada faja con innumerables bolsillos, que traía enrollada alrededor del cuerpo. La había colocado ya en el agujero cuando se detuvo.

—No —dijo—; podría ser una trampa en la que me dejase cazar. No sería la primera vez que la Policía ha descubierto semejantes escondrijos en viviendas de alquiler, y en los registros de las casas sabe ya muy bien dónde tiene que mirar y dónde que golpear. Éste es un sitio harto goloso para poder confiar en él.

Colocó de nuevo, cuidadosamente, la loseta, y se entregó a la búsqueda de un más seguro depósito para sus secretos. La ventana que daba al callejón sin salida estaba cerrada por una reja, cuyos barrotes dejaban pasar un brazo. Abrióla, sacó la mano y tanteó un buen rato la parte exterior del muro. Tras de la moldura encontró al fin un pequeño agujero, que debió de ser en otro tiempo habitación de murciélagos; desde abajo no se alcanzaría a ver, y desde arriba estaba suficientemente oculto por la cornisa. Sigilosamente, agrandó con su daga la abertura, sacando de ella piedras y argamasa, y pronto lo hubo ensanchado hasta el punto de que pudo colocar en él, cómodamente, su amplio cinto. Cuando terminó su obra tenía la frente cubierta por un sudor frío. Investigó por última vez si no sobresalía algún trozo de correa o alguna hebilla, y después cerró herméticamente la ventana. Una hora después le habríamos encontrado tendido sobre la cama, vestido y durmiendo. Los mosquitos zumbaban en torno a su frente, y afuera las aves nocturnas revoloteaban curiosas en derredor del agujero donde había ocultado su tesoro. Pero los labios del durmiente estaban demasiado apretados para dejar escapar, ni siquiera en sueños, una palabra comprometedora sobre sus secretos.

Aquella misma noche estaba sentado un hombre en Verona ante su solitaria lámpara, y acababa de desdoblar una carta, que le había sido entregada subrepticiamente aquella misma tarde por un capuchino mendicante, cuando paseaba él por las cercanías del Anfiteatro. El sobre no traía dirección ni nombre alguno. A su pregunta de cómo y porqué sabía el mensajero si entregaba o no aquel escrito a su verdadero destinatario, había respondido el monje que en Verona los niños conocían al noble Angelo Querini como si fuera su propio padre. Y a continuación había desaparecido de su lado sin dar más explicaciones. El desterrado había logrado llevar a su casa la misiva sin ser notado, a pesar de los espías que le observaban de continuo. Y ahora, tras de cerrar cuidadosamente puerta y contraventanas, se dispuso a leerla, mientras afuera resonaban los pasos del centinela, secos y amenazadores. La carta decía como sigue:

«Al señor Angelo Querini:

»No puedo esperar que recordéis aquel fugaz momento en que os encontré personalmente. Muchos años han transcurrido entre aquel día y el de hoy; yo había crecido en la paz campesina de nuestra posesión, junto con mis hermanos, allá en Friaul. Cuando perdí a mis padres me separé por primera vez en mi vida de mis hermanas y mi hermano pequeño. Pocos días después me había engullido el torbellino seductor de Venecia. Entonces fuí presentado a vos un día en el Palacio Morosini. Todavía siento sobre mí la mirada con que nos examinasteis a todos y cada uno de los componentes de aquel grupo juvenil. Vuestros ojos decían: "¿Y esta es la generación sobre cuyos hombres descansará algún día el porvenir de Venecia?" Alguien os dijo entonces mi nombre al oído. Con mucha discreción y tacto llevasteis entonces la conversación que sosteníais conmigo a la pasada grandeza del Estado al que mis antepasados habían ofrecido sus servicios. De la época presente, y de los servicios de que le era yo deudor, preferisteis callar, con discreta elegancia.

»Desde aquella conversación, comencé a leer día y noche, febrilmente, un libro al que nunca me había dignado dirigir una mirada: era la historia de mi patria. El fruto de estos estudios fué que abandoné para siempre, lleno de horror y de repugnancia, la ciudad que otrora había señoreado tierras y mares y que ahora era esclava de una lamentable tiranía, tan vergonzosa si se la contemplaba desde fuera como cruel y despótica si se la sufría desde dentro.

»Regresé junto a mis hermanos, y conseguí prevenir a mi hermano contra la podredumbre interna de una vida que tan esplendorosa parecía desde lejos. Pero entonces no pensé que todo cuanto hacía, con la esperanza de salvarle y salvarnos, no iba a servir sino para que todos nos perdiésemos sin remisión.

»Vos conocéis la envidiosa rivalidad con que han contemplado siempre los gobernantes de la ciudad madre de Venecia a la nobleza de la *terraferma*[1]. En los dichosos tiempos en que era un honor servir a la República Serenísima, jamás se había dejado de temer un movimiento emancipador que culminase con la independización de los territorios de la península. Entonces, en la época en que calamidades y desgracias sin cuento, unas culpables, otras insoslayables por la humana voluntad, habían provocado un cambio radical en el puesto y poderío de Venecia entre los otros pueblos, aquel temor fué la fuente de las más inauditas intrigas, de los crímenes más crueles.

»Nada diré de los sucesos fatales que presencié en la vecindad de mi provincia; de los astutos medios por los que se intentó quebrantar y aniquilar la independencia y la autarquía de la nobleza de Friaul; del ejército que se envió contra los insubordinados. Cómo se intentó introducir la discordia en las familias, envenenar las amistades, plantar la traición y la hipocresía en el seno de las más estrechas comunidades, son cosas que vos conocéis harto mejor que yo.

»El recuerdo que de mí habían dejado mis disolutas e inofensivas costumbres en Venecia no me pudo proteger mucho tiempo de la sospecha de que también yo podía llegar a ser peligroso algún día. Cuando fuí a solicitar en nombre de mi hermana el permiso para entregar su mano a un noble caballero alemán, el Gobierno negó en redondo su consentimiento. Se imaginaron que mi hermano y yo estábamos en relaciones con la política imperial, y decidieron hacernos purgar aquella culpa.

»Una protesta colectiva de la provincia contra su gobernador, que firmé yo juntamente con mi hermano, brindó a la Inquisición un óptimo pretexto para arrojar la red sobre nosotros.

»Mi hermano fué llamado a Venecia para justificar su actitud y exponer cuanto creyera oportuno en su descargo. Cuando llegó a la ciudad fué conducido en derechura a la prisión, y durante muchas semanas intentaron arrancarle alguna decla-

1. *Terraferma.* Tierra firme o territorios sometidos a Venecia por contraposición con la capital de la República que, como es sabido, se levanta sobre una serie de islotes separados por los famosos canales. *(N. del T.)*

ración, ora con amenazas, ora con tentadoras ofertas. Aquel paso no necesitaba de encubrimiento alguno, pues era algo perfectamente legal, y fuera de eso nada tenía que confesar, porque nada habíamos realizado o emprendido en contra del Estado. Así, hubieron de ponerle al fin en libertad. Pero no habían pensado ni por un momento en perdonarle.

»Yo le había rogado por escrito que no partiese de viaje inmediatamente, con el fin de no despertar sospechas sobre su persona. Preferíamos pasarnos sin él durante unos meses. Pero cuando regresó a casa, le perdimos para siempre pocos días después. Sucumbió a un veneno de efecto lento que le habían mezclado en la comida, en cualquiera de las lujosas mansiones que solía frecuentar.

»Aún no estaba bien asentada la lápida sobre su tumba, cuando el gobernador de la provincia solicitó la mano de mi hermana. Ella le rechazó con indignación y dureza; y en su dolor hubieron de escapársele palabras que hallaron eco en la sala del Tribunal de la Inquisición.

»Se decidió imponer una nueva carga a la nobleza de Friaul, y fué la exigencia de mejorar el estado de las tierras. Yo me mantuve alejado de todos los preparativos secretos, porque estaba convencido de lo infructuoso y baldío de ellas. Pero la conciencia criminal de los amos de la República me señaló a mí como al más duramente ofendido por aquella medida, y el mayor enemigo de ella, que tenía un hermano a quien vengar. Un tropel de *bravi* asalariados asaltó por la noche nuestra villa, solitaria en medio del monte. Yo no tenía a nadie más que a la servidumbre para organizar la defensa. Cuando aquellos miserables nos encontraron bien armados y pertrechados, y decididos además a vender caras nuestras vidas, prendieron fuego a la casa por los cuatro costados. Entonces hice con mis gentes una desesperada salida, llevando en medio de nosotros a mi hermana, que también iba armada de una pistola. Pero recibí un golpe en plena frente y caí al suelo con la conciencia perdida.

»La recobré a la siguiente mañana. El lugar era un desierto e informe montón de escombros. Mi hermana había perdido la vida entre las llamas, y mis bravos servidores, asesinados en parte y en parte desaparecidos entre las humeantes ruinas de la casa.

»Muchas horas permanecí junto al escenario de aquella tragedia, con la mirada perdida en la vacía nada que se abría ante mí. Cuando vi subir por el valle algunos campesinos, volví en mí y pude rehacerme. "Mientras me crean vivo —pensé—, me considerarán un enemigo y me perseguirán por dondequiera que vaya." Aquella tumba de brasas era harto holgada; si yo desaparecía del mundo de los vivos nadie pondría en duda que descansaba para siempre entre los míos. En mi errabunda fuga a través de los peñascos de la serranía encontré en el suelo una pequeña cartera perteneciente a uno de mis criados, que era natural de Brescia y había viajado mucho por diversos países; dentro estaban todos sus papeles y documentos. Me los apropié, confiando en la suerte, y escapé a traves de la maleza y de los riscos. A nadie me encontré que hubiese podido delatarme. Al fin, cuando me dejé caer de bruces, desfallecido de sed y de fatiga, en las aguas de un pequeño lago, vi que tampoco mi aspecto externo podría delatarme. Mis cabellos habían encanecido en una noche y mis rasgos estaban envejecidos en varios años.

»Llegado que fuí a Brescia pude hacerme pasar sin dificultad por mi criado, pues éste había abandonado la ciudad cuando era muchacho y no tenía en ella parientes que pudiesen reconocerle. Cinco años viví como un criminal de mala ralea, evitando todo trato con los hombres. Sobre mi espíritu había caído, entumeciéndolo, una sensación de impotencia tal que no parecía sino que aquel golpe que me derribó sin sentido al suelo hubiese aniquilado en mí el órgano de la voluntad.

»Pero la noticia de vuestro comportamiento frente al tribunal y de vuestra rebelión me hizo ver que no estaba destruído, sino tan sólo paralizado. Con una tensión febril, que me rejuveneció y me devolvió la conciencia de mi vigor y de mi vida, seguí las noticias que llegaban de Venecia. Cuando llegó a mis oídos el malogro de vuestra valerosa hazaña, volví a sumirme durante unos momentos en mi antigua y sorda resignación. Pero inmediatamente sentí como si un torrente de fuego atravesase todos mis sentidos. En mí se afirmó reciamente la decisión de llevar a cabo la obra que vos no habíais podido realizar por el camino de la justicia y de la ley, por el de la fuerza y la defensa propia, para salvación de mi carísima patria.

»Desde entonces he examinado minuciosamente, y sin cesar, esta decisión, y he hallado irreprensibles mis propósitos. Estoy cierto de que no es el odio personal, ni la venganza por el dolor sufrido, ni siquiera la justa pesadumbre por el sufrimiento que cayó sobre mis seres queridos, lo que ha armado mi brazo contra los amos todopoderosos de la República. Lo que me mueve a levantarme en rebeldía como salvador de un pueblo sumido en una vergonzosa servidumbre, y a ejecutar la sentencia que recayó en otros tiempos, por la voluntad colectiva de una nación libre y soberana, sobre los poderes injustos, ilegales, homicidas y fuera del alcance del brazo de la justicia, lo que me mueve a esto, digo, no es ni la voluntad personal ni el ansia de gloria. Es el sentimiento de una deuda que he cargado sobre mí con mi juventud inútil y huérfana de acciones nobles y que vos me recordasteis con tan hidalga delicadeza en aquella tarde del Palacio Morosini.

»Dios, bajo cuya protección he emprendido esta tarea, me concederá, sin duda, la gracia de poder estrechar algún día vuestra mano en la liberada Venecia, como única recompensa que ansío por todo cuanto me ha arrebatado. No rechazaréis la mano manchada de sangre, que de otro modo no hallará mano amiga en la que descansar. Pues quien ha ejercido el oficio del verdugo, condenado está a la soledad y debe rehuir la mirada de los hombres. Empero, si muero en mi empresa, sabrá aquel cuyo aprecio me es entre todos el más valioso que en la joven generación no faltan hombres que saben sucumbir por Venecia.

»Os entregará esta carta un hombre de confianza, que ha trocado el traje de secretario de la Inquisición por el hábito monacal para expiar con oraciones y cilicio los pecados de la República, a los que tantas veces hubo de prestar su pluma. Quemad esta carta en cuanto hayáis terminado su lectura. ¡Adiós! —*Candiano.*»

Cuando el desterrado acabó de leer la misiva quedóse inmóvil durante casi una hora, con la mirada llena de honda pesadumbre, ante aquellas hojas tan preñadas de contenido.

Después las alzó, mantúvolas sobre la llama, desparramó las cenizas en la chimenea y comenzó a medir la habitación con pasos inquietos, en los que le sorprendió la mañana, mientras el infeliz cuya confesión había recibido él llevaba largo rato sumido en un sueño reparador, como persona que está persuadida de la justicia de sus intenciones y que cree tener al cielo por valedor.

*

A otro día salió muy temprano el tardío huésped a la calle Della Cortesia. Las alegres canciones que Marietta hilvanaba sin cesar en el zaguán le hubieran permitido quizá seguir durmiendo, pero las reprensiones y denuestos de la madre, que armaba un ruido capaz de levantar a un muerto, le despabiló antes de lo que hubiera deseado. Se detuvo en la escalera, donde estaba apostada ya su patrona, el tiempo imprescindible para informarse de los domicilios de algunos abogados y notarios, cuyos nombres le había proporcionado un amigo suyo de Brescia. Cuando estuvo al corriente de cuanto deseaba, no fueron capaces de moverle a permanecer allí por más tiempo ni los tiernos cuidados de la viuda, inquieta por su salud, ni la cinta encarnada que Marietta se había ceñido en torno a la cabeza; para la buena mujer, que en otros casos se había esforzado por impedir el trato entre sus inquilinos y su hija, resultaba ahora casi desagradable el hecho de que aquel forastero ignorase tan obstinadamente la existencia de aquella linda criatura, de las niñas de sus ojos. Lo encanecido de sus cabellos no le aclaró suficientemente las razones posibles de aquella extraña ceguera. Debía de tener alguna secreta pena, o sentirse tan enfermo que le molestara la vista de una persona fresca y sana. Sin embargo, andaba con paso rápido y enérgico y su pecho era ancho y robusto; sin duda la enfermedad de la que hablaba debía de tener muy adentro su raíz. Tampoco el color de su rostro era sospechoso. Cuando atravesó las calles de Venecia atrajo sobre sí más de una complacida mirada femenina; y también Marietta le siguió con la vista, no sin interés, desde una de las ventanas del piso superior.

El desconocido se encaminó sin rodeos a lo que le interesaba, y aunque se había hecho describir minuciosamente el camino por la señora Giovanna, y ésta le había consolado al final de su desconocimiento del lugar con la frase «preguntando se va a Roma», al parecer se supo orientar sin ayuda, y perfectamente, en aquel dédalo de callejuelas. Muchas horas se le fueron en visitar a los abogados, que concedieron poca importancia a la recomendación de un colega de Brescia, quizá por considerarle sospechoso, pese a lo humilde y discreto de su comportamiento. Y es que en el pliegue que cruzaba su frente había un no sé qué de altivez y de orgullo que decía claramente a un observador perspicaz que consideraba muy por debajo de su dignidad y méritos el trabajo que pretendía realizar. Por último, arribó a casa de un notario que habitaba en una de las callejuelas extremas de la *Merceria* y que, al parecer, se dedicaba de paso a toda clase de actividades leguleyas. Encontró allí una plaza de escribano, por un salario muy escaso, y por el momento en plan de prueba. La rapidez con que aceptó todas las condiciones impuestas despertó en el notario la sospecha de que se trataba de un noble venido a menos, como hay muchos, que con tal de ir tirando aceptaba cualquier trabajillo sin excesivos miramientos por lo que a soldada se refería.

Andrea, muy satisfecho al parecer del éxito de sus esfuerzos, entró en la taberna más próxima, pues era ya cerca del mediodía. En ella estaban sentadas gentes de clase baja, que consumían sencilla pitanza en largas mesas desnudas y bebían abundantemente un vino oscuro y opaco. Tomó asiento en un rincón cercano a la puerta y comióse sin rechistar el pescado rancio que le sirvieron, tras de hacer a un lado el vino, después que lo hubo probado.

Se disponía a satisfacer su cuenta al tabernero cuando se sintió interpelado cortésmente por su vecino de mesa. El hombre, que le había pasado completamente inadvertido hasta aquel momento, llevaba largo rato sentado ante su botella de vino, sin comer nada y bebiendo de rato en rato un sorbo, tras de lo cual contraía siempre la boca de un modo regular. Tenía los ojos semicerrados, aparentemente de fatiga; pero en realidad sus miradas recorrieron minuciosamente toda la concurrencia, hasta que se fijaron con raro interés en nuestro bresciano, que por su parte no había notado en él nada digno de atención. Era un hombre que andaría por la treintena, de cabellos rubios y ensortijados y que no traslucía su origen judío enfundado en su negra ropilla veneciana. Pendían de sus orejas sendos anillos de oro, y en las hebillas de sus zapatos relucían dos gruesos topacios. El cuello y pechera de su camisa, por contraste, estaban rotos y sucios, y su casaca de fino corte no había sido cepillada desde muchas semanas antes.

—Al señor no le gusta el vino, según parece... —dijo a media voz, inclinándose con deferencia hacia Andrea—. El señor ha venido sin duda aquí por equivocación, donde no se tiene costumbre de recibir a huéspedes de más elevado rango social.

—Perdón, señor —respondió Andrea tranquilamente, aunque tuvo que hacer un verdadero esfuerzo antes de decidirse a contestar—, ¿qué sabéis vos de mi rango social?

—En la forma que tiene el señor de comer veo que está acostumbrado a otra compañía que la que se suele reunir en esta taberna —dijo el judío.

Andrea le midió con una firme mirada, ante la cual bajó el otro sus ojos escrutadores. Entonces surgió en él una idea repentina, que le inclinó a tratar al importuno con cordial familiaridad.

—Sois un buen conocedor de los hombres —dijo—. No se os ha escapado que yo he visto días mejores y he bebido un vino sin adulterar. También frecuenté la buena sociedad, aunque soy hijo de un hidalgo segundón y apenas pude estudiar las leyes, sin alcanzar título oficial alguno. Pero todo cambió, porque mi padre cayó en bancarrota, volvímonos pobres de la noche a la mañana, y hoy, vos mismo podéis ver mi situación; un pobre escribano de audiencia no puede aspirar a nada mejor de cuanto aquí se halla en esta taberna.

—Un caballero letrado siempre puede exigir respeto y homenaje —dijo el otro con obsequiosa sonrisa—. A grandísima dicha tendría poder prestar algún servicio a vuesa merced; habéis de saber que yo he buscado con ahinco el trato de los hombres instruídos y sabios, y que en el tráfago de mis muchos negocios he tenido con harta frecuencia la oportunidad de acercarme a ellos. Si me fuese permitido ofrecer a vuesa merced un vaso de vino de mejor calidad que este que aquí se halla...

—No puede pagar vino mejor que éste —dijo el otro con tono indiferente.

—Sería para mí un alto honor ejercer con el señor, que parece forastero, la hospitalidad veneciana. Si pudiese ser útil en cualquier modo al señor con mi patrimonio o con mi conocimiento de esta famosa ciudad...

Disponíase Andrea a contestarle con alguna cortés evasiva, cuando notó que el tabernero, que estaba sentado en una mesa, al fondo del local, le hacía vivas señas de que se acercara a él. También entre los restantes huéspedes, que eran en su mayoría artesanos, vagabundos y vendedores de mercado, llamáronle la atención algunos, con señas furtivas, advirtiéndole que tenían que comunicarle algo de interés, que no se atrevían a decir en alta voz.

Con el pretexto de pagar su cuenta antes de responder a la amable invitación, abandonó su sitio y se dirigió al tabernero, preguntando con voz sonora cuánto le debía.

—Señor —le susurró el buen viejo—, guardaos de él. Tenéis que véroslas con un mal sujeto. Los inquisidores le pagan para que sonsaque los secretos de cuanto forastero se deja ver por aquí. ¿No veis que está vacío el rincón donde él ha tomado asiento? Todos le conocen. Pero aunque yo me veo precisado a soportar su presencia, para no escaldarme los dedos, os debo unos tragos de vino puro y generoso.

—Os lo agradezco, amigo —dijo Andrea en alta voz—. Vuestro vino es un poco turbio, pero es sano. Buenos días.

Regresó a su sitio, tomó su sombrero y dijo a su servicial vecino:

—Venid, señor, si os place. Aquí no se os ve con buenos ojos —prosiguió bajando la voz—. Os tienen por un espía, según he podido colegir. Podemos proseguir nuestra charla en cualquier otro lugar.

El delgado rostro del judío empalideció visiblemente.

—¡Por Dios, que se equivocan quienes tal cosa piensan! Pero no puedo reprocharles que anden con recelo y precaución, porque las calles de Venecia hormiguean de sabuesos de la

Signoria. Mis negocios —prosiguió, ya en la calle—, mis muchas relaciones me llevan a algunas mansiones y lugares tales que bien puede parecer que me inquieto por conocer secretos ajenos. Que Dios me conceda cien años de vida, es cosa que deseo; pero ¿qué diantre se me da a mí de gentes extrañas? Si me pagan lo que me deben, jamás hablaré nada de ellos. ¡En perro me vuelva el cielo si miento!

—No obstante, yo creo, señor..., ¿cómo es vuestro nombre?

—Samuele.

—Pues yo creo, señor Samuele, que pensáis demasiado mal de quienes espían en bien del Estado los planes e intrigas de los ciudadanos y desenmascaran las conjuraciones contra la República antes que puedan dañarla.

El judío se detuvo, cogió al otro del brazo y le miró a los ojos.

—¿Por qué no os habré reconocido al momento? —dijo—. Debía saber que vos no podíais haber ido a parar casualmente a aquella miserable taberna, que en vos saludaba a un camarada y a un colega. ¿Desde cuándo estáis en el empleo?

—¿Yo? Desde pasado mañana.

—¿Qué decís? ¿Os burláis de mí?

—No, voto a tal —respondió Andrea—. Y en tal fecha espero haber sido admitido en vuestra Orden. Como ya os he dicho, mis asuntos no andan bien, y he venido a Venecia para mejorar mi situación económica y social. El salario de escribano por el que prestaré mis servicios desde hoy en casa de un notario no es en absoluto lo que yo esperaba recibir de mi suerte y de mis pequeños conocimientos. Venecia es una hermosa ciudad, una alegre ciudad; y en la risa de sus bellas mujeres vibra siempre un retintín dorado que me hace recordar siempre mi pobreza. Espero sin embargo que esto no ha de durar mucho tiempo.

—Vuestra confianza me honra sobremanera —dijo el judío con gesto meditativo—. Pero debo deciros que los señores no gustan de tomar a su servicio al primer desconocido que se presente, hasta tanto que haya superado satisfactoriamente un período de prueba y haya demostrado su buena disposición. Si yo puedo ayudaros con mi bolsa hasta ese momento..., cobro intereses muy bajos a mis amigos.

—Os doy las gracias, señor Samuele —replicó Andrea—. Vuestra protección es para mí mucho más valiosa de cuanto había podido esperar. Pero esta que veis es mi casa. No os invito a que me honréis con vuestra visita, porque tengo excesivo trabajo para mi nuevo patrono. Mi nombre es Andrea Delfin. Si llega el momento en que podáis necesitarme, pensad sin falta en mí: Andrea Delfin, calle della Cortesia.

Estrechó la mano de su extraño amigo, que permaneció un rato frente a la casa, observando cuidadosamente el edificio y sus alrededores, y después, con un gesto de duda y de astuta reflexión, murmuró para sí que el de Brescia no se vería libre de su período de prueba tan pronto como pensaba.

Cuando Andrea subió la escalera le fué imposible pasar de largo junto a la señora Giovanna sin entablar conversación con ella. Se mostró muy descontenta con el mísero puesto que había encontrado su inquilino, asegurando que no dormiría tranquila hasta que hubiese buscado otra más soportable y digna, y renunciando a la actual. Él sacudió la cabeza.

—Basta y sobra con éste, señora —dijo gravemente—, para el breve lapso de tiempo que tengo ante mí.

—¿Qué estáis diciendo? —refunfuñó la mujer—. Salir al paso de lo bueno y dejar pasar lo malo, eso es lo que conviene hacer siempre y en todo caso. Y aunque no hay miel sin hiel, aquélla se apura y ésta se escupe. Ved ese lindo sol que baña las calles, y avergonzaos de venir a casa tan temprano, mientras en la *piazetta* tocan música y toda la belleza, distinción y riqueza de la ciudad anda paseando por la plaza de San Marcos. Allí debierais hallaros vos, señor Andrea, que no en vuestro aposento.

—Yo no soy bello, ni rico ni distinguido, señora Giovanna.

—¿Y no tenéis al menos gusto en contemplar el mundo? —dijo ella, mientras miraba furtivamente en torno, por si Marietta andaba por allí cerca—. ¿No estaréis, quizá, enfermo de amores?

—No, señora Giovanna.

—¿Tenéis, pues, por un pecado ser alegre y desenvuelto? Habéis dejado sobre vuestra mesa un librico... Dígolo tan sólo porque sois el primer forastero que ha traído a esta mi casa un libro de devoción, Dios los perdone a todos. Pero escuchad, señor Andrea: la juventud de hoy dice que la mejor jugarreta que puede hacérsele al diablo es vivir en francachela y morir piadosamente y reconciliado con la Santa Iglesia. Que por Navidad también ayunan los gorriones sobre el tejado.

—Buena señora —dijo él sonriendo—, muchos desvelos os tomáis por mí, pero no es posible ayudarme. Cuando me siento a mi mesa de trabajo, en silencio y sosiego, me encuentro más a mi gusto que en cualquier otro lugar; y me haríais un grandísimo favor si me procuraseis recado de escribir y una resma de papel.

Poco después le llevaba Marietta lo solicitado a su habitación, donde estaba él sentado junto a la ventana, abstraído en sus propios pensamientos. En idéntica postura le encontró al anochecer, cuando entró trayéndole luz. Cuando le preguntó qué deseaba para cenar, él pidió tan sólo pan y vino. La muchacha no tuvo arrestos para preguntarle si le molestaban los mosquitos, y quería fumigarlos de nuevo.

—Madre —díjola cuando se sentó junto a ella en la escalera—, no vuelvo a entrar en su cuarto. Tiene unos ojos como los de los mártires de la capilla de San Stefano[1]. Cuando él me mira no puedo reír.

¿Qué habría dicho si hubiese entrado en la habitación del huésped algunas horas después? Estaba éste asomado a la ventana, mientras la noche reflejaba sus estrellas sobre las negras aguas del canal, enfrascado en un vivo diálogo con la doncella de enfrente y esforzándose por dar a sus ojos una expresión mundana y galante.

—Bella Smeraldina —decía—, no podía esperar el momento de verte de nuevo. Al pasar por delante de un taller de orfebrería me he acordado de ti y te he comprado un prendedor de filigrana, muy poca cosa para ti, naturalmente, pero al menos más puro y auténtico que el broche de tu turbante. Abre la

1. *San Stefano* (San Esteban). La iglesia es de planta gótica, reedificada en el siglo XV y restaurada después varias veces. El portal es de Pon. Su interior es basilical, con tres naves, de las cuales la central tiene entablamento de madera. El altar mayor ostenta esculturas de Carmagna; el coro es de Marcos Cozzi y León Scalamanzo. Entre las pinturas que atesora destacan el *Bautismo de Jesús*, de Paris Bordone, y una *Virgen*, de Palma el Viejo. *(N. del T.)*

ventana, y arrojártelo he por el aire, que yo muero de impaciencia por seguir yo mismo ese camino y caer a tus pies.

—Sois muy gentil —dijo la joven sonriendo, y atrapó en el aire el regalo, que Andrea había envuelto en un papel—. ¡Oh! ¡Qué gusto tan delicado tenéis! ¿Y decíais que erais pobre? ¿Sabéis que hoy tengo muy especial necesidad de recibir una alegría? Harto hemos tenido que soportar durante todo el día, porque la condesa mi señora está de un humor de perros. Su amante, el joven Gritti, hijo del senador del mismo nombre, no se ha dejado ver por aquí en veinticuatro horas. Ella ha enviado gente a su casa para buscarle; pero también allí brillaba por su ausencia. Se cree que el Tribunal le ha hecho poner en prisión secretamente. Mi señora está fuera de sí, se niega a recibir a nadie y se ha pasado todo el día tendida en un sofá y llorando como una insensata. Hasta me ha pegado cuando me acerqué a ella con intención de consolarla.

—¿No tenéis sospecha de qué se le acusa a ese mancebo?

—Ni la más pequeña, señor. Y, por mi parte, presta estaría a hacer voto de virginidad perpetua si tuviese él en la cabeza el menor pensamiento en contra del Estado. ¡Santo cielo, si acababa de cumplir veintitrés años y en su corazón no había cabida para nada que no fuese mi señora y en todo caso el juego. Pero estos señores de la Inquisición saben hilaros de una telaraña un dogal lo bastante fuerte como para estrangular al más recio gaznate. Y quien sabe si esta vez no reza sólo contra su padre, el senador...

—Hablad con más cautela de los supremos mandatarios de esta ciudad —dijo Andrea en voz más suave—. Los instituyó la sabiduría de los padres y no debe atentar contra ellos la locura de los tíos.

La muchacha le miró, incrédula, y procuró escudriñar en sus ojos si había hablado en serio o no; pero no era cosa fácil desvelar el enigma de aquellos rasgos.

—Idos —dijo entonces—; os estáis poniendo serio, y eso es cosa que no puedo sufrir. No hace tiempo aún que estáis aquí, por eso tenéis todavía respeto a esos viejos y sangrientos jueces, a esos verdugos, que desde lejos, o en pintura, tienen un aspecto digno y venerable. Pero yo los he visto más de una vez de cerca y puedo deciros que son hombres como Adán lo fué.

—Puede ser, niña —dijo él—; pero tienen el poder en sus manos, y un pobre ciudadano, como yo, no obra muy discretamente al sostener tan insidiosas conversaciones en una ventana abierta. Si llegase a ciertas casas la noticia de que ambos tenemos a la justicia encarnada de la República de Venecia por un mísero puñado de hombres mortales, a ti te protegería el encanto de tu belleza, Smeraldina; pero yo tendría que andar, sin duda, el húmedo camino tan tristemente famoso, o cuando menos me vería obligado a cambiar mi alojamiento de la calle *della Cortesia* por una estancia harto más modesta en los Pozos[1] o bajo los tejados de pizarra de la prisión.

—Podéis hablar aquí cuanto os venga en gana —dijo la camarera—; muy pocas son las ventanas que dan a este canal, y, además, a estas horas nadie tiene nada que hacer por aquí; a vuestro lado no hay más que ese muro desnudo. Y quien pueda procurarse otro mejor, no ha de escoger por espejo esta turbia cloaca de ahí abajo. Pero... ¿sabéis una cosa? Dentro de una hora podríais venir acá; nuestra charla sería tanto más cómoda, y un vaso de vino, de buen moscatel de Samos, y una partida de *tarot* calmarán sin duda mis nervios, después de los bofetones de la condesa.

—Con gusto iría —dijo él—, pero llamaría la atención y mi patrona no me dejaría entrar después de la medianoche.

—No, no, no es preciso recurrir a tal rodeo —dijo la doncella, riendo—. Aquí tengo una tabla, con la que podemos aprestar un puente sin muchas dificultades. Si se puede cruzar el canal con las manos, ¿por qué no con los pies? ¿O padecéis acaso de vértigo?

—No, mi bella amiga. Un instante sólo, y estaré presto.

Mató la luz, corrió el cerrojo de la puerta, escuchó atentamente si todo estaba tranquilo y en silencio en la casa, y después salió de nuevo a la ventana. Smeraldina se había afanado entre tanto en la edificación del puente, pues la tabla ya estaba

1. Llamábanse así las mazmorras donde se encarcelaba a los presos políticos. *(N. del T.)*

colocada y en breves instantes yacía firmemente apoyada en ambos antepechos, ofreciendo un seguro paso sobre el abismo y lo bastante ancho para permitir el paso de un hombre sin dificultad. Al otro lado estaba la joven, que le hizo señas de que pasase, con rostro alegre y picaresco. Rápidamente encaramóse él al antepecho, puso pie en la tabla, mientras medía el abismo con firme mirada, y alcanzó la otra ventana con un par de seguros pasos. Cuando saltó de ella, la joven le recibió en sus brazos y sus labios rozaron la mejilla de Andrea. Pero él prefirió adoptar un gesto de timidez y fingir que la cercanía de su amiga le había contenido en los límites del más profundo respeto, cosa que ella recibió con notoria sorpresa. La tabla fué retirada, sacados vino y naipes de un armario y dispuesta una mesa junto a la abierta ventana, donde la singular pareja tomó asiento y se entregó a una conversación llena de familiar intimidad. La joven llevaba puesto el turbante encarnado, que había resbalado hacia su nuca cuando retiró el tablón de la ventana, y se había prendido sobre el pecho, muy gentilmente, el alfiler de filigrana regalo de Andrea.

Acababa de servirse el segundo vaso de vino, y regañaba a su huésped por beber tan lentamente y obstinarse en no abandonar su reserva, cuando alguien hizo sonar violentamente una campana en el interior del palacio.

—¿Veis? —dijo la muchacha levantándose y arrojando furiosa las cartas—. Ésta es mi vida; ¡no tengo ni un momento de sosiego! Antes me echa de su lado, porque quería desnudarse sola, y ahora me molesta a estas horas. Pero tened paciencia durante diez minutos, amigo mío; al momento soy con vos.

Se precipitó afuera y él pareció consolarse pronto con su soledad. Asomóse a la ventana y observó atentamente la pared de enfrente, entre su ventana y el canal. No tendría más de veinte pies de altura, y la cal estaba desmenuzada y corroída por acción de la humedad, de manera que las piedras desnudas ofrecían resquicios y asperezas suficientes para que en caso de necesidad se pudiese trepar por ellas. Bajo la ventana de la doncella sobresalía la escalerilla que llevaba al agua, como había visto la noche antes, y amarrada al poste lateral estaba la estrecha góndola, dejando apenas espacio para que pasase otra embarcación. Todo aquello le satisfizo visiblemente.

«No hubiera podido imaginarlo mejor», murmuró para su capote.

Pensativamente dejó que sus miradas vagasen por las aguas del canal, que discurrían, tenebrosas, entre las orillas de las casas sin ventanas. Entonces vislumbró al otro extremo una débil lucecilla, que se acercaba, y poco después escuchó claramente el batir de unos remos. Una góndola se acercaba lentamente, y al fin se detuvo junto a la escalerilla de piedra. Cautamente se retiró de la ventana para no ser notado, pero pudo observar cómo se levantaba un hombre y ponía pie en la escalera. La aldaba retumbó con tres recios golpes y a poco escuchó una voz que preguntaba a través de la puerta quién pretendía entrar.

—¡Abrid en nombre del augusto Tribunal de los Diez! —fué la respuesta.

El criado obedeció al instante y el portón se cerró tras el nocturno visitante.

Poco después Smeraldina entró de nuevo en la habitación, alteradísima, con la cabeza destocada y las mejillas ardiendo.

—¿Habéis oído? —cuchicheó—. ¡Dios mío, se llevarán a la señora condesa, la estrangularán o la ahogarán en un canal. Y ¿quién me pagará después los seis meses de salario que me debe?

—Consuélate, mi dulce niña —dijo Andrea rápidamente—. Mientras tengas buenos amigos no has de estar abandonada. Pero si tú quisieras podrías hacerme un gran favor llevándome a cualquier lugar oculto desde el cual pudiera oír lo que quiere de tu señora el Gran Consejero. Confieso que soy curioso, como todo forastero. Pero es que, además, quizá podría seros útil a ti o a tu señora. Porque como trabajo con un abogado, si el asunto termina en una acusación pública y formal, pongo a vuestra disposición, rendidamente, mis humildes servicios.

Ella meditó unos momentos.

—La cosa sería fácil —dijo—. El lugar es seguro, y yo misma me he ocultado allí muchas veces. Pero ¿y si le descubren?

—En ese caso tomaré sobre mí todas las consecuencias,

y nadie sabrá jamás por qué camino logré entrar en la casa. Mira —prosiguió—, aquí tienes tres cequíes, para el caso de que no pudiera después demostrarte mi gratitud. Y si todo sale con bien, has de ver cómo sé compartir gustosamente lo poco que me sobra con una amiga tan discreta como tú.

Ella se embolsó sin más el dinero, abrió la puerta y aguzó el oído en el oscuro corredor.

—Quitaos los zapatos —susurró—. Dadme la mano ahora y seguidme sin hacer ruido. Todo el mundo duerme en la casa, excepto el portero.

Apagó la luz de su cuarto y echó a andar sigilosamente por el largo corredor, a tientas y llevando tras de sí al intrépido joven, cogido de la mano. Atravesaron varias amplias y oscuras estancias, hasta que la joven abrió una encristalada puerta que comunicaba con el salón de baile, iluminado a la sazón por un mortecino resplandor que penetraba a través de los tres altos ventanales de la fachada. A un lado arrancaba la escalera que llevaba al estrado de los músicos. La muchacha se llevó un dedo a los labios.

—¡Ciudado! —advirtió—. La escalera cruje un poco. Os dejo solo aquí. Arriba hallaréis una rendija, a través de la cual podréis ver y oír todo el tiempo que os plazca, porque en la estancia contigua tiene la condesa su gabinete y en él recibe todas sus visitas. Cuando se haya ido la de esta noche, vendré a buscaros. ¡Pero no os mováis del sitio hasta que yo venga, por lo más querido que tengáis en el mundo!

Dejóle solo y él subió sin titubear los pocos escalones que le separaban del estrado. Una vez en él comenzó a tantear minuciosamente la pared, hasta que dió con el rayo de luz que penetraba a través del estrecho resquicio. El salón estaba separado de la estancia inmediata por un delgado tabique de madera, pues en tiempos de mayor esplendor ambos aposentos habían formado un solo y lujoso salón, para las fiestas y saraos. El resplandor procedía de un candelabro de plata colocado sobre una mesita ante el diván de la condesa, e iluminaba apenas, con su luz incierta, los cuadros que decoraban las paredes. Andrea se vió precisado a arrodillarse para ver a través de la rendija. Pero a pesar de ser su postura tan incómoda, más de uno se habría cambiado gustosamente por él, aunque no le hubiese importado tanto oír como ver.

Si bien la doncella tenía razón al decir que su señora era en exceso dada a los afeites y cosméticos, la verdad es que lo hacía más por seguir la moda imperante que porque tuviese necesidad de fingir belleza. Estaba recostada en el diván, con un atavío que indicaba claramente que no estaba preparada para recibir tan tardía visita, sino para retirarse a descansar, los espesos y rojizos cabellos artísticamente peinados, maravillosamente brillantes los ojos cuajados de lágrimas, y en las redondas y pálidas mejillas las huellas recientes de su llanto. El hombre que estaba sentado en un sillón de cuero, delante de ella y volviendo la espalda a Andrea, la contemplaba al parecer fijamente; al menos movía muy rara vez la cabeza y escuchaba las vehementes palabras de la hermosa mujer sin añadir una voz o un gesto.

—Verdaderamente —decía la condesa, y en su gesto había la misma dolorosa amargura que en el tono de su voz—, me llena de asombro que tengáis la osadía de dejaros ver por aquí, después de haber pisoteado las más solemnes promesas. ¿Os he prestado yo tantos y tan útiles servicios para que vos ahora os mostréis tan cruel y tan hostil conmigo? ¿Dónde le habéis puesto a mi pobre amigo, al único por quien sentía verdadero interés y al que me prometisteis respetar en todo caso y tratar con indulgencia? ¿No había nadie sino él para llenar el vacío de vuestras mazmorras? Y ¿qué habéis hallado en él de sospechoso, en qué ha podido pecar contra la alta y serenísima República, que no ha habido un castigo más suave para él que el destierro, y que me hubiese lastimado a mí menos que éste? Sabéis, porque nunca os lo he ocultado, que le había entregado mi corazón, y que cualquiera que le tocase un solo cabello se convertiría en enemigo mío. ¡Devolvédmelo o romperé toda relación con vos, para siempre, y abandonaré Venecia y buscaré a mi amigo en el destierro, y os haré sentir cuánto habéis errado y cuánto tenéis que expiar como consecuencia de esta traición infame, de esta acción vergonzosa y depravada!

—Olvidáis, condesa —dijo el hombre—, que tenemos medios para impedir vuestra fuga, y que, aun en el caso de que ésta se lograse con éxito, nuestro brazo alcanza muy lejos y es suficientemente fuerte para perderos dondequiera que os halléis. El joven Gritti ha merecido su castigo. A pesar de la advertencia que le hicimos llegar se ha obstinado en proseguir su trato íntimo y sostenido con el secretario del embajador austríaco, un joven muy iniciado en los secretos del Estado. Las leyes de Venecia prohiben tales relaciones bajo penas severísimas, como sabéis muy bien. Además, se ha interceptado una carta de Angelo Querini en la que se contienen alusiones llenas de alabanza para ese irreflexivo joven. Ha sido una medida paternal el desterrarle antes de que incurriese en mayores culpas. Pero al mismo tiempo, sabemos que estamos en deuda con vos, Leonora. Y por esto precisamente me han enviado a vos, para ofreceros estas explicaciones y la posible manera de reparar lo sucedido, si sois razonable y discreta y os avenís a lo que os proponemos.

—Estoy cansada —dijo ella con aspereza— de recibir órdenes vuestras. El día de hoy me ha demostrado que tarde o temprano la desgracia caerá sobre mí si pongo mi confianza en vos, y me imagino que todos mis sacrificios en interés vuestro me serán agradecidos algún día, sí, que me protegerán de las humillaciones y sufrimientos más indignos. No os necesito, ni quiero nada de vos. Todo ha terminado entre mí y ese alto gobierno que arroja a un lado, con idéntica y brutal indiferencia, a amigos y enemigos.

—Ello es lástima grande —dijo entonces él—, porque a vos se os necesita, por el contrario, y se quiere algo de vos, y no se pueden dar por conclusas las relaciones con vos, condesa. Comprenderéis que sea cosa necesitada de mucha reflexión el dejar escapar a tierras extrañas a la partícipe de tantos secretos de la República, sin considerar que algún día puede sentirse inclinada a escribir sus memorias. Venecia y vos sois inseparables, y habéis dado suficientes pruebas de una altísima discreción, muy superior a la que suele ser frecuente en espíritus femeniles, para creer que han de ser precisos muchos rodeos y viajes antes de conseguir que salgáis de vuestro enojo y os reconciliéis con nosotros.

—¡No quiero oír hablar de reconciliación! —interrumpióle

ella con pasión, mientras las lágrimas afluían de nuevo a sus ojos—. ¿De qué sirve, además, pretenderla? Para nada valgo, incapaz soy de tener el pensamiento más simple, si no tengo conmigo a mi pobre Gritti.

—Le tendréis, Leonora. Pero no de inmediato, porque su regreso súbito echaría por tierra nuestros planes.

—¿Y cuánto tiempo me veré obligada a esperar? —preguntó ella mirándole con ojos suplicantes.

—Depende tan sólo de vos —respondió el otro—. ¿Cuánto tiempo necesitáis para ver a vuestros pies a un joven que hasta el momento es considerado por todos como un héroe de la virtud?

Un gesto de curiosidad e interés afloró al rostro de la condesa, dominado hasta entonces por el dolor y la desesperación.

—¿De quién habláis? —preguntó.

—De aquel alemán, tan amigo de Gritti, del secretario del ministro de Viena. ¿Le conocéis?

—Le vi en las últimas regatas. Gritti me lo mostró, si bien de lejos.

—Él es el uno puesto ante el cero de su señor. Tenemos buenas razones para creer que intenta ocultamente ganar prosélitos entre nuestros contrincantes y utilizar en provecho de su soberano el malestar y disensión que dejó tras de sí el asunto Querini. Es de una astucia poco común. Cuatro personas hemos asalariado a nuestro servicio entre las gentes del séquito del embajador, y de las cuatro, ninguna ha podido suministrarnos, hasta el momento, la menor prueba. Los inquisidores ponen toda su confianza en vos, Leonora, persuadidos de que lograréis encontrar la llave para abrir este espíritu tan herméticamente cerrado, como tantas otras veces habéis logrado salir airosa en empresas similares. Esto era imposible de conseguir mientras estuviese Gritti de por medio. Su destierro allana el camino y proporciona al mismo tiempo la ocasión para aproximarse al inaccesible espíritu, al cual la amiga de su amigo ha de mover ahora a mayor compasión que nunca, porque los dos lamentan juntos la pérdida de la misma persona. El resto lo confío al poder de vuestros encantos, que nunca fueron más irresistibles que cuando hallaron resistencia.

Ella meditó un rato. Su frente se iluminó, sus ojos adquirieron una expresión audaz y orgullosa, su hermosa y madura boca se entreabrió y una sonrisa pensativa vagó por sus labios.

—¿Prometéis —dijo finalmente— que Gritti será llamado de nuevo a Venecia tan pronto como os haya entregado al otro?

—Lo prometemos.

—Pues entonces no ha de pasar mucho tiempo hasta que os reclame el cumplimiento de vuestra palabra.

Levantóse y arrojó el lienzo con el que había enjugado su llanto. Andrea pudo seguir sus pasos por la habitación durante un breve trecho, el único que le permitía ver lo angosto de su rendija. Admiró el regio continente de la figura, mientras paseaba ella lentamente sobre la alfombra que cubría la estancia, pensando en su nueva victoria, con los ojos muy abiertos, estirado hacia atrás el cabello desde sus blancas sienes. Un raro escalofrío le recorrió cuando la mirada de la joven, que vagaba sin objeto por el techo de la habitación, se posó durante unos segundos en su escondrijo. Involuntariamente, se retiró a un lado, como si hubiese sido posible que ella le descubriera.

El hombre que estaba sentado en el sillón de cuero se levantó, ciego, al parecer, para los encantos de la condesa, pues prosiguió diciendo en el tono más sosegado e indiferente:

—El nuncio ha frecuentado raras veces vuestra casa en este último tiempo. Fuisteis, quizá, en exceso franca con vuestras inclinaciones mundanas, y el juego, en especial, asentó aquí sus reales con demasiada frecuencia e intensidad. Veríamos con gusto que sintieseis de nuevo ciertas inquietudes religiosas y reanudaseis el trato de su eminencia. Las relaciones del Papado con Francia se harán más tranquilizadoras.

—Podéis confiar en mí —respondió ella.

—Todavía una cosa, Leonora. La suma que os adeudamos por la cena de Candiano...

Ella se detuvo, como si la hubiese mordido una víbora, y se puso mortalmente pálida.

—Por todos los santos del cielo —dijo—, callad, no habléis de eso, no volváis a mencionarlo. Y entregad el resto de ese dinero a la Iglesia, para que lo aplique en misas por su alma..., y por la mía. Cuando oigo ese nombre me parece escuchar las trompetas del Juicio Final.

—Sois una chiquilla —dijo el otro—. La responsabilidad por aquella cena recae sobre nosotros y no sobre vos. Era un criminal, y sólo sus relaciones y su prestigio y dignidad social nos indujeron a ejecutar secretamente su castigo. Murió tranquilamente en su lecho, y nadie ha podido decir que halló en vuestra casa el origen de su temprana muerte. ¿Ha llegado a vuestros oídos una especie semejante?

Ella se estremeció y bajó la mirada al suelo.

—No —dijo—. Pero por las noches me despierta a veces una misteriosa voz que me lo cuchichea al oído. ¡Oh, lo único que desearía no haber hecho jamás es esto, esto!

—Eso son quimeras, Leonora, accesos pasajeros; acabaréis por dominarlos sin duda alguna. El dinero —como quería deciros— está a vuestra disposición en casa de Marchesi. Buenas noches, condesa. Os he robado ya demasiado tiempo. Descansad y dejad que mañana luzca sin nubes el sol de vuestra hermosura sobre justos y pecadores. ¡Buenas noches, Leonora!

Inclinóse ligeramente ante ella y se encaminó a la puerta. Andrea pudo ver sus rasgos fugazmente, en el último instante. Eran fríos, pero no duros; un rostro sin alma ni pasiones. Una férrea voluntad señoreaba la expresión de su frente y sus cejas. Colocóse un antifaz y se embozó en la negra capa que había dejado junto a la puerta. Después abandonó la estancia sin esperar el saludo de la joven.

En aquel mismo momento oyó Andrea la voz de la doncella que le llamaba con un susurro desde el interior de la sala. Obedeció, después de haber arrojado una postrer mirada sobre la hermosa mujer, que permanecía inmóvil en medio de la habitación, con la mirada sombría y melancólica. Bajó del estrado tambaleándose, como si le hubiesen asestado un terrible golpe, y siguió a la muchacha sin decir palabra. En la habitación de ésta ardía luz, el vino estaba todavía sobre la mesa y nada, al parecer, impedía la continuación del interrumpido juego. Pero en el rostro del hombre había una sombra siniestra que intimidó a la ligera y frívola joven, y le arrebató toda esperanza en aquella noche.

—Parece que hubierais visto fantasmas, tal es vuestro aspecto. Venid, bebed un vaso de vino y contadme qué sucedió. Todo se ha resuelto con más sosiego de lo que temíamos.

—Ciertamente —dijo él con forzada frialdad—. Mucho estiman a tu señora, y hasta existen perspectivas de que recibas el pago de tus salarios antes de lo que pensabas. Por lo demás, hablaron en voz tan baja que apenas entendí nada, y estoy rendido de haber permanecido arrodillado tanto tiempo sobre las duras tablas. En otra ocasión haré a tu vino los honores que se merece, niña. Pero hoy quisiera dormir.

—Todavía no me habéis dicho si la encontráis tan hermosa como las demás gentes —dijo la muchacha, poniendo cara de enfado ante la ingratitud de su amigo.

—Es bella como un ángel o una diablesa —murmuró él entre dientes—. Te agradezco muchísimo, *madamigella*, que me hayas ofrecido la posibilidad de verla. En otra ocasión me mostraré más galante y rendido contigo; hoy he expiado suficientemente mi curiosidad. ¡Buenas noches!

Saltó al antepecho de la ventana y puso pie en el tablón, que había vuelto ella, de mala gana, a tender entre ambas ventanas. Cuando estuvo en medio de él miró al canal, en cuyo punto extremo desaparecía precisamente la lucecilla de la góndola. Dirigió un último saludo a la camarera y penetró después con todo cuidado en su habitación, mientras Smeraldina retiraba el puente y se esforzaba inútilmente en conjugar el extraño comportamiento del forastero, su pobreza, su liberalidad, sus grises cabellos y su afán aventurero en todo racional y lógico.

Transcurrió una semana sin que la conquista que Smeraldina había creído hacer en su vecino se reafirmase de modo especial. En una ocasión, y después de haberse ganado al portero, le hizo entrar, cubierto con antifaz, le llevó al portillo del canal y subió con él a la góndola, que condujo él mismo, con suaves golpes de remo, a través del laberinto de callejuelas, hasta que llegaron al gran canal, y navegaron por él una buena hora. Pese a lo magnífico de la ocasión, no estaba de humor más tierno, ni logró llevarle a él la continua charla de la joven, que intentaba divertirle contándole historias del mundo en que se desenvolvía su señora la condesa. Enteróse él de que el secretario del embajador austríaco solía visitar con frecuencia a su señora, desde pocos días atrás, en cuyas entrevistas tratarían, sin duda, de cómo podría revocarse el destierro del joven Gritti. La condesa había mejorado notablemente de humor, y hasta le había hecho a la muchacha un par de espléndidos regalos. Andrea pareció escuchar todo aquello distraídamente, y estar atento tan sólo al gobierno de la góndola. Por todo ello, la muchacha no tomó la cosa a mal cuando su silencioso compañero dió la vuelta a la embarcación y emprendió el regreso al palacio por el camino más corto. Sin hacer apenas ruido, condujo la navecilla junto al poste de amarre, ató en derredor de éste la cadena, cuando estuvieron ambos en tierra, y le pidió la llave, para cerrar el candado. Diósela ella, y estaban ya en la puerta cuando él le dijo, con voz alterada, aunque reprimida, que en las prisas la llavecilla se le había escurrido de la mano y había caído al agua. La joven quedó consternada y furiosa; pero su amigo la consoló, lo que dada su ligereza y poco seso no fué en verdad difícil, diciéndola que en casa se hallaría sin duda una segunda llave. Y esta vez no pudo por menos de despedirse de ella con un fugaz beso en su mejilla, cuando ella le hizo salir del palacio por la puerta principal, pasada ya la medianoche.

Al día siguente dijo a su patrona, la señora Giovanna, que en casa de su amo habían tenido un exceso de trabajo, por manera que habían tenido que echar mano de la noche para desembarazarse de él. Esta fué la única vez que necesitó la llave de la casa. Por lo general, solía regresar a casa a la hora del crepúsculo, cenaba pan y vino y apagaba la luz muy temprano, todo lo cual hizo que la buena mujer le ponderara ante la vecindad como un dechado de aplicación, laboriosidad e irreprochables costumbres. Tan sólo se lamentaba de que no atendía a su propio cuidado como era menester, comía poco y no se concedía jamás ninguno de los placeres lícitos tan comunes en la juventud, con los cuales habría alegrado su carácter y alargado sus años de vida. Cuando tales cosas decía, Marietta callaba, y hundía la mirada en el regazo. Nunca había vuelto a cantar cuando el forastero se hallaba arriba en su cuarto, y desde que había venido parecía haber pensado más que antes en un año.

La mañana del segundo domingo que Andrea había pasado

en casa, entró la viuda violentamente en su habitación, con el rostro demudado y sus galas domingueras, con las que acababa de volver de misa. Se hallaba él sentado a su mesa, todavía sin vestir del todo, y leyendo en su libro de oraciones. Su cara estaba más pálida que de ordinario, pero su mirada era serena, y al parecer le enojó aquella intromisión que venía a interrumpir sus devociones.

—Y ¿estáis sentado ahí, tan tranquilo, señor Andrea, mientras toda Venecia anda revuelta por las calles? —le gritó al entrar—. Apresuraos, vestíos y salid afuera, que vais a ver más caras espantadas que granos en un molino. ¡Jesús bendito! ¡Que tenga una que ver estas cosas, después de pensar que jamás podrían suceder en Venecia!

—¿De qué habláis, buena señora? —preguntó él con indiferencia, dejando el libro sobre la mesa.

Ella se dejó caer en una silla, agotada al parecer, y sin fuerzas.

—Hasta la Piazetta me han llevado a empellones —dijo después de una pausa—; allí vi a los señores del Gran Consejo subir en masa los escalones que llevan al patio central del palacio del dux, y después ondeó la bandera enlutada en una de las ventanas de la Procura. ¿Podéis creer tamaña cosa? Pues os diré que esta coche pasada, poco antes de las doce, ha sido asesinado, en los mismos umbrales de su casa, el más importante de los tres grandes inquisidores de la República, el noble señor Lorenzo Venier.

—¿Era hombre anciano? —preguntó Andrea tranquilamente.

—*¡Misericordia!* ¿Qué decís? ¡Cómo si hubiese muerto en su cama! Pero ¿qué tiene de extraño? Vos no sois veneciano y no podéis figuraros lo que eso significa: ¡un inquisidor asesinado, uno del Tribunal! ¡Mucho peor que si fuera un dux! Porque el dux lleva la fama, pero el Tribunal carda la lana, como suele decirse. Pero queda aún lo más terrible: y es que en la daga que se halló hundida en su cuerpo estaban grabadas estas palabras: «Muerte a todos los inquisidores.» ¡A todos! ¿Comprendéis, señor Andrea? Esto no es lo mismo que cuando un pobre diablo a salario manda al otro mundo a un sujeto, porque se interpone en el camino de un tercero en asuntos de amores, negocios o cualquier otra historia por el estilo. Esto es un asesinato político, como ha dicho un vecino mío, y tras de él se oculta toda una conjuración, y muchos cómplices, y Angelo Querini con sus secuaces. Se frotó las manos cuando dijo esto, pero a mí no me llega la camisa al cuerpo. No quiero decir lo que pienso, pero yo me sé muy bien que con las malas acciones pasa como con las cerezas: tiráis de una y salen veinte tras de ella; y esta sangre ha de costar mucha sangre; acordaos de lo que os digo.

—¿No ha dejado el asesino ninguna huella, señora Giovanna? ¿Para qué diablos sirven al Tribunal los cientos de espías que tiene a su servicio?

—Ni sombra de huella —respondió la viuda—. La noche era oscura, soplaba el cierzo, a pesar de la estación, y el Gran Canal, junto al cual se levanta su palacio, estaba vacío de góndolas. Venía él hacia su casa por una callejuela lateral, y allí mismo le hirió una invisible mano. Aún tuvo vida y fuerzas suficientes para llegar hasta su puerta y exhalar su último aliento ante los ojos horrorizados del portero. Y entonces la calle estaba sumida en un silencio de muerte y no se veía un alma. Pero yo sé lo que me sé, señor Andrea. ¿Podré confiároslo? Vos sois leal y honrado, y no andaréis propalándolo después por esas calles, y trayendo sobre sí nuevas desdichas. Pues bien: yo conozco la mano que ha derramado esa sangre.

Él la miró a los ojos, con firme mirada.

—Hablad sin miedo, si eso os sirve de desahogo. Yo no he de traicionaros.

—¿No lo sospecháis? —dijo, levantándose y acercándose muy junto a él—. ¿No os he dicho una vez que hay vivos que nunca vuelven y muertos que vuelven? ¿Comprendéis ahora? Él no ha olvidado ni les ha perdonado que arrastrasen a la prisión a su mujer y a su niño y las atormentasen allí. Pero por amor de Dios, ¡ni una palabra de esto salga a vuestros labios! Si fuese su espíritu el autor de esto, serían los vivos quienes purgarían la culpa.

—Y ¿qué motivos tenéis para apoyar vuestra creencia?

Ella miró en derredor suyo, con gesto medroso.

—Habéis de saber —murmuró apenas—, que esta noche han andado fantasmas por la casa. Oíles por las paredes, arriba y abajo, como buscando; eran pasos de espíritus, segura estoy de ello como que he de morir. Yo me estuve quietecita en mi cama, aguzando el oído, y allá abajo, en el canal, continuaron los ruidos y los susurros, y hasta en vuestra ventana creí percibir ruido de cadenas, y en la calleja de al lado estuvieron rebullendo y revoloteando las alimañas, espantadas de su sueño, hasta muy pasada la medianoche. Cuando la campanada de la una, volvió todo al silencio. Bien sé yo quién lo ha turbado. Fué él, que vino después de llevar a cabo su propósito para saludarnos, porque no nos despedimos cuando se fué para siempre.

Él había hundido la cabeza en el pecho, mientras ella hablaba. Cuando terminó, se levantó y dijo que quería salir a la calle para informarse por sí mismo de lo sucedido. La noche pasada, como ya sabía ella, se había acostado muy temprano y había dormido profundamente, por manera que los duendes no le habían molestado en absoluto. Pero le recomendaba que se guardase todo aquello para sí, pues era peligroso tener el menor conocimiento o relación con aquel crimen, aunque fuera fantasmal. Después, vistióse rápidamente y salió a la calle.

En ésta había una animación y un ir y venir tales como ni siquiera era frecuente ver en los días de gran fiesta de la República. A través de las callejuelas, largas caravanas de curiosos se dirigían en interminable procesión a la Plaza de San Marcos, y los que no se incorporaban a ella estaban en la puerta de sus casas, cambiando miradas y señas con cuantos conocidos pasaban por delante. Se veía en todos aquellos hombres que les había estremecido y aturdido algo inaudito y terrible al mismo tiempo, que todos ellos seguían aquella comitiva, llenos de curiosidad por ver con sus propios ojos y tocar con sus manos aquel increíble suceso. Nadie alzaba la voz, nadie reía, ni silbaba, ni siquiera suspiraba. Era como si todos aquellos buenos ciudadanos hubiesen sentido tambalearse las pilastras que sostenían la ciudad de los cien canales.

En idéntico estado de ánimo, al menos en apariencia, caminaba Andrea entre el gentío, con el sombrero muy echado sobre los ojos y las manos a la espalda. Salió a la plaza de San Marcos, donde habían afluído en tropel, y mezclados unos con otros, incontables grupos de todas las clases sociales, que bullían bajo el puro cielo estival. Bajo los pórticos de la Procura el río humano seguía marchando hacia la *Piazetta*, ocupando todos los puntos de observación y extendiéndose hasta el canal, por la parte dominada por las dos grandes columnas. El viejo palacio de los Dux erguía mayestáticamente su mole por encima de aquella abigarrada muchedumbre. Tras de los ventanales y en las arcadas del palacio veíase brillar las armas, y un nutrido grupo de soldados se había apostado junto a la entrada, formando calle e impidiendo la entrada a cuantos lo intentaban sin pertenecer al Gran Consejo. Arriba, en la espaciosa sala cuyas paredes están decoradas con pinturas representativas de los grandes hechos de armas de la República, estaba reunida la flor de la nobleza veneciana, en deliberación secreta. Y la muchedumbre que se arremolinaba abajo, ante las pilastras del viejo palacio, esperaba llena de impaciencia el resultado de aquella reunión. Tan pronto como un *nobile* cualquiera se dejaba ver en una de las ventanas, subía un murmullo de aquel mar humano, y todos los gestos y miradas se concentraban allí, como si esperasen de un momento a otro que desde el balcón se anunciase el juicio recaído sobre el misterioso asesino.

Andrea, después de haber rodeado el largo cuadrilátero de la plaza, se aproximó también al palacio, y arrojó una mirada fugaz sobre la iglesia de San Marcos, donde la gente se apelotonaba hasta los pórticos, escuchando la voz del predicador. Trabajosamente logró abrirse paso hasta las dos columnas, y se apostó allí, en el muelle de la Piazetta, teniendo ante sí la inquieta multitud de góndolas, cuyos acerados y dentados picos arrojaban sobre las aguas, a cada balanceo, los mil puñales de sus cegadores destellos. La *Riva degli Schiavoni* que queda ba a su izquierda, estaba llena también de una impaciente multitud. Allí, junto al turbante del turco, destacaba el fez rojo griego, junto a la pintoresca gorra del barquero de Chioggia, el tricornio y la empolvada peluca. Entremezclábanse las más diversas lenguas, en una Babel de murmullos, y abajo, ascendiendo de las aguas, las voces de los gondoleros avisaban hasta a los ciegos que a sus pies corría el Gran Canal de Venecia.

Una góndola descubierta, gobernada por dos criados ataviados con ricas libreas bordadas en oro, pasó por delante de él. Recostada indolentemente en los mullidos cojines iba una dama, con la cabeza apoyada en la mano. En el rojizo esplendor de sus cabellos destacaban los destellos de fuego de una gran diadema de brillantes; sus ojos descansaban plácidamente sobre el rostro de un joven que iba sentado frente a ella, hablándola con vehemencia. La dama alzó ahora la cabeza y con una altiva mirada recorrió la muchedumbre que llenaba la *Piazetta*. «Es la rubia condesa», oyó Andrea decir junto a él. Por su parte, la había reconocido hacía tiempo. Estremeciéndose, como si su sola vista le fuera fatal, se volvió de espaldas. Y entonces se encontró con una cara bien conocida, que le hizo un amistoso gesto de saludo; Samuele estaba frente a él.

—¿Os contáis aún entre los vivos, señor Delfin? —le dijo el judío con su delgada voz—. En vano he intentado buscar a vuesa merced durante todos estos días pasados. Vivís más retirado que una mujer en la cuarentena. Si queréis venir allí donde me reclaman mis asuntos, os diré algo que quizá escuchéis con gusto. ¡Venid! ¿Qué se os ha perdido aquí, entre todos estos insensatos, que creen que el Gran Consejo procurará al mundo la salvación de la República? Los verdaderos pilotos tienen siempre algo mejor que hacer que charlar. Pero vamos, vamos de aquí; tengo prisa y en la góndola hablaremos más a nuestro sabor.

Hizo una seña a una de las góndolas de alquiler y arrastró a Andrea tras de sí. Subieron a la embarcación y tomaron asiento bajo el negro toldo, observando el canal a derecha e izquierda por las aberturas del angosto camarote.

—¿Qué tenéis que decirme, señor? —preguntó Andrea—. ¿Y adónde me lleváis?

—No vayáis mañana a casa de vuestro notario —dijo el judío—. Es muy posible que se os busque y requiera para una labor que ha de seros harto más provechosa que la que ahora ejercéis.

—¿Qué queréis decir con eso?

—Sabéis lo que ha sucedido esta noche —prosiguió el otro—. Inaudita cosa es, en verdad, que hayan transcurrido en Venecia doce horas después de un crimen y todavía no se haya encontrado huella alguna de quien lo ha cometido. Hemos perdido nuestro crédito ante la señoría, ante el pueblo, ante los extranjeros, que tenían una inquebrantable fe en la Policía de la República y esperaban pruebas de nuestra pericia. El Consejo de los Diez ha caído en la cuenta de que le han servido mal y buscará nuevos ojos que escudriñen mejor todos los rincones. Si pensáis todavía como hace diez días, señor Delfin, vuestros ojos podrían descifrar más finas escrituras que las de vuestro viejo notario. Para ello quedaos en casa mañana temprano. Si hay algo de nuevo y puedo traeros alguna noticia cierta, será para mí una gran alegría.

—No he cambiado en absoluto de idea; pero no puedo por menos de poner en duda mi capacidad...

—¡Bah, bah! —dijo el otro, agitando el dedo índice con gesto admonitorio—. O no conozco yo las caras, o muy dueño sois de la vuestra y de sus expresiones. Y quien es capaz de ocultar lo que piensa, a medias ha adivinado los pensamiento que otros intentan encubrir.

—Y ¿quién decide sobre la necesidad de aceptar o no mis servicios?

—Debéis sufrir un examen ante el Tribunal; yo no puedo hacer otra cosa, sino decir que os conozco y que confío en vuestro talento. Hasta mañana, a lo que pienso, no estará completo el Tribunal; precisamente ahora están reunidos los Diez para elegir al tercer hombre que ha de sustituir al asesinado. Por lo que a mí respecta, os digo que aunque me ofreciesen todo el oro del mundo si ocupaba el puesto de inquisidor del Estado..., daría las más rendidas gracias por el honor; pero no aceptaría. La inscripción grabada en la daga no lo ha sido por matar el tedio; y el soldado que monta guardia sobre el polvorín comerá a estas horas su pan con mayor sosiego que uno cualquiera de los tres señores de Venecia.

—¿Y es preciso aceptar el empleo sin remisión? ¿O se puede rechazar?

—¿Rechazar? ¡Qué decís! ¿No sabéis que la República castiga severamente a quienes abandonan un cargo?

Andrea guardó silencio y se puso a mirar a través de la escotilla, con gesto sombrío, la superficie del canal. Una incontable multitud de negras góndolas navegaban en la misma dirección entre los altos palacios de las márgenes, y desde Rialto venía en dirección opuesta otra no despreciable suma de ellas. Ambas comitivas se reunieron ante una ancha escalinata que ascendía desde el agua, arremolinándose ante ella a porfía. Sus señores descendieron a tierra. Era el palacio Venier, y en él estaba el muerto.

Una breve mirada bastó a Andrea para saber dónde se hallaban. Con violento esfuerzo dominó su agitación, y dijo:

—¿Os trae aquí alguna secreta labor, Samuele, o tan sólo la curiosidad de ver a un inquisidor asesinado descansando sobre su túmulo?

—Estoy de servicio —respondió el judío—. Pero también a vos puede seros útil venir conmigo. Haré que trabéis conocimientos con algunos de mis amigos. Pero por ahora fingiremos que no nos hemos visto jamás. ¿Sabéis que me apostaría una buena suma a que entre todos estos rostros compungidos se halla más de uno de los conjurados? ¡Quién sabe si el autor del hecho no es uno de los que saltan en estos momentos de una de esas góndolas! No daría pruebas de necedad, precisamente, si se creyese más seguro aquí que en otro lugar cualquiera. En estos momentos, en efecto, andará la Policía registrando una por una las casas que han sido alguna vez sospechosas, aprovechando que casi todos sus moradores están fuera de ellas. Razón tiene el refrán: aprende el diablo a hacer, pero no a ocultar lo hecho.

Saltó de la góndola y ayudó a bajar a Andrea, con servicial solicitud.

—¿Os desagrada quizá ver un muerto? —preguntó—. No parecéis muy dispuesto a ello...

—Os equivocáis, Samuele —replicó Andrea rápidamente, y le miró al rostro con gesto tranquilo e indiferente—. Antes al contrario, os agradezco profundamente que hayáis venido en ayuda de mi pereza. Sin vos, difícilmente me hallaría aquí. Subamos ya, para rendir nuestra visita al gran señor que en vida jamás nos hubiera concedido audiencia. ¡Tener que trocar esta espléndida mansión por un tan angosto acomodo! Lo lamento de veras, aunque nunca le vieron mis ojos.

Subieron por la amplia escalera, decorada con enlutados

testeros, entre una verdadera masa humana. En lo alto lucía, velado con negro crespón, el escudo de la casa Venier. Dentro de la enorme sala se alzaba el catafalco, cubierto por un rico baldaquino; los cipreses alzaban sus ramas hasta casi tocar el techo, oscilaban las lenguas de fuego de las velas sostenidas por candelabros de repujada plata con cada ráfaga de viento que llegaba desde el canal a través de la galería y los abiertos balcones, y en las cuatro esquinas del túmulo daban guardia al cadáver, rígidos como estatuas, cuatro servidores de la casa Venier, vestidos de negro terciopelo, envueltas las alabardas en crespones negros también. Sobre el muerto habían extendido un manto de terciopelo bordado, cuyos flecos de plata colgaban hasta rozar el suelo. El cadáver ofrecía a los visitantes su perfil aquilino, y dirigía los cerrados ojos hacia el baldaquino, con una expresión entre triste y airada. Andrea reconoció de nuevo aquellos rasgos. Los había grabado profundamente en su memoria desde aquella noche que los vió en el gabinete de Leonora. Pero ni el más leve temblor de su boca, ni una contracción de sus ojos, que se clavaban sobre el muerto, duros y cortantes, delató a los presentes que el vengador se hallaba ante su víctima.

Una hora después volvió Andrea a casa. La señora Giovanna le recibió en su puesto de la escalera con inquietud casi maternal, y también Marietta parecía inquieta por su tardanza. Le contaron que durante su ausencia los esbirros habían registrado su habitación, pero que habían hallado todo en perfecto orden, coincidiendo en todo con el testimonio que de su inquilino había dado la buena viuda. El sosiego con que Andrea escuchó su narración acabó de asegurarle que su miedo carecía de fundamento, y que la visita de la Policía había sido una cuestión de fórmula tan sólo. A continuación la mujer le agobió con una porción de advertencias y normas de precaución, aconsejándole cómo se debía comportar en aquellos días en cuanto a conversaciones y actividades, manteniéndose alejado de toda sospecha.

—Aumentará la vigilancia y recrudecerán las represalias. ¡Dios nos asista! —suspiró la vieja—. Ya sabéis: gato con guantes no caza ratones, y también es cierto aquel refrán que dice que los muertos abren los ojos a los vivos. Por ello estad sobre aviso, señor Andrea, y no confiéis en nadie antes de conocerle bien. Vos no conocéis aún a esos truhanes, y no sabéis lo mansos y galanes que saben presentarse. Pero yo os digo que aquel en quien más confiáis, ése será el que os traicione. Preferible es que no vayáis a comer a una hostería, y que nosotras os atendamos aquí en casa, lo mejor que sepamos, que eso sí, buen deseo no falta. Parecéis fatigado. Tendeos un poco en la cama, que me parece que no estáis acostumbrado a trotar por esas calles de Dios.

Marietta acompañó toda aquella cháchara con miradas suplicantes, clavadas en la pálida y grave cara de su huésped. Aseguró éste que se encontraba perfectamente, pidió pan y una botella de vino, y después que se lo hubieron traído se retiró a su habitación y no volvió a dar señales de vida en todo el resto del día.

A la mañana siguiente, muy temprano aún, entró Samuele en su cuarto, hallándole todavía en el lecho.

—Si tenéis algún interés por echaros al bolso por lo menos catorce ducados mensuales, venid conmigo —díjole—. Todo está preparado, y a lo que pienso, no haréis el viaje en vano.

—¿Han elegido ya al nuevo inquisidor? —preguntó Andrea.

—Así lo parece.

—¿Y no se ha descubierto todavía ni un rastro de la conjuración?

—Ni el menor rastro. El miedo entre la nobleza es grande. Se han encerrado en sus casas y en cada visitante ven un espía de los Diez o del Tribunal. Los legados extranjeros han presentado sus respetos al Dux, uno tras otro, haciéndole presente con solemnísimas frases su indignación por el hecho y ofreciéndole su ayuda sin reservas para el descubrimiento del autor. Desde esta hora y momento los tres del Tribunal se comportarán más taimada y arteramente que nunca, y según tengo entendido, van a poner un precio tal a la cabeza del asesino, que sacaría de penas durante unos años a más de un pobre diablo. ¡Abrid bien los ojos, señor Andrea! ¡Quizá bebamos juntos, en fecha próxima, un vino harto mejor que el de aquella taberna!

Andrea se había vestido, entre tanto, en silencio, y siguió a su padrino, que no cesaba de charlar ni un solo momento, en dirección al palacio del Dux. Samuele era en él un viejo conocido. Golpeó en una puertecilla pequeña y casi oculta, cuchicheó unas palabras al oído del criado que les franqueó la entrada, y cedió gentilmente el paso a Andrea en una estrecha escalera. Después de cruzar, ya arriba, un largo corredor sumido en penumbra, y de trabar breve diálogo con algunos alabarderos, fueron introducidos en una estancia no muy espaciosa, cuya única ventana daba al patio central del palacio y estaba semivelada por una oscura cortina. Al fondo había tres hombres, que paseaban arriba y abajo, sumidos en una conversación casi inaudible, con los rostros cubiertos por sendos antifaces, bajo los cuales sobresalían las puntas de sus barbas. Un cuarto, sin enmascarar, estaba sentado tras una mesa y escribía al resplandor de una solitaria vela.

Alzó la vista cuando Samuele y Andrea aparecieron en el umbral. Los otros tres, al parecer, no repararon en los recién llegados, y prosiguieron su paseo, enfrascados en su diálogo.

—¿Traéis al extranjero que nos habíais anunciado? —preguntó el secretario.

—Sí, señoría.

—Podéis retiraros, Samuele.

El judío se inclinó, obediente, y abandonó la habitación.

Tras de una pausa, durante la cual el secretario del Tribunal hojeó unos papeles que ante sí tenía y examinó al desconocido con una larga y penetrante mirada, dijo:

—Vuestro nombre es Andrea Delfin; ¿estáis emparentado con el noble veneciano de igual nombre?

—No, que yo sepa. Mi familia es oriunda de Brescia y allí ha residido desde tiempo inmemorial.

—Vivís en la calle della Cortesia, en casa de Giovanna Danieli, y deseáis entrar al servicio del ínclito y augusto Tribunal de los Diez.

—Deseo consagrar mis servicios al bien de la República.

—Vuestros papeles de Brescia están en perfecto orden. El abogado con quien habéis trabajado cinco años testimonia que sois un hombre discreto y digno de confianza. Tan sólo faltan pruebas y testimonios de los seis o siete años anteriores al que entrasteis a su servicio. ¿Qué habeís hecho en todo ese tiempo, después de muertos vuestros padres? ¿No los pasasteis en Brescia?

- No, señoría —respondió Andrea con aplomo—. Estuve en lejanas tierras, en Francia, Holanda y España. Cuando hube dado fin al mísero patrimonio que había heredado tuve que reducirme a la condición de empleado.

—¿Vuestros testimonios de ello?

—Me los robaron junto con una maleta que contenía todos mis bienes. Me sentía fatigado de la vida andariega y volví a Brescia. Mis señores me habían hallado idóneo para trabajar como secretario. Probé con un abogado, y vuestra señoría tiene ante sí los testimonios de que he aprendido a trabajar.

Mientras decía esto, con sereno y respetuoso continente, ligeramente inclinada la cabeza y sosteniendo el sombrero con ambas manos, uno de los tres enmascarados se acercó de repente a la mesa, y Andrea sintió una escrutadora mirada clavada en su rostro.

—¿Cómo os llamáis? —preguntó el inquisidor con voz que delataba una edad ya anciana.

—Andrea Delfin. Mis papeles lo demuestran.

—Pensad que os costará la vida engañar al ínclito Tribunal. Os invito a que meditéis de nuevo vuestra respuesta. ¿Y si yo os dijese que vuestro verdadero nombre es Candiano?

Cuando acabó de pronunciar estas palabras sobrevino una helada pausa. Hasta los oídos de los cinco hombres llegó, menudo y distinto, el roer de la carcoma. Cuatro miradas taladrantes estaban fijadas en el forastero.

—¿Candiano? —dijo despacio, pero con voz firme—. ¿Por qué había de llamarme Candiano? Bien sería de mi gusto, pues según tengo entendido la casa de Candiano es rica y distinguida, y el que tal nombre lleve no ha de precisar ganarse el pan con su pluma.

—Tenéis la cara de un Candiano. Además, vuestra conducta denota un origen más elevado del que atestiguan estos papeles.

—Nada puedo hacer por mi rostro, augustos señores —respondió Andrea con comedida desenvoltura—. Y por lo que hace a mi conducta, he visto las más diversas costumbres durante mis viajes, y he mejorado las mías cuanto me ha sido posible; luego, tampoco he perdido el tiempo en Brescia y he procurado colmar con incesantes lecturas los muchos descuidos de mis años mozos.

Los otros dos inquisidores se habían acercado al primero y uno de ellos, cuya rojiza barba sobresalía, desbordando su antifaz, dijo a media voz:

—Puede induciros a error cierta semejanza, que no osaré yo negar. Pero vos sabéis bien que la rama de la familia Candiano que residía en Marano se extinguió; el viejo está enterrado en Roma y los hijos no le sobrevivieron mucho tiempo.

—Puede ser —respondió el primero—; pero miradle, y decid si no es el vivo retrato de Luigi Candiano, rejuvenecido, es cierto, pero como si hubiese resucitado de su sepultura. Yo le conocí harto bien: ambos fuimos elegidos el mismo día para el Senado.

Tomó los papeles y los examinó cuidadosamente.

—Es posible que tengáis razón —dijo por fin—. Los años no concuerdan. Éste es demasiado viejo para ser uno de los hijos de Luigi. Y si éste le hubiese habido de otra mujer antes de su matrimonio..., en este caso podría sernos del todo indiferente.

Arrojó los papeles sobre la mesa, hizo una seña al secretario, y se retiró de nuevo, con los otros dos, junto a la hornacina de la ventana, para proseguir su interrumpido diálogo. Nadie percibió en los ojos de Andrea qué peso agobiador se le quitó en aquellos momentos de encima.

El secretario comenzó de nuevo su labor.

—¿Conocéis lenguas extranjeras? —preguntó.

—Hablo francés y un poco de alemán, señoría.

—¿Alemán? ¿Dónde lo habéis aprendido?

—Un pintor alemán que residió en Brescia mantuvo conmigo larga amistad.

—¿Habéis estado alguna vez en Trieste?

—Dos meses, señoría, por negocios de mi señor, el abogado.

El secretario se levantó y se acercó a los otros tres. Momentos después volvió junto a la mesa y dijo:

—Se os entregará el pasaporte de un súbdito austríaco, natural de Trieste. Con este pasaporte iréis a casa del embajador austríaco y solicitaréis su protección, diciendo que la República os ha amenazado con la expulsión de su territorio. Diréis que abandonasteis Trieste a muy temprana edad y que marchasteis a Brescia. Sea cual fuere su respuesta, esta visita os ha de bastar, si ponéis cierta destreza en ello, para trabar conocimiento con el secretario del embajador. Vuestro cometido se reduce a proseguir este trato y a investigar en cuanto os sea posible las relaciones secretas que ligan a la Corte vienesa con la nobleza veneciana. En cuanto descubráis lo más leve que se os antoje sospechoso, debéis comunicarlo sin tardanza.

—¿Desea el Alto Tribunal que renuncie a mi actual trabajo en casa del notario Fanfani?

—No cambiaréis nada en vuestra vida. Vuestro salario ascenderá a doce ducados para el primer mes. De vuestra destreza depende que esta suma se duplique.

Andrea se inclinó en señal de conformidad.

—Aquí tenéis vuestro nuevo pasaporte —dijo el secretario—. Vuestra vivienda es vecina del palacio de la condesa Amidei. Os será fácil anudar el trato con su camarera, por cuyos gastos seréis convenientemente reembolsado. Cuanto alcancéis a conocer por este medio sobre las relaciones de la condesa con los nobles de Venecia, lo comunicaréis igualmente en este mismo lugar. La República espera que cumpláis discreta y fielmente vuestro cometido. No os exigiremos juramento porque si no os sostiene en el cumplimiento de vuestro deber el temor a los castigos terrenales que nosotros imponemos, es que no tenéis sangre humana en las venas y tanto se os daría burlaros también de la justicia celestial. Podéis retiraros.

Andrea se inclinó de nuevo y se volvió hacia la puerta. Pero el secretario le llamó.

—Queda una cosa aún —dijo, mientras abría una cajita que estaba encima de la mesa—. Acercaos y contemplar la daga que hay en esta caja. En Brescia hay varias grandes y afamadas fábricas de armas. ¿Recordáis haber visto alguna vez un trabajo semejante?

Reuniendo las últimas fuerzas, Andrea miró. Demasiado bien conocía aquel puñal para no reconocerlo al instante. Era un arma de doble filo, con la empuñadura, de acero igualmente, en forma de cruz. Sobre la hoja, manchada aún de sangre, estaban grabadas estas palabras: «Muerte a todos los inquisidores».

Tras un detenido examen rechazó la caja con firme mano.

—No recuerdo —dijo— haber visto jamás una daga semejante en las tiendas o en las forjas de Brescia.

—Está bien.

El secretario cerró la cajita y le hizo señal con la mano de que podía retirarse. Andrea salió lentamente. Los alabarderos le franquearon el paso; como en sueños recorrió el largo corredor, lleno del eco de sus pisadas, y cuando se halló en la oscura escalera se dejó caer unos minutos sobre uno de los marmóreos escalones. Sus rodillas apenas podían sostenerle; un sudor helado perlaba su frente y tenía la lengua pegada al paladar.

Cuando salió a la calle respiró hondo, irguió la cabeza y recuperó su actitud resuelta y decidida. Ante el portal que se abre a la *Piazetta* vio un nutrido grupo de gente, absorta en la lectura de un gran cartelón que estaba fijo en una de las columnas. Acercóse y leyó que el Consejo de los Diez, con la augusta conformidad del Dux, ofrecía una recompensa de mil cequíes de oro y el indulto de un desterrado o un condenado a muerte a quien supiese dar alguna noticia sobre el asesino de Venier. El pueblo se agolpaba ante la columna, empujándose, y algunas caras apostadas bajo los pórticos espiaban los gestos de los lectores. No se escapó Andrea a sus miradas. Pero con la indiferencia de un extranjero alejado por completo de todos aquellos asuntos, cedió su sitio a otros curiosos después de haber leído el cartel, dirigióse al Gran Canal y subió a una góndola que había de conducirle al hotel del legado austríaco.

Cuando, después de un viaje bastante largo, pues la residencia del embajador quedaba algo apartada, bajó Andrea ante el palacio que ostentaba sobre su puerta la figura del águila bicéfala, encontróse con que un joven de elevada estatura hacía sonar en aquel momento el aldabón. Volvió la mirada hacia la góndola, y sus severos rasgos se iluminaron de alegría.

—¡*Ser* Delfin —dijo, ofreciendo a Andrea su mano—, quién nos hubiera dicho que nos encontraríamos aquí! ¿Ya no me conocéis? ¿Habéis olvidado ya, por ventura, aquella tarde en el lago de Garda?

—¡Sois vos, barón Rosenberg! —replicó Andrea, estrechando cordialmente la mano que le ofrecían—. ¿Estáis en Venecia por un tiempo más, o venís a buscar vuestro pasaporte para proseguir la marcha?

—Sólo el cielo sabe cuándo me llevará mi estrella lejos de aquí —dijo el otro—, y si habré entonces de maldecirla o de darle la bienvenida. En cuanto a mi pasaporte, no he de molestar a nadie por su causa, pues yo mismo he de visármelo. Porque habéis de saber, mi caro amigo, que habláis con el secretario de su excelencia el embajador austríaco, cosa que en verdad no digo por alzar un muro diplomático entre mí y mi querido compañero de viaje por la Riva, sino en interés vuestro, pues no todos los venecianos desearían ser tenidos por viejos conocidos míos.

—Yo nada tengo que temer —dijo Andrea—. Si no os soy pesado, entraré unos momentos con vos.

—Veníais a verme, sin conocerme. El servicio que os hubiera prestado el secretario os lo rendirá el amigo tanto más gustosamente, si en su mano está el hacerlo.

Andrea enrojeció. Por vez primea sintió todo lo denigrante y vergonzoso de la máscara que traía, frente a un hombre libre que le recibía tan cordialmente, después de muchos años transcurridos desde un encuentro fortuito y fugaz. El pasaporte del triestino que llevaba en el bolsillo comenzó a pesarle como si fuera de plomo. Pero era hombre acostumbrado a dominar sus luchas internas y tampoco esta vez le desamparó su sangre fría.

—Quería tan sólo recoger una información sobre una casa de comercio alemana —dijo—, pues aquí en Venecia ocupo el muy humilde puesto de escribano en casa de un notario, a quien he de servir en los más varios y fútiles quehaceres. Pero como en Brescia no era nada mejor que esto, y, sin embargo, vos no me considerasteis indigno de honrarme con vuestra compañía y la de vuestra madre, por eso me atrevo a visitaros. Y ante todo deseos que me digáis cómo está ella, cuya dignísima y respetable figura, tierno amor por vos e inmerecida bondad para conmigo, guardan un imborrable lugar en mis recuerdos.

La cara del joven se ensombreció y un hondo suspiro salió de sus labios.

—Venid a mi habitación —dijo—. Allí hablaremos más a nuestro sabor.

Andrea le siguió y la primera mirada que arrojó sobre la espaciosa y cómoda estancia fué a caer sobre un gran retrato al pastel que colgaba encima del escritorio. Reconoció al punto los ardientes ojos y el espléndido cabello de Leonora. En sus sonrientes labios brillaba todo el encanto seductor de la juventud y de la alegría.

El joven arrastró dos sillones junto a la ventana, a través de la cual se divisaba el ancho canal, los pintorescos puentes y al fondo, sobresaliendo por encima de unas viejas casas, el ábside de una iglesia.

—Venid —dijo el joven— y acomodaos a vuestro placer. ¿Deseáis que nos sirvan vino o preferís *sorbetti*? ¡Ah, no me escucháis? Estáis abismado en la contemplación de esta malhadada imagen. ¿Sabéis a quién representa? ¿Conocéis al original, del cual sólo es una pálida sombra? Pero ¡quién no lo conoce en Venecia! No me digáis nada sobre esta mujer. Sé todo cuanto de ella se dice, y lo creo todo; y, sin embargo, os aseguro con toda seriedad que si os hallaseis ante ella no pensaríais en nada de esto y daríais gracias a Dios si lograseis conservar íntegros vuestros cinco sentidos.

—¿Es propiedad vuestra este retrato? —preguntó Andrea tras una pausa.

—No; ha pertenecido a un hombre más dichoso que yo, a un joven veneciano, noble y gallardo, que ha sido su ídolo, según me ha confesado ella misma. El incauto me confió su amistad y ahora purga este crimen en el destierro. Y mi castigo ha sido que me ha legado este retrato y que he visto llorar por él a los ojos del original.

Mientras decía esto se hallaba en pie ante la imagen, contemplándola con una mirada llena de enajenación y de tristeza. Andrea le observaba penetrado de íntima compasión. No era hermoso de rostro, aunque resultaba atractivo por la mezcla de la juvenil suavidad de sus líneas y la viril gravedad y fuego de sus gestos. Los movimientos de su alta figura delataban nobleza y energía. Involuntariamente se le escapó a Andrea la exclamación:

—¡Y que vos, también vos podáis amar a esta mujer que tan poco digna es de vuestro amor!

—¿Amar? —respondió el alemán con un tono extrañamente agrio—. ¿Quién os dice que yo la amo como he amado antes en Alemania, como merece esta palabra amor? Decid más bien que estoy poseído por ella, que arrastro sus cadenas con gemidos y rechinar de dientes, y creedme si os digo que me avergüenzo de esta debilidad y que no obstante me abandono gustoso a ella. Antes de esto no tenía yo sospecha de que todos los placeres terrenos no son nada comparados con el sentimiento que se experimenta al dejarse magullar la cerviz por un yugo libremente escogido y al arrojar al polvo todo el orgullo varonil por una sonrisa de tales ojos.

Tenía la cara encendida, y cayó en la cuenta de que Andrea había apartado sus ojos del retrato hacía tiempo y le escuchaba con gesto conmovido y entristecido.

—Os aburro —dijo Rosenberg—. Hablemos de otra cosa. ¿Cómo os ha ido durante todo este tiempo? ¿Por qué habéis abandonado Brescia?

—Todavía no me habéis contado nada de vuestra madre —le interrumpió Andrea—. ¡Qué dama tan singular! El más extraño, a su lado, sentía un vivo deseo de venerarla como a una madre.

—Seguid hablando, os lo ruego —dijo el otro—. Quizá vuestras palabras me liberen del nefasto embrujo en que he caído aquí. No es que me digáis nada nuevo. Pero escuchar de vuestros labios su alabanza, oír qué madre es ella y qué ingrato hijo ha criado en mí, son cosas que me atraerán quizás otra vez al cumplimiento de mi deber. ¿Creéis que he recibido ya la tercera carta de ella en la que me conjura a que abandone Venecia y regrese a Viena junto a ella? Sueña con frecuencia que aquí me aguarda la desgracia. No sospecha la causa de todo; y, sin embargo, nada me retiene aquí sino una mujer a quien por cuanto hay en este mundo osaría yo llevar a su pura y noble presencia. Pero no —prosiguió—; el destino me ayuda a soportar esta carga. En realidad sería difícil que me concediesen licencia en estos momentos. Mi jefe, el conde, se ha empeñado en que le soy absolutamente necesario, y precisamente ahora han acaecido sucesos y trabajos que serían harto molestos para él. No ignoráis que somos huéspedes ingratos para la República. No quieren abrir los ojos hacia el lado de donde viene el verdadero peligro y acarician el prejuicio de que el poder que nosotros representamos hace intervenir su mano en todos los sucesos hostiles que acaecen en Venecia. Tan lejos han llegado, que nos han hecho responsables del asesinato de Venier, acción que yo repudio desde lo más profundo de mi corazón, así como considero a su autor un político muy poco perspicaz. Pues decidme vos mismo, mi querido amigo –prosiguió, acalorándose, quizá con el propósito de ganarse un intercesor más en Venecia–, decidme si no es mínima la probabilidad de lograr la caída del tribunal por esta senda del crimen. Dejemos a un lado, por unos momentos, el aspecto moral de la cuestión: ¿es que puede imaginar alguien que una conspiración tan ramificada y extensa puede permanecer secreta, aquí en Venecia, tanto tiempo como sería preciso para alcanzar el objetivo de la intimidación?

–En efecto, es inimaginable –replicó Andrea, impasible–. Lo que saben tres venecianos, lo sabe el Consejo de los Diez. Por eso es tanto más sorprendente que esta vez funcionen tan mal sus servicios.

–Y supuesto el caso de que los conjurados alcanzasen su deseo de devolver crimen por crimen y llegasen hasta los inquisidores, a pesar del secreto de que están rodeados, y al cabo no se hallase nadie que quisiese jugarse la vida a cambio de tan peligroso honor, ¿qué se habría conseguido con eso? Una aristocracia de tan monstruosa organización como la veneciana, necesita para subsistir, para defenderse de las oleadas amenazadoras de la voluntad popular, del dique de una dictadura perpetua, que de un modo u otro y con formas más o menos flexibles o rígidas siempre volvería a instaurarse. Puede decidme, amigo mío: ¿dónde están los elementos con los que se podría constituir una verdadera república, con instituciones libres? Tenéis una casta dominante y una sojuzgada. Soberanos a cientos y populacho a miles. ¿Dónde están los ciudadanos, la burguesía, sin la cual es una quimera la esencia misma del Estado? Vuestros *nobili* han cuidado mucho que el hombre del pueblo no llegue jamás a alcanzar una conciencia ciudadana, un sentido de la responsabilidad y del sacrificio consciente en pro de nobles fines. No han permitido a los plebeyos que se preocupen por los intereses del Estado. Y como la regencia de ochocientos tiranos era demasiado dificultosa y pesada, palabrera y desavenida para ejercer un poder efectivo lo mismo en el interior que en el exterior, estos amos prefirieron esclavizarse a sí mismos y se doblegaron al yugo de un triunvirato que no responde ante nadie de sus actos, pero que al menos había salido de sus filas. Prefirieron ver caer a sus propios hermanos, víctimas de este ídolo de tres cabezas, sin ley ni justicia, que vivir bajo el amparo de leyes y derechos que les igualarían al pueblo.

—Decís las cosas tal y como son en realidad —dijo Andrea—. Pero ¿han de seguir siendo así?

—Así seguirán..., o peor aún. Pues ved, carísimo, de qué terrible modo se ha vuelto contra ellos el filo de su propia arma. Mientras la República desempeñó un papel y una tarea entre los pueblos de Europa, el peso agobiador de esta dictadura se vió compensado con los éxitos exteriores. Sin esta concentración de todas sus fuerzas en la mano de inexorables tiranos, jamás hubiera alcanzado Venecia el florecimiento espléndido de su poderío político y de su incalculable riqueza, que aún estaba en pleno esplendor en el pasado siglo. Pero tan pronto como se derrumbaron los fines que podían justificar medios tan violentos, sólo quedó la tiranía desnuda en toda su monstruosa deformidad, y para no andar ociosa, y sobrevivirse a sí misma, comenzó a mostrar su furia insana hacia el interior. Una dictadura en tiempo de paz, sea ejercida por uno o por tres, es siempre un grave peligro para todo Estado, grande o pequeño. Pero aquí la enfermedad ha alcanzado ya un punto demasiado álgido para hallar salvación. Los brotes de la verdadera burguesía, de la que debiera surgir una nueva vida para la República, se han echado a perder después de un siglo de terror; en las redes del más refinado espionaje se ha asfixiado toda confianza, toda franqueza, toda seguridad y amor a la libertad, y el edificio que parece levantado tan ingeniosa y establemente, se vendría abajo estrepitosamente en cuanto desapareciese de sus junturas la argamasa del terror.

—Vuestras razones son sin duda de peso —dijo Andrea—, pero son las razones de un extranjero, a quien nada duele proclamar muerta a esta República y concluída su decadencia. A un veneciano difícilmente podrían persuadirle de que la dolencia de su vieja ciudad madre no merece ni tan siquiera un postrer intento de curación.

—Pero vos no sois veneciano.

—Razón tenéis; soy de Brescia, y mi ciudad ha sangrado muchas veces bajo el látigo de Venecia. Empero, no puedo sustraerme enteramente a un sentimiento de compasión por estos hombes desesperados, que intentan sajar con el puñal la devoradora postema de este secreto imperio del terror. Si han de alcanzar o no su intento, escrito está en las estrellas. Mis ojos son harto débiles para descifrar este misterio.

Ambos hombres callaron y dejaron que sus miradas vagaran por el canal, a través de la ventana. Los sillones estaban muy juntos. El sol llegaba hasta ellos, ardoroso, sin que hiciesen nada por sustraerse a su pesado fuego.

—Como veis —recomenzó el más joven, sonriendo—, para ser un diplomático, y además un diplomático que intenta ganarse en Venecia las espuelas, he aprendido muy poca cautela. Nos hemos visto una sola vez y hoy os digo sin rodeos cuanto pienso de los sucesos que ocurren en este país. Pero, naturalmente, me creo poseedor del suficiente conocimiento de los hombres para saber que un espíritu como el vuestro no ha de ser un asalariado de esta *Signoria.*

Andrea le tendió la mano en silencio. En aquel momento volvió el rostro y vio a su camarada de oficio, Samuele, en medio de la estancia, pocos pasos detrás de ellos y en actitud de respetuosa deferencia. Había abierto la puerta sigilosamente y se había aproximado hasta ellos sobre la alfombra de la habitación, sin ser oído y deshaciéndose en reverencias.

—Excelencia —dijo volviéndose hacia Rosenberg y aparentando no conocer a Andrea—, os ruego que me perdonéis por haber entrado sin hacerme anunciar. El criado no estaba en la antesala. Traigo las joyas solicitadas; cosas todas ellas, excelencia, que se hubiese honrado en llevar la bellísima Ester.

Sacó de sus bolsillos una porción de cajas y estuches y extendió cuidadosamente sus mercancías sobre la mesa, intentando visiblemente recalcar su condición de mercader judío, que solía negar en sus veleidades de poder. Mientras el alemán examinaba los aderezos, arrojó Samuele una mirada de complicidad sobre Andrea, que le volvió la espalda y se acercó a la ventana. Comprendió la razón de la visita del judío a aquella hora; el espía no quería perder de vista al espía, el zorro viejo debía vigilar al principante durante su período de prueba.

Rosenberg eligió un espléndido collar cerrado con un broche de rubíes y pagó sin regatear el precio que pidió el judío. Arrojóle las piezas de oro, despidióle con un gesto, sin contestar a su parloteo interminable, y se acercó de nuevo a la ventana.

—En vuestro semblante veo —dijo— que sentís lástima de mí y que me tenéis por un insensato. Verdaderamente me comportaría de modo mucho más cuerdo si arrojase al canal esta joya centelleante, en vez de ceñirla a la blanca nuca de Leonora. Pero ¿de qué me sirve toda la cordura del mundo ante ese demonio?

—Estoy persuadido —replicóle Andrea— de que vuestro desencantamiento no se hará esperar. Pero debo haceros otra advertencia. ¿Conocéis más de cerca al judío que acaba de abandonarnos?

—Le conozco. Es uno de los espías que el Consejo de los Diez tiene a sueldo en nuestra casa. Come su pan envuelto en pecados, pues todo nuestro secreto consiste en que somos honrados y leales. Y como ellos consideran esto como absolutamente imposible, nos tienen por la gente más peligrosa e hipócrita. Siento, por causa vuestra, que este raposo entrase en la habitación en el momento en que me dabais la mano, cosa que sin duda ha visto. Os garantizo que antes de una hora estaréis inscrito en el libro negro del Tribunal.

Andrea sonrió amargamente.

—No los temo, amigo mío —dijo—. Soy un hombre pacífico y tengo tranquila la conciencia.

*

Pasaron cuatro días desde aquella conversación. Andrea había proseguido su vida acostumbrada, acudiendo todas las mañanas regularmente a casa de su notario y recogiéndose en casa al anochecer, aunque desde que mantenía tan estrechas relaciones con las altas esferas de la Policía no debía dársele un ardite su reputación en la calle *della Cortesia*.

El sábado por la tarde pidió a la señora Giovanna que le dejase la llave de la casa. Ella le alabó mucho aquella excepción a su regla habitual. Además, aquel día merecería verdaderamente la pena. A ella misma le encantaría presenciar los funerales por el augusto señor Venier que tendría lugar en San Rocco. Pero tenía miedo de los estrujones de la multitud, y además..., ya sabía él por qué todo aquello le daba un temor especial.

Andrea le respondió que también él preferiría esquivar el camino de la muchedumbre, porque le oprimía el pecho impidiéndole respirar a gusto. Tomaría una góndola y saldría hasta el Lido.

Dejó a la vieja y tomó la dirección opuesta a San Rocco. Eran ya las ocho y una fina llovizna enturbiaba el aire, aunque no impedía que la gente subiese en masa a la iglesia, al otro lado del canal, en la cual se celebrarían momentos después las exequias por el inquisidor asesinado. Oscuras figuras, en parte enmascaradas y en parte protegiéndose el rostro de los alfilerazos de la lluvia con el ala del sombrero, pasaban ante él con rápido paso, en dirección a la plaza de la Travesía o al puente de Rialto. Un grave son de campanas envolvía aquel húmedo atardecer. Andrea se detuvo en uno de los callejones adyacentes, sacó un antifaz y se lo colocó cuidadosamente. Después se dirigió al cercano canal, saltó a una góndola y dijo al barquero:

—¡A San Rocco!

La vieja y espléndida iglesia estaba iluminada por cientos de velas y una inmensa masa humana rodeaba el vacío catafalco, que destacaba, tétrico, en medio de la nave central, desnudo de flores y coronas. En su cabecera había un gran crucifijo de plata, y el negro paño que cubría el túmulo llevaba bordadas a ambos lados las armas de la casa Venier. La nobleza entera de Venecia había tomado asiento en sillones enlutados, dispuestos en toda la profundidad del coro; ni siquiera en las más solemnes reuniones del Gran Consejo era frecuente ver reunido tal número de patricios. Nadie había osado faltar, pues todos estaban interesados en que no surgiese la menor duda sobre la sinceridad y honradez de su luto por el muerto. Los legados extranjeros se sentaban en una tribuna especial y también su número estaba completo.

Desde lo alto se derramaron sobre el gentío las solemnes notas de introducción de un Requiem, y un nutrido coro, acompañado por el órgano, comenzó a cantar el terrible canto de dolor, que resonó, conmovedor y funeral, en los desnudos muros del templo y llegó hasta la plaza y más allá, hasta las calles vecinas, abarrotadas por un inmenso gentío. La fina lluvia, que seguía cayendo, la oscuridad de la noche, en la que destacan, fantásticas, las vidrieras de la iglesia, como fanales multicolores, el murmullo ahogado de mil voces, todo ello contribuía a ensanchar en torno al templo un círculo medroso e inquietante, al que pocos podían sustraerse. Cuanto más cerca se hallaban de la entrada del sagrado edificio que guardaba en aquellos momentos toda la grandeza y poderío de Venecia, tanto más devotamente callaban todos los labios. Tras de las negras máscaras, que siguiendo una vieja costumbre de toda clase de solemnidades, tanto alegres como luctuosas, eran innumerables entre la multitud, no pocas miradas asustadas se clavaban en el iluminado pórtico y en el catafalco, que testimoniaba con mucho mayor vigor que las palabras del cántico lo perecedero de la humana vida y la caducidad del poderío y gloria terrenales.

En una callejuela cercana, que desembocaba en la plaza de San Rocco a través de unas oscuras arcadas, caminaban dos hombres enfrascados en vivo diálogo. No vieron que, amparado en la sombra de las casas, un tercero les seguía los pasos, embozado en su capa y cubierto con un antifaz. El perseguidor tan pronto se adelantaba como miraba hacia atrás, dejándolos que tomasen alguna delantera. Los dos hombres no iban enmascarados. Uno de ellos era un caballero de barba gris y aspecto noble y distinguido; su acompañante parecía más joven y de origen más humilde. Prestaba oído atento a las palabras del más anciano y de cuando en cuando se permitía arrojar una comedida observación.

Llegaron a un lugar donde la iluminada ventana de una casa proyectaba un vivo resplandor sobre la calleja. Al momento, el enmascarado se les adelantó y se cobijó tras de una columna del pórtico, desde donde observó con mirada agudísima las caras de ambos hombres. Los rasgos del secretario de los Inquisidores del Estado emergieron un instante de la sombra, sin lugar a dudas. La voz del anciano había resonado, claramente, en la estancia del secreto Tribunal. Era ella quien le había dicho en el rostro a Andrea Delfin que era un Candiano.

—Volveos —concluyó el viejo el diálogo— y ocupaos del asunto sin demora. El capitán está ocupado en San Rocco, como sabéis; pero una pequeña partida de su gente basta para tomar presos a ambos. Les encareceréis mucho que lleven a cabo su misión sin ruido. Vos mismo les tomaréis la primera declaración y les someteréis a interrogatorio, pues yo no podré estar de vuelta antes de medianoche. Si hubiera algo perentorio que comunicar me hallaréis en casa de mi cuñado después de terminada la función religiosa.

Se separaron y el anciano emprendió el camino de la plaza de San Rocco a través de los solitarios soportales. Acababa de extinguirse el último eco de las voces y la música en la iglesia, y todos los ojos estaban fijos en el púlpito, cuya escalera subió un anciano de cabello blanco como la nieve, que no era otro que el nuncio pontificio, apoyado en dos eclesiásticos más jóvenes. Todo murmullo se extinguió como por ensalmo, y la débil voz del anciano inició la plegaria, rogando al Señor que se dignase mirar propiciamente sus súplicas y deparase consuelo y luz, desde el tesoro de su sabiduría y misericordia infinitas, a sus espíritus conturbados, iluminase la tiniebla que sustraía culpa y maldad a los ojos del humano tribunal y desbaratase la obra de esa misma tiniebla.

Apenas se había apagado el amén con que el pueblo coronó la plegaria, cuando un bronco murmullo creció desde el pórtico de la iglesia, atravesó el atrio y la nave y llegó, rápido como el rayo, hasta los sitiales de los nobles, de modo que en un abrir y cerrar de ojos toda aquella inmensa muchedumbre se agitó e hirvió como un mar encrespado por la galerna. Todos los ojos se volvieron hacia las puertas del templo por donde había entrado aquella oleada de espanto. En la oscura plaza varias antorchas corrían de un lado para otro, llenas de apresurada confusión, y mientras todos contenían el aliento para oír mejor, estalló de pronto el grito de cien voces, que desde el atrio llenó la iglesia con el retumbar de sus ecos: «¡Asesinos! ¡Asesinos! ¡Sálvese quien pueda!»

Una indescriptible confusión, un tumulto desatado, como si de pronto las bóvedas de la iglesia amenazasen hundirse, siguió a este grito. Pueblo y nobleza, religiosos y seglares, los cantores del coro, los que daban guardia al catafalco, hombres y mujeres, se precipitaron ciegamente hacia las salidas de la iglesia, empujándose, atropellándose, con los ojos desorbitados por el espanto. Tan sólo el anciano que ocupaba la sagrada cátedra se mantuvo sereno; observó con imperturbable dignidad aquella turbamulta poseída por el terror y abandonó su sitio cuando la nave del templo hubo quedado vacía por completo.

Afuera la multitud se arremolinó en torno a un punto donde las antorchas luchaban, formando estrecho círculo, contra el viento y la lluvia. Los esbirros, que a los primeros síntomas de conmoción se habían precipitado a aquel lugar, al mando de su capitán, habían hallado en la oscuridad del callejón que desembocaba en la plaza un cuerpo inmóvil, tendido en el suelo, de cuyo costado manaba la sangre a borbotones. Cuando llegaron los portadores de las antorchas se vió una daga, con la empuñadura de acero en forma de cruz, hundida en la herida, y pudieron leer las siguientes palabras grabadas en ella: «¡Muerte a todos los inquisidores!» Palabras que corrieron de boca en boca, como un reguero de pólvora, a través de la amedrentada multitud.

*

La primera sacudida de un temblor de tierra, aunque sea espantoso el aviso de que se está pisando terreno volcánico, no suele espantar de modo profundo. Con el miedo se mezclan demasiado vivamente el asombro y la extrañeza, y allí donde sus efectos no se dejan sentir de manera excesivamente perceptible los hombres se sienten gustosamente inclinados a creer, en pro de su propia tranquilidad, en un error de sus sentidos, y procuran volver lo antes posible a su perdido equilibrio. Sólo cuando se repite el evento cruel, inevitable e inexorable, queda desmentida la fe y la esperanza en que fueron circunstancias totalmente casuales las que hicieron posible el suceso. El regreso súbito del peligro perpetúa el temor y apunta a una inacabable serie de horrores contra los cuales no ofrecen la menor protección ni el valor ni la cobardía.

Un efecto semejante surtió en Venecia la noticia del segundo atentado criminal contra un inquisidor del Estado. Los iniciados, los sabedores del secreto, no intentaron encubrir que el herido era persona de relieve. Nadie pretendió ocultarse que la osadía con que había sido llevado a cabo este segundo golpe se vería espoleada por el éxito de la acción e incitada a proseguir sus pasos por el sendero de la violencia. Bien es verdad que en esta ocasión, la daga homicida, desviada por un ropaje interior de seda, no había herido a la víctima de muerte inmediata. Pero la herida, ponía en peligro la vida del inquisidor y acarreó una interrupción en las actividades del secreto tribunal, que, sin reunir el criterio conjunto de sus tres componentes, no podía actuar ni tomar determinación alguna. Su poder, por tanto, estaba menguado, y su señorío cojeaba. Pero había una cosa más importante todavía y era que el impenetrable misterio que envolvía el brazo enemigo destruyó la fe en la omnisciencia y la omnipotencia del triunvirato y acabó con la confianza mutua y la tajante energía de sus miembros.

Pues ¿qué medidas de precaución quedaban por tomar y qué medios de investigación secreta por estrenar? ¿No se habían exigido recíprocamente, en el seno del Tribunal de los Diez, y cuando eligieron al nuevo tercer inquisidor, solemnísimo juramento de guardar riguroso secreto? Y no obstante esto, pocos días después, el golpe había caído sobre el recién elegido con la misma precisión que si hubiese sido enviado directamente por el cielo. Cada uno miraba a los demás con miradas cargadas de recelo, y en todas las mentes se fué afirmando la idea de que la traición estaba anidada en el seno mismo de los detentadores del Poder, y que los tiranos habían plantado entre ello a la mano asesina. Tomaron preso al secretario del tribunal, que había cruzado las últimas palabras con el herido antes del sangriento suceso. Fué sometido a un interrogatorio largo y agotador y amenazado con una muerte espantosa. Pero tampoco aquello, como es natural, tuvo el menor éxito.

¿Qué provecho había reportado el incremento de la Policía secreta, el reclutamiento en masa de nuevos espías entre los criados de los *nobili* y de los embajadores extranjeros, en los mesones y hospederías, en el arsenal, hasta en los cuarteles y conventos? Media Venecia estaba asalariada para vigilar a la otra media. Una considerable suma recompensaría la menor noticia, la pista más insignificante, que pudiera ayudar a desvelar el misterio de la conjuración. Se triplicó la cantidad ofrecida. Pero se esperaba poco de una medida que iba encaminada principalmente al pueblo bajo, ya que era entre la nobleza donde se buscaba la huella del asesino, o de los conjurados. Se realizaron un montón de cosas, encaminadas todas a cubrir las apariencias, aun a sabiendas de que todas eran por demás inútiles. Aparecieron bandos y reglamentos severísimos sobre el cierre de mesones y posadas en cuanto hubiese caído el sol, y el llevar armas o antifaz fué prohibido bajo duras penas; durante toda la noche, el empedrado de las callejas resonaba con el paso de las rondas de vigilancia y se escuchaban las voces de alto dadas a las góndolas que pasaban por delante de los puestos de Policía. Nadie consiguió un pasaporte que le autorizase a abandonar Venecia, y a la entrada del puerto, una nave vigía detenía a cualesquiera barcos o barquillas que intentaban entrar y exigía el santo y seña a los mismos empleados de la República antes de permitirles pasar adelante.

La fama de estos siniestros acontecimientos se extendió hasta muy dentro de la *terraferma*[1] y fué aumentando, según costumbre, de volumen e intensidad dramática. Quien tenía proyectado un viaje a la ciudad madre renunció a él. Quien deseaba entrar en relaciones comerciales o profesionales con una casa veneciana interrumpió sus tratos, encontrando preferible espe-

1. Véase nota anterior, página 47. *(N. del T.)*

rar a que se disipasen aquellos disturbios que amenazaban con resquebrajar el edificio de la República en sus mismos cimientos. Las consecuencias de este estado de cosas se hicieron notar pronto en la ciudad, cuyas calles estaban siempre desiertas, y cuya vida parecía paralizada. Los *nobili* abandonaban sus palacios, en casos de extrema necesidad, rehuyendo las visitas para no dar inconsciente acogida a algunos de los conjurados. Nadie sabía exactamente lo que ocurría fuera de su casa, y los rumores más fantásticos y descabellados sobre detenciones, torturas y penas de muerte, ejecutadas en forma cruel, penetraban, a través de las puertas, en el seno de las amedrentadas familias. El pueblo, aunque intuía que aquellos acontecimintos no le concernían a él de modo directo y observaba con maligna complacencia el recelo con que los nobles se miraban entre sí, poseídos de un terror pánico, tampoco fué capaz de liberarse de aquel estado de ánimo turbio y angustiado que oprimía todos los pechos. Era molesto y pesado tener que abandonar el vino y la baraja en cuanto caía la noche, soportar pacientemente los registros a que sometían a la gente las rondas de Policía, en busca de armas ocultas, y no sentirse jamás seguro, aun con la conciencia más limpia del mundo, ante la maldad de los falsos denunciantes.

Entre las pocas personas sobre cuya vida y quehaceres pareció no ejercer el menor influjo la sofocante opresión que pesaba sobre todos los espíritus se contaba Andrea Delfin. La mañana siguiente al suceso fué interrogado, junto con los demás espías secretos, por el sucesor del infeliz secretario, que había admitido sus servicios sobre sus observaciones en el momento del crimen. Andrea hilvanó el cuento de un viaje al Lido, con el propósito de indagar el estado de ánimo y la opinión de los pescadores. Las novedades que podía traer del palacio de la condesa y de la residencia del embajador austríaco no eran tales novedades, sino dctalles inocentes, que el tribunal conocería, sin duda, desde mucho tiempo atrás; pero que dieron testimonio, al menos, del celo que ponía en cumplir el cometido que le habían asignado. Su amigo Samuele no había descuidado la denuncia de la sospechosa intimidad que había sorprendido entre el bresciano y el secretario de la Embajada.

Andrea se justificó tranquilamente, y desde aquel punto, su antigua amistad nacida en la Riva fué, ante los ojos del tribunal, un valiosísimo elemento de apoyo para sus intenciones.

De este modo, apenas transcurrió día en que fuese a visitar a su amigo alemán, a quien la conversación de aquel hombre grave, oprimido por quién sabe qué recóndito pesar, fuésele volviendo más necesaria cada vez, en su apartamiento de todo trato con las gentes. Había depositado en Andrea una ilimitada confianza, y si solía esquivar los temas políticos cuando hablaba con él, era más por el convencimiento de que la diferencia de nacionalidad impediría que ambos llegasen a ponerse de acuerdo, que por el miedo a que Andrea hiciese mal uso de sus confidencias. Hasta le contó, riendo a carcajadas, que le habían puesto en guardia contra él, por ser un espía del tribunal. Extrañaba a la gente, como es lógico, la despreocupación con que atravesaba diariamente los proscritos umbrales del legado extranjero.

—No soy un *nobile* —respondió Andrea, con tono de indiferencia—, y a los miembros del Consejo no se les escapa que yo no vengo aquí en busca de relaciones diplomáticas; hasta el momento, no me han juzgado digno ni de una advertencia tan siquiera. Pero os he tomado afecto y me costaría verdadero dolor renunciar a importunaros de cuando en cuando con mi ingrata compañía, porque soy un hombre totalmente solitario. Hasta mi patrona, que antes me entretenía algunos ratos con sus inagotables refranes, no ha vuelto a pisar mi alcoba. Está enferma, enferma de Venecia y de los pálidos espectros que la acechan.

Y así era, en verdad. Después del segundo atentado contra la Inquisición del Estado, la señora Giovanna había estado un día entero cabizbaja, turbada y nerviosa, y cundo cayó la noche se apoderó de ella una inquietud, cada vez mayor. Estaba firmemente convencida de que el autor del crimen era el espíritu de su Orso; pues sólo un fantasma incorpóreo sería capaz de escapar por segunda vez a los mil ojos espiadores que montaban la guardia de Venecia y velaban por su tranquilidad. Púsose sus mejores galas y, esperando, nada menos, que la visita de su difunto, se pasó toda la santa noche en la escalera, dispuesta a recibirle. Llevada por una conmovedora perturbación de sus facultades mentales, había dispuesto una de las comidas preferidas por su marido, en una mesa, con tres sillas, y no hubo manera humana de convencerla para que probase un bocado. Así, pasó en vela la mayor parte de la noche. Cuando la lamparilla del zaguán se hubo apagado consiguió, por fin, Marietta, que llamó en su ayuda a Andrea, llevar a su cuarto a la pobre mujer y meterla en la cama. Atacóla entonces un acceso de fiebre, que si no ofrecía peligro, sí era lo bastante violento como para arrebatarle la conciencia durante muchas horas al día. Andrea contemplaba todo poseído de viva compasión, y las patéticas palabras que se les escapan a los enfermos en sus delirios le llenaron de pesar y de tristeza. Díjose en secreto que llevaba sobre su conciencia el peso del trastorno de aquella buena mujer, y las tristes miradas de Marietta le apesadumbraban más que todos los sangrientos secretos que llevaba consigo.

Oprimido por esta carga, cruzó una tarde Andrea por delante del palacio ducal y llegó hasta el estrecho canal que tiende sus aguas por debajo del alto Puente de los Suspiros. Cuando, tras de un rato de meditación, tornáronsele vacilantes sus decisiones y comenzó a dudar de la limpieza e irreprensibilidad del oficio de juez que sobre sí mismo había tomado; retiróse de aquel lugar, y al poco tiempo de caminar se robusteció de nuevo en él la fe en la justicia y necesidad de su misión, cuando sus miradas tropezaron con los viejísimos muros, tras de los cuales habían gemido y muerto tantos miles de víctimas de una tiranía irresponsable y despótica.

El sol traspasaba con sus hirientes rayos la neblina otoñal que se elevaba desde las aguas. Aquel muelle, que otrora hormigueaba de gente, estaba ahora hosca, siniestramente mudo. Las torvas miradas de los soldados que montaban guardia bajo los soportales del palacio se bastaban para amedrentar la alegría de cuantos por allí delante cruzasen. Andrea, en aquel momento, oyó que alguien pronunciaba a gritos su nombre desde una góndola que arribaba a la Piazetta. Volvióse y reconoció a su amigo el secretario del embajador vienés.

—¿Tenéis tiempo? —le dijo el muchacho—. Pues entonces

subid y acompañadme un trecho. Tengo prisa y desearía hablar con vos unos momentos.

Andrea subió a la góndola, y el otro le tendió la mano con desusada cordialidad.

—Me alegro infinito, mi querido Andrea, de haberos encontrado aquí casualmente. No hubiera querido irme sin despediros, y no me atrevía a visitaros, o a enviar por vos, porque habría llamado la atención, sin duda alguna, y hubiera podido perjudicaros.

—¿Os marcháis? —preguntó Andrea, consternado.

—No tengo más remedio. Leed esta carta de mi madre y decidme si, después de ella puedo demorarme un solo día más.

Sacó la carta del bolsillo y se la tendió a su amigo. La anciana dama escribía a su hijo que, si le importaba algo que ella volviese a hallar una sola hora de sueño, emprendiese el regreso a Viena sin pérdida de tiempo. Los rumores que llegaban de Venecia, el puesto que ocupaba él y que le rodeaba de especial peligro, la circunstancia de que apenas la tercera parte de sus cartas llegaba a manos de su madre, no sabía ella por culpa de qué, todo aquello había acabado por robarle el sosiego, y su médico no quería comprometerse a nada, en tanto no recibiese una visita de su hijo, que le trajese el consuelo y la tranquilidad perdidos. Las líneas de la carta estaban transidas de tan conmovedora tristeza, de tan suplicante amor maternal, que Andrea no pudo leerlas sin experimentar viva emoción.

—Sin embargo —dijo, devolviéndole la carta—, sin embargo, casi desearía que no partieseis inmediatamente, aunque sé que vuestra madre cuenta las horas que faltan para abrazaros de nuevo. No sólo porque sé que cuando os hayáis marchado me sentiré totalmente abandonado y permaneceré en esta ciudad como un muerto que anda, sino porque no me parece aconsejable salir ahora de Venecia, porque os pisará los talones la sospecha de que al marcharos, lo hacéis con vuestra cuenta y razón y llevando quién sabe qué propósitos ocultos. ¿No os han puesto dificultades para concederos el permiso?

—En modo alguno. ¿Cómo podrían ponerlas, si pertenezco a la Embajada?

—Guardaos entonces doblemente. Muchas puertas, en Venecia se han abierto con exquisita gentileza, porque un paso más allá de su umbral estaba el abismo. Si os guiaseis por mi consejo, no os dejaríais ver por la ciudad tan sin rebozo en estas últimas horas antes de vuestra partida. Vos no sabéis lo que quizá se está tramando en estos momentos para impedirla.

—Pues ¿qué debo hacer? —preguntó el mancebo—. Sabéis bien que los antifaces están prohibidos.

—Quedaos en casa y dejad que los dignatarios de esta República esperen en vano vuestra visita de despedida. Y a propósito, ¿cuándo partiréis?

—Mañana, a las cinco de la madrugada. Pienso permanecer allí un mes y espero poder tranquilizar a mi madre en este tiempo. Ahora que está ya decidida mi marcha me he reconciliado casi con esta cura violenta, aunque me parte el corazón. Quizá consiga, cuando haya roto por vez primera el círculo de mi hechicera, sacudirme para siempre su poder. Pero ¿creeréis, amigo mío, que tiemblo ante la idea de la separación, como si no fuese capaz de soportarla o de salir airoso de ella?

—El mejor medio, en ese caso, es que os separéis de ella inmediatamente.

—¿Pensáis, pues, que no debo volver a verla antes de mi partida? Eso es pedir algo que está por encima de las fuerzas humanas.

Andrea cogió su mano.

—Amigo mío —dijo con acento cargado de afecto—, no tengo el menor derecho a reclamar de vos un sacrificio, por pequeño que éste sea. El sentimiento de afectuosísima simpatía que me ha empujado a vos desde el primer momento está recompensado con creces con vuestro mero trato, y no me atrevo a rogaros ni a pediros nada en nombre de esta nuestra amistad. Pero yo os suplico, por aquella noble dama, cuyas amorosas palabras acabáis de darme a leer, que no volváis a casa de la condesa. Por encima de todo cuanto sé de ella, sí, y que vos mismo no ponéis en tela de juicio, prestad oídos a mi presentimiento de que ha de significar vuestra perdición visitarla, de que os ha de costar muy caro verla por última vez. Prometédmelo, amigo mío...

Tendióle la mano, pero Rosenberg no la estrechó.

—No me exijáis una promesa solemne —dijo, con un triste movimiento de cabeza— y contentaos con mi mejor voluntad por seguir vuestro consejo. Si al cabo el demonio fuese más fuerte que yo y desbaratase cuanto hubiese puesto en su camino, tendría la doble tristeza de haber sido infiel a vos y a mí mismo. No sabéis lo que es capaz de conseguir esta mujer cuando se lo propone.

Callaron ambos y navegaron durante un rato, sumidos en hondas reflexiones, por la inerte masa de agua, que dividía en dos la quilla de la góndola, apenas sin un rumor, como si flotasen sobre una ciénaga. En las proximidades de Rialto, Andrea expresó su deseo de bajar a tierra. Encargó al joven un respetuoso saludo para su madre y se encogió de hombros, ceñudo, cuando el otro le preguntó si se hallaría aún en Venecia dentro de un mes. Estrecháronse las manos largo rato, y cuando la góndola se acercó al muelle se despidieron con un cariñoso abrazo. Todavía asomó, una vez más, por la ventana del oscuro camarín de la embarcación el rostro vivo y leal del joven, que hizo una postrera seña de despedida a su amigo, quien, abismado en sus pensamientos, permanecía en la escalerilla del malecón. La separación fué para ambos más dolorosa de lo que pensaban en aquellos momentos.

Andrea, por su parte, que se creía desde hace tiempo liberado de toda clase de lazos y para el cual habían fenecido todos los pequeños objetivos de la vida ante el grande y terrible que se había propuesto a sí mismo, maravillóse sobre manera al considerar cuán doloroso le resultaba el pensamiento de tener que vivir duante varias semanas sin la compañía y el apoyo de aquel joven. Pero al momento le asaltó a la mente el deseo de no volver a encontrarle allí hasta tanto que su obra no estuviese realizada. Se propuso escribir una carta a la madre e impulsarle, con veladas advertencias, a no consentir en el regreso de su hijo a Venecia. Cuando se afirmó en este pensamiento pareció que se le quitaba de encima un enorme peso. Encaminóse en derechura a su casa para poner en práctica su proyecto.

Pero cuando se encontró en su lóbrego aposento, donde no penetraba ni un rayo de sol, y la desnuda tapia de la calleja parecía casi querer entrar por la enrejada ventana, invadiéronle, en cuanto se sentó a la mesa con intención de escribir, una inquietud y una amargura tan vivas, que arrojó la pluma y se puso a andar de un extremo a otro de la habitación, como una fiera enjaulada. Estaba persuadido de que aquel arrebato no había surgido del hondón de su conciencia, de que en la pesadumbre y consternación en que se debatía su espíritu no se mezclaba en absoluto el temor de ver traicionado su secreto e impedida su venganza. Aquella misma mañana había estado ante el secretario del tribunal y se había convencido de la total desorientación de los déspotas. El inquisidor herido se debatía aún entre la vida y la muerte. Cuanto más tiempo durase esta situación de inestabilidad y duda, tanto más se ponía en peligro la existencia del triunvirato. Un solo golpe más contra aquel tambaleante edificio y se derrumbaría para siempre en informes escombros. Andrea no dudó ni un solo instante que la Providencia, que había guiado su mano hasta aquel momento, le permitiría llevar a cabo la postrera parte de su obra. Jamás había dudado de su misión. Y si hoy le desasosegaba el oscuro presentimiento de una inminente desgracia, en ello no participaban sus propios planes ni acciones.

Oscurecía ya cuando escuchó una tosecilla en la ventana de Smeraldina, la convenida señal de que la muchacha deseaba hablarle. Teníala bastante abandonada de un tiempo acá, y hoy reanudó con gusto sus pláticas con ella, en parte por escapar a sus propios pensamientos, y en parte también por la esperanza de que en el palacio hubiesen ocurrido novedades que le allanasen su camino hasta el tribunal, y hasta le revelasen, quizá, la personalidad de alguno de los inquisidores. Salió a la ventana rápidamente y saludó. La camarera le recibió con fría altivez.

—Os vendéis harto caro —dijo—; según parece, habéis trabado otros conocimientos que os son más gratos que vuestra vecina.

Él le aseguró que sus sentimientos para con ella eran los mismos.

—Si es verdad eso —replicó ella—, dispuesta estoy a concederos de nuevo mi gracia. Hoy tendríamos una buena oportunidad para charlar un rato sin que nadie nos molestase. Mi señora tiene esta noche una partida de juego con una docena de jóvenes caballeros. Difícil será que se vayan antes de la medianoche, y hasta esa hora, bien podemos nosotros estar juntos. Dejad a mi cargo el cuidado de vaciar la cocina y el aparador, que antes nos sobrarán que nos faltarán cosas gratas al paladar.

—¿Está entre los invitados el alemán ese de quien me has contado que tanto gusta su señora la condesa?

—¿Ése? ¡Quita allá! Y ¿qué ha de estar? Ése es tan celoso, que no pone pie en los umbrales de esta casa en cuanto ventea que hay aquí concurrencia. Además, se marcha de viaje. No nos hemos de morir de pena por ello, ¿verdad?

Andrea respiró.

—A las diez en punto estaré en la ventana —dijo—, o ¿es mejor que acuda al portal?

—Sí, mejor es esto —dijo ella, después de reflexionar unos momentos—. El portero os conoce, y vuestra patrona no pondrá inconveniente alguno en cederos la llave. O ¿es que queréis haceros el virtuoso delante de la pequeña Marietta? ¿Sabéis que comienzo a sentir cerlos de esa insignificante criatura?

—¿De Marietta?

—Está loca de amor por vos, o yo no tengo ojos en la cara, Observarla. ¿No ha cambiado por completo? Ya no canta jamás, y eso que antes había que taparse los oídos todo el día. Y ¡cuántas veces la he sorprendido deslizándose en vuestro cuarto, cuando vos no estáis, y husmeando todas vuestras cosas!

—Viene a leer mis libros; yo le he dado permiso. Y si no ha vuelto a cantar es porque su madre está enferma.

—Queréis disculparla, pero yo sé bien lo que me digo. Y si llegase a enterarme de que ha hablado mal de mí, para desenamoraros, le sacaré los ojos con las uñas a la bruja envidiosa.

Cerró violentamente la ventana, y él no pudo por menos de meditar detenidamene sus palabras. En otros tiempos, la sola idea de que no era indiferente a la encantadora muchacha hubiese acelerado los latidos de su corazón. Pero ahora, sólo daba vueltas en su cabeza el pensamiento de cómo desviar o enderezar su camino de manera que no volviese a cruzarse con la plácida senda de aquella inocente alma. Poco a poco fué recordando detalles que abonaban claramente la opinión de Smeraldina. «He de irme de aquí —se dijo—. Pero ¿dónde voy a estar tan seguro y escondido como en esta casa?»

Por la noche, a la hora fijada, se detuvo ante el portal del palacio, que miraba a la solitaria plaza con las luminosas pupilas de sus ventanales. El aire era turbio y pesado, sin luna el cielo; se anunciaba un temprano otoño, y los pocos hombres que andaban aún por la calle se arrebujaban en el embozo de sus capas. Andrea, mientras esperaba que le franqueasen la entrada, pensó en la ya lejana noche en que otro Candiano había atravesado estos umbrales para salir después por ellos llevando la muerte consigo. Se estremeció. Su mano, cuando momentos después la cogió entre las suyas la doncella, estaba helada.

Condújole a su cuarto. Pero por más que ella le instó, le fué imposible comer ni beber, aunque había entrado a saco en las delicadas provisiones que cubrían aquella noche la mesa de su señora. Él se disculpó con su enfermedad, y la doncella no se lo tomó a mal, sobre todo cuando él consintió en perder unos cuandos ducados jugando al *tarok* con ella. También le había llevado hoy un regalo, por todo lo cual, ella se consoló de buen grado de tener junto a sí a un amante tan retraído y poco locuaz. Bebió y comió sin tasa, entregóse a toda clase de bromas y le dijo los nombres de los jóvenes venecianos que estaban invitados aquella noche a la partida con su señora.

—No ocurre allí lo que aquí —dijo—; ellos no cuentan el oro, sino que lo ponen a puñados a una sola carta. ¿Os gustaría echar una mirada? Vos conocéis ya el truco y el escondrijo.

—¿Piensas en el resquicio de la pared de madera? Pero ¿no están en el salón?

—No, sino en el gabinete de la condesa. El salón se abre solamente los días de gran gala, en el Carnaval.

Reflexionó él brevemente. ¿Qué cosa mejor podía desear sino ampliar su conocimiento personal de la nobleza?

—Llévame allí —dijo—. Pronto me habré cansado de mirar, y no te seré infiel durante mucho tiempo.

—Sólo os pido que no os enamoréis de mi condesa —dijo ella,

con gesto de cómica amenaza—. En punto tocante a celos, no entiendo de bromas, y por desgracia, muchos hallan a mi señora más linda que a mí.

Procuró él acordar su voz a este tono festivo, y ambos salieron del cuarto riendo y bromeando. Afuera se encontraron con algunos lacayos de librea, que, al parecer, no repararon en el acompañante de la muchacha, o, cuando menos, no hicieron extremo alguno de sorpresa. Portaban platos y fuentes de plata, y pronto les dejaron libre el camino del gran salón. Estaba éste a oscuras, como la primera vez; pero en el aposento contiguo se oían voces alegres y sonoras, y Andrea, una vez que hubo tomado puesto en su incómodo observatorio, apenas reconoció la habitación. Los altos espejos devolvían, centuplicada y fantástica, la luz de los velones, y sus dorados marcos reflejaban los destellos en el techo. Entre aquella orgía de luz centelleaban las joyas de la hermosa Leonora. Andrea reconoció al momento la cadena con el broche de rubí que había comprado a Samuele su amigo alemán. La piedra preciosa descansaba sobre el blanco seno como una enorme gota de sangre. Pero los ojos de la condesa miraban a las cartas con expresión fatigada e indiferente, y cuando se posaban sobre las caras de los jóvenes que tenía frente a sí era fácil reconocer que no sentía el menor interés por ninguno de ellos. Pese a esto, sus huéspedes hacían cuanto estaba de su parte por parecer amables y gratos. Coreaban sus puestas con bromas, risas y finezas y perdían su dinero con presteza, harto mayor que su buen humor. Uno de ellos, que, al parecer, había perdido todo cuando llevaba, estaba sentado en un sillón, entre dos espejos, y cantaba lánguidas barcarolas, acompañándose de un laúd. Otro, que descansaba harto, al parecer, de ganar, intentaba hacer puntería con las monedas de oro sobre los dibujos del tapiz, olvidándose después de recoger los cequíes que rodaban hasta los rincones de la estancia. Los criados iban y venían entre tanto, con hielo y frutas, y un perrillo boloñés jugueteaba con el enorme papagayo verde, que de cuando en cuando introducía en la conversación general, con su voz gangosa y chirriante, divertidas frases, dichas en el más puro veneciano.

Disponíase el espía a retirarse ya del estrado de los músicos, porque el espectáculo que se ofrecía a sus ojos despertaba en él los más penosos sentimientos, cuando de pronto entró en la estancia, a través de la amplia puerta encristalada, una gallarda figura, a quien todos los presentes saludaron con visible sorpresa. Tratábase de un caballero ya entrado en años; pero que sostenía aún su blanca cabeza tiesa y erguida sobre sus hombros, y no dejaba ver en su paso el menor rasgo de decrepitud. Pasó revista, con una rápida mirada, a la joven concurrencia, se inclinó ligeramente ante la condesa y rogó que no se tomasen la menor molestia por su causa.

—Pedís demasiado, *ser* Malapiero —replicó la condesa—. La veneración que siente la juventud por los servicios que, tanto en la tierra como en el mar, habéis prestado a la República, no nos permite proseguir matando el tiempo en vuestra presencia de modo tan pecaminoso.

—Os equivocáis, hermosa Leonora —replicó el anciano—. Si me he retirado del servicio del Estado y ni siquiera he vuelto a pisar desde hace años el salón del Gran Consejo, ha sido tan sólo porque el respeto de la gente joven me pesaba sobre manera y anhelaba retirarme a un trato más alegre, desenvuelto y libre. Porque, decidme: ¿quién desea hoy en día abrir su corazón con el vino, si junto a él se sienta a la mesa un miembro del Consejo de los Diez, o, simplemente, un Inquisidor? Se envejece más rápidamente estando en el servicio de la República que fuera de él, y yo pienso burlarme todavía algún tiempo de mis blancos cabellos y sentirme joven, al menos con ayuda del vino. Aunque en presencia de la hermosura siento el peso de mis muchos años...

—A fineza vuestra tomarán estas palabras todos estos jóvenes caballeros —dijo Leonora—, que piensan que tan sólo el poseedor de una barba rubia, o negra, lindamente ensortijada puede tener derecho a besar los labios de toda bella mujer. Pero voy a dar orden de que traigan aquí refrigerios y alguna cosilla de gusto para brindar por la bienvenida de mi singular huésped.

—Perdonad, amiga mía. No he venido para poner a prueba vuestra reconocida hospitalidad. Tan sólo me ha impulsado hasta aquí el deseo de comunicaros sin más pérdida de tiempo las noticias que sobre vuestro hermano acaba de traerme esta misma noche el correo de Génova. Tan placenteras son, que no temo en absoluto apesadumbrar con ellas a la bella anfitriona, y por ello suplico el perdón y la licencia de estos caballeros para arrebataros por unos momentos de su presencia. ¿Podría pasar con vos a este aposento? —preguntó, señalando la puerta que comunicaba con el salón.

Andrea sintió que el corazón le daba un vuelco. Se dió cuenta de que no podría abandonar su sitio con la rapidez y el sigilo necesarios para poder escapar de allí sin ser notado. Y en aquel mismo instante se abría ya la puerta del salón y escuchó el roce del vestido de seda de la condesa, que entraba en él. Con súbita decisión, tendióse cuan largo era en el suelo del alto estrado, cuya barandilla, aunque baja, bastaba para encubrirle completamente en aquella postura. Escuchó ahora los pasos del anciano, que seguía a Leonora y respondía negativamente a la pregunta de si era necesario introducir allí un candelabro.

—Sólo he de deciros dos palabras —dijo Malapiero—. Ninguno de estos nobles jóvenes tendrá tiempo de sentir celos por causa mía.

Cerróse la puerta tras de ellos y comenzaron a pasear por delante del estrado.

—¿Qué os trae aquí? —preguntó la condesa con tono vehemente—. ¿Me traéis, por fin, la noticia de que se le permite volver a Gritti?

—Vos no habéis cumplido aún las condiciones estipuladas, Leonora. ¿Cuál de los muchos secretos de la Corte o la Embajada vienesas habéis comunicado al tribunal?

—¿Es acaso culpa mía, o depende sólo de mí? ¿Es que no he hecho cuanto puede una mujer, y no se debate ante mí ese obstinado alemán como un pez en la arena? Pero a sus labios no acude jamás una sola palabra referente a sus negocios o su misión. Y hoy parte de viaje, como ya sabréis. Enferma estoy de enojo por haber perdido tanto tiempo en este asunto.

—Preferible sería que el enfermo fuera él.

—Y ¿cómo esto?

—Él desea marchar, y no se le ha podido atajar el camino. Pero estamos ciertos de que, si llega a Viena, causará irreparable daño a la República. Los pretextos que ha puesto para lograr la licencia son inexistentes. La verdadera razón es que tiene algunas cosas que anunciar en Viena, cosas que no se atreve a confiar a un correo secreto. Por ello es de toda precisión que este viaje sea impedido.

—Impedidlo, pues. Su permanencia o su marcha me son totalmente indiferentes.

—En vuestras manos tenéis, Leonora, el medio más fácil para retenerle aquí.

—Y ¿cuál sería ese medio?

—Enviarle en esta misma noche un mensajero que reclame su presencia en vuestra casa, si desea hallaros menos cruel de lo que hasta ahora os habéis mostrado. Si viene, lo que está fuera de duda, esta noche, a vuestro cuidado queda el que enferme.

Ella le interrumpió con violencia.

—He hecho voto firme de no volver a mezclarme jamás en estos asuntos ni prestar mi consentimiento a tales proposiciones —dijo.

—Se os desligará de vuestro voto y se tranquilizará vuestra conciencia, Leonora. No se piensa en absoluto que el referido medio haya de ser forzosamente mortal; hasta se evitaría cuidadosamente que lo fuera.

—Haced lo que gustéis. Pero no contéis con mi ayuda.

—¿Es vuestra última palabra, condesa?

—Ya os lo he dicho.

—Bien, pues. En ese caso, preciso será procurar que el viajero tropiece en su camino con cualquier accidente desgraciado...

—¿Y Gritti?

—Dejémosle para otra ocasión. Permitidme ahora que os devuelva a vuestros huéspedes.

Abrióse la puerta del salón, y después volvió a cerrarse. Andrea pudo levantarse sin peligro. Pero las palabras que acababa de oír habían entumecido sus miembros y su cerebro. A través de la pared llegaban hasta él, indistintas ahora y confusas, las risas y las chanzas de los jóvenes; la espantosa proximidad en que se hallaban aquí la vida y la muerte, el crimen y la frivolidad, le erizaba los cabellos. Cuando, al fin, pudo enderezarse trabajosamente y bajó los escalones, su mano buscó con un espasmo la daga que siempre llevaba oculta bajo los vestidos. Tenía los labios ensangrentados, tan fieramente había clavado en ellos sus dientes.

Sin embargo, tuvo aún el suficiente dominio de sí como para buscar a Smeraldina y decirle con palabras indiferentes que la reunión era alegre y divertida; pero que jamás volvería a espiar por aquella rendija, pues a punto había estado de ser descubierto por la condesa y un huésped de avanzada edad. Esperaba que no le hubiesen oído cuando se escabulló por la otra puerta de la sala al entrar ambos en ella. Después de decir esto vació su bolsa y expresóle su deseo de salir inmediatamente del palacio. Lo más seguro sería, sin duda, que le dejase salir por la tabla de la ventana, para evitar las sospechas de su señora. Encontrólo la joven muy en su punto, el puente estuvo tendido en un santiamén, y Andrea lo cruzó con firme paso, aunque en su pecho anidaba ya la decisión de realizar inmediatamente una grave y difícil acción. Esta vez, empero, no le llevaba a ella la sola realización del alto fin a que se había consagrado, sino el deseo de proteger a un amigo de insidiosas y pérfidas añagazas, de entregar a un hijo sano y salvo en brazos de su madre, de impedir una vil traición al sagrado deber de la hospitalidad por medio de una sentencia rápida e inexorable.

Acercóse sigilosamente al zaguán de su casa y prestó oído durante breves momentos al oscuro corredor. La puerta de la habitación de su patrona estaba cerrada; pero hasta él llegaba su voz, que conversaba con la sombra de su Orso en medio de los delirios de la fiebre. Bajó la escalera y abrió cuidadosamente el portal. La calle estaba desierta; la lamparilla despedía sus tímidos destellos, pugnando en vano por romper la tiniebla de la noche, agitada por un viento tormentoso. Pero Andrea conocía el camino y atravesó con pasos veloces las callejas cercanas, cruzó el estrecho puente del canal y llegó a la plazuela en la que se alzaba el palacio de Leonora. No había visto ni una sola góndola en las aguas y supuso que el anciano volvería a su casa a pie. Buscó un lugar por donde el otro tuviese forzosamente que pasar; un amplio saledizo, que arrojaba sobre la callejuela espesa sombra, parecióle muy apropiado lugar para la emboscada. Recogióse en la esquina, pegado al muro, y clavó los ojos en el portal del palacio.

Pero la mano que sostenía la daga le temblaba de tal modo, y la sangre se le agolpó tan violentamente en el corazón, que tuvo que hacer un grandísimo esfuerzo para sosegarse. ¿Qué era aquello que se rebelaba en él contra una acción a la que consideraba un sagrado deber, una ineluctable necesidad? En su interior se alzaron secretas voces que querían arrancarle de su puesto de acecho, y él luchó contra ellas enconadamente. Pegó los hombros a la piedra, hasta que le dolieron las espaldas, y con la siniestra mano se secó la frente, que tenía cubierta de frío sudor. «¡Ten valor! —se dijo involuntariamente—. Quizá sea ésta la última vez, con el favor del cielo.»

Ocurriósele entonces que el viejo Malapiero iría, sin duda alguna, acompañado de criados, y por un instante se le antojó imposible lleva a cabo su plan en aquella ocasión. Casi le alegró hallar un pretexto para regresar a casa sin haber consumado su propósito. Pero cuando había dado ya un paso para salir de la oquedad del portalón vió que se abría el portal del palacio, y en la negra noche pudo distinguir una figura alta y gallarda, embozada en su capa, que salía de la casa a solas y venía en dirección a él. El blanco cabello era claramente reconocible bajo el sombrero, y sus rápidos pasos resonaban sobre las losas de la plaza. El tardío caminante se pegó cuidadosamente a las casas. Poco después se acercó al lugar en que estaba apostado el vengador; como si presintiese la inminencia de un peligro, cubrióse el rostro con la capa y cerró la mano izquierda sobre la empuñadura de su daga, que llevaba al costado, pese a la prohibición dictada. Pasó por delante de su enemigo, sin percatarse de su presencia, y caminó diez, veinte pasos. Acercábase ya al puente cuando de pronto oyó pasos tras de sí. Volvióse rápidamente, su mano dejó caer la capa, y la izquierda intentó sacar el puñal. Pero en el mismo instante derrumbóse al suelo su alta figura; el acero enemigo le había traspasado el pecho.

—¡Madre, madre mía! —gimió el infeliz.

Su cabeza chocó contra el empedrado, y sus ojos se cerraron para siempre.

Un largo silencio siguió a estas palabras. El muerto yacía tendido en la calle, con los brazos abiertos, como si quisiese abarcar con ellos la vida infiel. El sombrero había resbalado de su frente, y bajo la peluca de blancos cabellos[1] apareció ahora el negro pelo natural; el rostro juvenil parecía dormido en el pálido resplandor de la callejuela. Y a un paso de él, apoyado en la pared de la cercana casa, rígido cual una columna de piedra, estaba el asesino, y sus ojos se clavaban en los inmóviles rasgos del joven, esforzándose con desesperada, horrible angustia, por desmentirse a sí mismos aquella espantosa certeza, intentando persuadirse de que le cegaba algún maligno duende, de que bajo aquella máscara juvenil se ocultaban los rasgos de aquel anciano que momentos antes había tramado una emboscada contra el amigo de Andrea en el salón de Leonora. ¿No se había apresurado él a dar el golpe, precisamente por causa de este amigo? ¿No intentaba acaso devolver el hijo sano y salvo a su madre? ¿Qué había balbucido aquel hombre que yacía tendido en el suelo? ¿Por qué estaba junto a él el juez y vengador, tal un condenado a muerte, incapaz de mover un solo miembro, yerto de angustia, aunque sus dientes castañeteaban como en la agonía, y los escalofríos sacudían su cuerpo entero?

La sangre que se había agolpado rabiosamente en sus ojos retrocedió y se precipitó hacia las celdas de su corazón. Sus miradas reconocieron claramente el puñal clavado en el pecho del muerto. A la incierta luz pudo leer las palabras que él mismo había grabado trabajosamente: «¡Muerte a todos los inquisidores!» Pronunciólas en voz alta, sin darse cuenta, mientras sus ojos erraban incrédulos del arma fatal al rostro de la infortunada víctima, hasta saciarse de aquella aniquiladora contraposición existente entre esas palabras y los rasgos del muerto. Los pensamientos se agolparon en su mente con horrible confusión. Pero de repente, todo se le hizo claro y comprendió lo que había sucedido y era ya imposible de reparar y de expiar. No había intervenido milagro alguno para transformar en realidad lo espantoso. Todo era tan natural, tan lógico, que un niño

1. El anciano Malapiero, por lo blanco de sus cabellos, no necesitaba llevar peluca entonces en uso. Por el contrario, el joven Rosenberg la llevaba, y esto fue lo que indujo a Andrea Delfín a cometer su trágico error. *(N. del T.)*

podría comprenderlo. Durante todo el día, el mancebo se había mantenido alejado de su hermosa enemiga, decidido, sin duda, a partir sin despedirse de ella. Habíaselo dicho así, y ella había sido lo bastante fría de corazón para reunir en su casa aquella misma noche a un grupo de invitados. Cuando llegó la noche no fué capaz el joven de resistir por más tiempo el acoso del demonio y su incesante tentación y emprendió el camino fatal. En el portal del palacio le dijeron que no encontraría sola a la condesa. Instantáneamente se había decidido a volver a su casa. Y precisamente, aquel instante había sido suficiente para que su único amigo tuviese tiempo de apostarse en la emboscada que, momentos después, le convertiría en su asesino.

Cuando Andrea hubo reflexionado todo esto con esa cruel lucidez que se tiene siempre en las horas críticas, en los momentos decisivos, en que huye todo posible consuelo, se disolvió el helado entumecimiento de sus miembros. Arrojóse sobre el plácido durmiente y, arrodillándose sobre los guijos, le miró al rostro con indecible ansiedad. Cuando acabó de apartar de su frente los blancos rizos que tan funestamente le habían engañado escapósele una risa convulsa, que sonó como un estertor. Recordó que aquella misma tarde había prevenido a su amigo que no se dejase ver sin rebozo por las calles de Venecia. Y ahora, él mismo había sido el causante de la temida desgracia. Abrióle violentamente los vestidos y pegó su oído a su pecho, por si todavía quedaba un resto de vida en su corazón. Después pegó sus labios a la boca del joven, para ver si en ellos había un postrer aliento. Pero todo estaba yerto y frío y ausente de toda esperanza.

En aquel momento se abrió de nuevo la puerta del palacio, y una alta figura, envuelta en su capa, salió de ella. El resplandor del umbral cayó sobre los blancos cabellos del viejo Malapiero, que regresaba a su mansión. Andrea alzó la vista, y la terrible ironía de su situación inundó su alma de redoblada amargura. Allí estaba el hombre del cual pensaba proteger a Venecia, al inerme rebaño de la nobleza y a su propio amigo alemán. Acercábase solo, con la máscara de un secreto que su enemigo había logrado penetrar; nada impedía arrojarse sobre él, la daga estaba al alcance de la mano... Pero aquella daga se había mancillado con sangre inocente, y nada diferenciaba ya al juez del verdugo, al vengador de aquel hombre en quien pretendía llevar a cabo su postrer acto justiciero.

La indecisión más fiera se apoderó del alma de Andrea. Rehízose con un esfuerzo, arrancó el puñal de la herida y escapó entre las sombras, sin ser visto por el anciano triunviro, hacia el puentecillo que le llevaba a su casa. Cuando pensó que el viejo Malapiero se encontraría con el muerto y daría las gracias a su desconocido asesino tuvo que morderse salvajemente los labios para no gritar.

Llegó así a la puerta de su casa y la encontró abierta. Cuando levantó la mirada hacia la escalera encontróse a la hija en el último escalón, con ambos brazos apoyados en la barandilla y los ojos clavados en el zaguán.

—¡Al fin, venís! —susurró—. ¿Dónde estabais tan tarde? Os oí marchar, y no pude dormirme.

Él no respondió nada, fatigosamente comenzó a subir la escalera y quiso pasar de largo junto a ella. Pero la joven vió entonces la daga, que ya no tenía él el menor cuidado en ocultar, y cayó al suelo con un grito ahogado, justamente delante de él. Andrea, sin mirarla siquiera, siguió hasta llegar a su habitación. En su corazón no tenía ya cabida la compasión por los pequeños dolores humanos. Sólo veía ante sí la imagen de una madre que esperaba llena de impaciencia el regreso de su hijo desde tierras extrañas, y en lugar de él, recibiría su ataúd.

Apenas había tenido tiempo de encerrarse en su aposento, cuando en la puerta percibió los golpes de Marietta, y su voz trémula, que suplicaba que la dejase entrar.

—Vete a la cama —dijo él—. No tengo nada más que hablar ni que tratar con los hombres. Mañana temprano vete al palacio ducal, a buscar tres mil cequíes. Puedes decir que uno de los conjurados ya no volverá a causarles daño. No temas que me cojan con vida. ¡Buenas noches!

Pero ella siguió pegada tercamente a la puerta.

—Quiero entrar, dejadme entrar —suplicó—, sé que si os quedáis solo, os causaréis algún mal. Pensáis que os he de traicionar, porque os he visto venir con la daga. ¡Oh, estad seguro de que ningún peligro os ha de venir por causa mía! ¡Dejadme entrar, miradme al rostro y decidme después si me creéis capaz de alguna insidia contra vos! ¡Dios mío! ¿No he sospechado desde hace tiempo que érais vos a quien buscaban? Más de una vez os he visto en sueños bañado en sangre. Pero no os odio, sin embargo, no os odio. Sabía que érais desdichado. ¡Entregaría mi vida, si vos la deseaseis!

La muchacha pegó el oído a la puerta, pero no llegó a ella respuesta alguna. En lugar de esto, escuchó cómo se acercaba él a la ventana que daba al canal y se afanaba en algo que no podía adivinar. Llena de mortal angustia, golpeó la puerta, llamóle de nuevo a gritos, conjuróle con las más tiernas palabras a que no cometiese una acción desesperada... Todo en vano. Cuando dentro del cuarto se hizo el silencio, la joven apoyó su hombro contra la puerta, loca de angustia, e intentó saltar la cerradura con el concurso de sus débiles, pero desesperadas fuerzas. Por último, el viejo maderamen crujió y cedió, y la puerta quedó astillada. El boquete que se había formado permitió pasar a su menudo y esbelto cuerpo sin gran dificultad.

El cuarto estaba vacío; ella le buscó en vano por todos los rincones, y cuando se acercó a la abierta ventana, segura ya de que se había arrojado al canal, apenas tuvo valor para asomarse y mirar hacia abajo. Pero lo que vió le devolvió en parte la esperanza perdida. Allí, bajo el antepecho, una firme escarpia sostenía una soga, que colgaba a todo lo largo del muro hasta rozar la superficie del agua. El que hubiese descendido por ella y se apartase cuanto pudiese de la pared, apoyando en ella los pies, podría alcanzar sin dificultad la escalerilla del palacio de la condesa y saltar a la góndola que solía estar atada allí. Hoy había desaparecido la susodicha góndola, y a la muchacha, que escudriñaba en vano, desde arriba, las negras aguas del canal, para ver de descubrir alguna huella del desaparecido, le quedó al menos el consuelo de saber que, si él deseaba escapar, no había podido elegir un camino más seguro que éste.

Precisamente era el propósito de Andrea que la muchacha creyera esto. No quería oprimir el espíritu de aquella inocente criatura, a quien había ocasionado ya demasiadas amarguras, con toda la cruel verdad, que no le significaría a él ayuda ni salvación algunas, pues sabía que no podría nunca huir de sí mismo.

La joven seguía mirando desde la ventana, y sus amargas lágrimas caían sobre el negro espejo del agua cuando Andrea gobernaba ya su góndola por el Gran Canal. Las quietas aguas reflejaban los palacios que erguían su oscura mole junto a las orillas. Pasó por delante del palacio Morosini, y después, del de Venier. Los cabellos se le erizaron. ¡Allí, ante él, como encerrada en un anillo, tenía toda su vida! ¡Qué principio y qué fin tan diferentes!

Cuando cruzó por delante de la Giudocca y vió ante sí, relumbrando débilmente a la dudosa luz de una turbia luna, la frente imponente del palacio de los Dux, estremecióle imperceptiblemente el pensamiento de que aquél era el lugar donde se juzgaba y condenaba a los criminales. Pero para su crimen no estaban allí los jueces apropiados, pues ¿quién es capaz de juzgar un caso de conciencia? Y además, ¿no le acompañaba acaso la esperanza de que de aquella sembradura de crueldad floreciesen la salvación y la libertad para los conciudadanos oprimidos? ¿De que quizá hasta la muerte del inocente, que la voz popular achacaría, sin duda, al tribunal, completaría la obra emprendida y colmaría la medida que la paciencia del pueblo había fijado a la tiranía?

Habría echado por tierra esta esperanza, si se hubiese entregado a sus jueces, borrando así su temor ante el invisible enemigo y apartando de ellos las reclamaciones de la potencia extranjera.

Con vigorosos golpes de remo condujo la góndola hasta el Lido y atravesó las solitarias dársenas, en las que velaban tan sólo los farolillos de las barcas. A la entrada del puerto estaba la embarcación que, desde una semana antes, y fuertemente armada, impedía la salida a todas las barcas o navíos que no conociesen la contraseña del tribunal de la Inquisición. Andrea la había recibido aquella misma mañana de boca de uno de los servidores secretos, y le dejaron pasar sin impedimento alguno, camino del mar abierto.

El Adriático estaba tranquilo. Andrea no tuvo que luchar contra las olas, ni siquiera después de haberse alejado de la costa muchas horas de remo. En el plácido silencio de la noche revivieron en su corazón, más amargas que nunca, sus penas irremediables. Golpeaba el mar casi con furia, para escuchar otro son que no fuera el de las últimas palabras de su amigo: «¡Madre, madre mía!»

Era muy pasada ya la medianoche cuando la góndola arribó a tierra. Andrea saltó a la playa y se dirigió a un solitario monasterio que se erguía sobre un promontorio y que era lugar bien conocido por los pobres pescadores. Lo habitaban frailes capuchinos, que vivían de la limosna y de las mandas piadosas de sus bienhechores, devolviendo a cambio, consuelos espirituales, y no poca ayuda a los necesitados y menesterosos.

Andrea acercóse al portón y tiró de la campanilla. Poco después escuchó la voz del hermano portero, que preguntaba quién era el tardío visitante.

—Uno que va a morir —respondióle Andrea—. Llamad al hermano Pietro María, si está en el convento.

El portero se alejó de la puerta. Andrea, entre tanto llegaba el solicitado, se sentó en un poyo de piedra adosado al muro, sacó una hoja de papel, y a la débil luz de un farolillo que ardía dentro de la celda del portero y derramaba sobre él sus escasos rayos, a través del ventanuco, escribió lo que sigue:

«Al señor Angelo Querini.

»He intentado hacer el papel de juez y me he convertido en un asesino. He querido tomar por mi propia mano la justicia, que sólo a Dios pertenece, y Dios me ha ahogado en mi propio criminal desvarío, haciéndome derramar sangre inocente. La ofrenda que quise presentar ante el altar ha sido considerada indigna. El tiempo no se había cumplido todavía, y el sacerdocio de la liberación de Venecia ha sido entregado a otras manos. O ¿es que ya no hay salvación posible...?

»Voy a comparecer ante Dios, Supremo Juez, que pesará justamente en su divina y eterna balanza mis pecados, y mis padecimientos. Nada más puedo esperar de los hombres, y de vos, tan sólo una generosa compasión por mi desdicha y mi error.

Candiano.»

Abrióse el portón del convento, y un venerable monje, de calva cabeza, se acercó al solitario escribiente. Andrea se levantó.

—Piedtro María —dijo—, os doy las gracias por haber venido. ¿Entregasteis mi carta en Verona al desterrado?

El anciano hizo un gesto afirmativo.

—Si concedéis, pues, algún valor a la eterna gratitud de un desdichado, haced llegar también esta hoja a las mismas manos. ¿Me lo prometéis?

—Lo prometo.

—Está bien. ¡Que Dios os lo pague! ¡Adiós!

No tomó la mano que el monje le ofreció en son de despedida. Sin detenerse, subió de nuevo a la góndola y puso proa al mar. Cuando el anciano, después que hubo leído someramente las líneas escritas, le llamó a voces, lleno de susto, conjurándole para que volviese, no respondió palabra. Poseído de profunda emoción, el antiguo servidor de la República vió cómo luchaba contra las olas el último brote de un nobilísimo y viejo tronco. El mar estaba ahora agitado por un cortante viento de madrugada. Reflexionó si estaría bien hecho, si sería sencillamente posible, oponerse a la firme voluntad del que se entregaba a la muerte voluntaria. Entonces, en la lejana góndola, se alzó la oscura figura, destacándose claramente sobre el grisáceo horizonte; pareció arrojar una postrer mirada sobre la tierra y el mar, y después se volvió hacia el lugar donde emergía el contorno de la ciudad, flotando entre la neblina de las lagunas como sobre un islote de nubes. Miróla unos momentos con una mirada imposible de describir, y después saltó por encima de la borda y se hundió en las encrespadas olas.

El monje, que había contemplado su trágico fin, juntó las manos y oró en silencio, fervorosamente, durante unos minutos. Luego subió a una barca y se dirigió al lugar donde la vacía góndola danzaba, sacudida por el oleaje. Del infeliz que la había conducido hasta allí no quedaba la menor huella.

LA BORDADORA DE TREVISO

Llovía ya por tercer día consecutivo, y los senderos del parque y el bosque que rodeaban la quinta estaban convertidos en verdaderos arroyos. Durante los dos primeros días, el grupo de personas que se encontraban reunidas en ella habían cifrado su máxima ambición en ser tan inagotables en buen humor como el cielo en nubes, y en el amplio salón, de cinco balcones, ante el que florecían las adelfas, llovían las bromas y chanzas, estallaban las risas y volaban las agudas y mordaces indirectas tan continuamente como afuera las gotas de lluvia, que tamborileaban sobre la terraza. Pero en el tercer día comenzó a invadir a los recluídos en esta nueva arca el temeroso presentimiento de que el diluvio tuviese más largo resuello que su humor. Cierto que nadie aventuró la promesa que se habían hecho anteayer de pasar juntos y en compañía esta prueba, procurar conjurarla en compañía y, en todo caso, encerrarse cada uno en su habitación y guardarse los malos humores para su coleto. Pero el común diálogo, y los juegos y pasatiempos del espíritu y el ingenio se cortaron de raíz desde que el profesor, quc se tenía por buen conocedor del barómetro, en lugar del prometido cambio de tiempo, hubo de reconocer y confesar que el mercurio descendía de nuevo. Habíase procurado un segundo termómetro, de fabricación propia, y se dedicaba a investigar con toda dedicación y seriedad los motivos por los que ambos profetas no estaban totalmente de acuerdo. Su mujer pintaba en silencio la sexta rosa de agua, ya con acuarela, sobre papel gris. Doña Helena, por su parte, colocaba en aquel instante las piezas del ajedrez para jugar la séptima partida de desquite, y en un rincón de la gran sala, doña Ana se acomodaba junto a la cuna de su bebé, ahuyentándole las moscas con su abanico, mientras intentaba descifrar los pasatiempos y charadas de un viejo calendario que reposaba en su regazo. El joven doctor, que jugaba al ajedrez con doña Helena, aprovechaba todas las pausas para narrar, lo mejor que podía, alguna anécdota en *plattdeutsch*[1]; pero se interrumpía de pronto, al caer en la cuenta de que ya la había contado el día anterior. El marido de doña Ana, teniendo bien presente en la memoria la afirmación del viejo Shandy de que todos los dolores y miserias del alma se hacen mucho más llevaderos cuando el cuerpo se encuentra en posición horizontal, se había tendido cuan largo era sobre un viejo sofá de cuero y despedía el humo de un húmedo cigarro en perezosos anillos azulados contra el techo del salón.

Entre estas tentativas y ensayos, más o menos raquíticos y miserables, encaminados a hallar el modo de soportar su destino, tenía que llamar forzosamente la atención la facha despreocupada y jovial con que un hombre de mediana edad, las manos a la espalda, recorría lentamente la sala de un extremo a otro desde hacía ya su buena media hora. De cuando en cuando se detenía unos instantes ante la mesita del ajedrez, o echaba una ojeada sobre el hombro de la pintora, o bien, al pasar junto al niño dormido, rozaba su pequeña frente con una suave caricia; con todo, parecía no pensar en nada de esto, sino estar abismado en reflexiones que arraigaban, lejos del lluvioso presente, en un soleado ayer o mañana.

—¿Qué tiene usted, querido Eminus, usted sólo? —dijo doña Eugenia, que acababa de regresar de un viaje de investigación de víveres por la cocina y la despensa—. En las caras de los demás se nota a las claras cómo nos sienta este día repugnante; pero en la suya, por el contrario, hace buen tiempo, hasta un poco de sol, como si fuese usted un recién prometido, o hubiese escrito hoy la última página de un libro, o sintiese que se le iba, por fin, un dolor de muelas que le hubiese atormentado veinticuatro

1. *Plattdeutsch:* Bajo alemán; forma dialectal popular, en uso todavía en ciertas zonas del Norte del país. *(N. del T.)*

horas. Confiese usted inmediatamente de qué se trata, o, de lo contrario, sospecharemos que no es sino malignidad hacia todos los demás, que no hemos venido al mundo, como usted, para encerrarnos en una habitación aferrados a los libros.

—Puedo tranquilizarla, mi buena amiga —sonrió el interpelado—. Por esta vez no hay maldad alguna en juego, ya que me siento perfectamente bien, y por lo demás, sus restantes hipótesis son, a Dios gracias, infundadas, y una de ellas hasta resueltamente imposible. Difícilmente pondría yo buena cara, si me hubiese comprometido, después de mi larga libertad, a besar las zapatillas[1], máxime estando ya comprometidas todas las zapatillitas que están aquí presentes. En realidad, lo que me mantiene en equilibrio, pese a nuestras aflictivas circunstancias, no es sino una hermosa historia, con la que me he topado casualmente esta mañana temprano, cuando repasaba mis viejos papeles, y que me persigue sin cesar, como una melodía pegadiza que se nos cuelga del oído y no nos abandona un momento.

—¿Una historia? Y además, ¿bonita? —intervino la pintora—. Debería usted contárnosla inmediatamente, como es lógico. ¿No hemos instituído una comunidad de bienes entre todos nosotros, mientras dure la lluvia? Y usted quería guardarse para sí una historia bonita. ¡Esto sí que sería un lindo cuento!

—Quizá no les guste a ustedes en absoluto —replicó Eminus, mientras, en pie junto a ella y prosiguiendo la charla, enredaba en un nudo el largo tallo de una rosa de agua—. Al menos, a mí no me gustan muchas de esas historias que tienen hoy éxito, tanto, que me he dicho hace ya mucho tiempo: tienes un paladar anticuado, y no has avanzado con los tiempos. Como historiador, esto, en el fondo, me llena de consuelo. Por lo general, no estamos al tanto de las últimas novedades, no estamos preparados para ellas. Y quizá también, mis fuentes para el estudio de la Historia me han echado a perder el gusto por las narraciones, tal y como se escriben y aplauden hoy. El contraste, la distancia entre ese aire de grabado en madera que

1. *Besar las zapatillas* equivale a doblar la cerviz o humillarse casándose. *(N. del T.)*

ofrecen las antiguas crónicas de las ciudades y este atildamiento y prolijidad fotográficos, estereoscópicos, relamidos, de cualquier novela al uso es inmensamente grande. Allí, todo es aún cañamazo: los bloques están apenas tallados, resquebrajándose las junturas; el abigarrado material está narrado en forma confusa y agolpada, de manera que sólo el buen conocedor, o el aficionado, pueden espigar de allí algo que les pertenece y les place. En cambio, en nuestros tiempos modernos, tan propicios al arte, es todo tan liso y pulido, tan consciente y meditado, tan convertido en mero estilo y forma, que los objetos se le difuminan a uno con harta frecuencia, el *qué* se borra y olvida ante el *cómo*, y nosotros, ante las finezas psicológicas del narrador, no nos preocupamos en absoluto por los hombres a los que dedica él sus artes descriptivas. Frente a esto, yo me yergo todavía sobre el viejo criterio de que, en cada historia, la cosa más importante es para mí la historia misma. Que se narre algo mejor, algo peor, eso poco me importa. Si lo que sucedió realmente, o fué imaginado por un quimerista, me impresiona ya en el rígido y tosco engaste de una vieja crónica, que me dejen de minucias estilísticas, que ya añadiré yo, de mi propia fantasía, lo que falte. Pero vosotros, los modernos —y al decir esto arrojó una sarcástica mirada sobre el jugador y el fumador—, vosotros no estáis contentos, mientras no hayáis colgado a una historia todo lo imaginable en adornos, atavíos y cosméticos, aunque, sin duda, ella había de estar mucho más hermosa desnuda, tal y como Dios la crió.

—Cada época tiene sus modas, y por las buenas o por las malas hay que adaptarse a ellas —replicó el que estaba echado sobre el sofá, sin incomodarse un ápice en su reposo.

—Y cada época vive y narra sus propias historias —prorrumpió el jugador de ajedrez—. Mientras estuvo vigente el derecho del más fuerte, las historias fueron, sin duda, más rudamente tangibles, desde Aquiles hasta el noble hidalgo de la Mancha; pero desde que en la vida se ha introducido un poco más de espiritualidad, y cuando los sucesos y anécdotas son más recatados, más íntimos, es imposible de todo punto perfilarlos exteriormente con toscos brochazos, como una novela medieval de capa y espada. Un perfil escueto, y algo de luz y sombra, es cosa que ya no tiene valor. Nosotros queremos percibir el juego total de colores, los más delicados semitonos, todo el atractivo del claroscuro; nos hemos vuelto hombres de carácter blando y tranquilo, y no nos es ya indiferente la parte de sensibilidad con que dota el narrador a sus personajes.

—Ya sé, ya sé —se burló Eminus—; «poca carne, mucha alma», ése es el lema de hoy, y yo no tengo inconveniente en admitirlo. Pero yo me siento un hombre de la hosca y desagradable Edad Media, aunque no en el sentido que le dan los románticos, y por eso prefiero guardarme mi historia; realmente, no se compadece con las modas de hoy, y mientras los poetas aquí presentes harían ascos a la muy humilde y patriarcal forma, yo, por mi parte, temería herir con su contenido a las damas, aunque, en mi opinión, lo encuentro perfectamente moral.

—Como usted mismo nos parece suficientemente moral —dijo doña Eugenia—, bien podremos prestar oídos a su historia sin vacilar, después de oír esta aseveración suya.

—Sobre todo, no estando presente ninguna niña de primera comunión[1] —añadió *frau* Helene.

—Excepto este angelito que está aquí en la cuna —dijo doña Ana—. Pero es de esperar que haga la vista gorda.

—Después de esto, podría uno atreverse... —dijo Eminus—. Pero ahora, de pronto, me entra miedo de que mi favorita, que me ha gustado muchísimo a solas, pareciese pobre y desmañada cuando la presente a una compañía tan mimada y mal acostumbrada. A más de uno no le ha ido mejor con su adorada prenda secreta. Y mi viejo cronista, al que copié esas cuantas hojas sin pretensión alguna y sólo para mi propio placer, no era ciertamente un poeta, como Boccaccio y compañía, aunque casi habría llegado a merecer este título merced a esta historia.

—No nos detengamos por más tiempo en el preámbulo —dijo entonces el profesor—. Lo peor que puede ocurrirle a vuestra historia es que los poetas la vean sólo como un mero argumento o materia temática, y si se está lloviendo quince días

1. Lit.: *unkonfirmiertes Fräulein*: «señorita sin confirmar»: se refiere, naturalmente, a la ceremonia de la confirmación. *(N. del T.)*

seguidos saquen de ella una tragedia o una comedia que pase por la escena después sin pena ni gloria.

—Que sea lo que Dios quiera, pues —suspiró Eminus entre la espada y la pared.

Y salió en busca de su manuscrito.

Volvió en seguida con una carpeta bajo el brazo, de la que sacó un cuaderno manuscrito.

—Este escrito tiene ya veinte años —dijo, mientras se sentaba junto a la ventana y abría el cuaderno sobre sus rodillas—. Entonces yo estaba trabajando en unos estudios sobre la historia de las ciudades de Lombardía, y hube de ir a Treviso, donde esperaba sacar provecho del archivo de la ciudad y de las bibliotecas de los conventos, provecho que, desgraciadamente, no me cupo en suerte obtener. Tan sólo pude hallar en los Dominicos de San Niccolò una curiosa crónica de fines del siglo XIV, por la que hubiera recompensado muy gustosamente a los «Patres» con oro contante y sonante. Pero todo lo que conseguí fué el permiso para copiar lo que era de importancia o interés para mí, en el frío refectorio, y bajo la mirada del hermano Antonio. Este cuaderno conserva todavía las huellas del espeso vino tinto, oloroso a incienso, del convento, con el que yo neutralizaba de cuando en cuando el polvo de la vieja crónica, hasta que, por fin, tras de algunas áridas y secas páginas, topé con la *Historia de la rubia Giovanna*, que me refrescó de pronto, como un manantial en medio de una reseca meseta, mucho más de lo que me había refrescado el vino.

Pues, señor, en otro tiempo —estamos en el primer cuarto del siglo XIV—, se encendió una violenta guerra entre la ciudad de Treviso y la vecina Vicenza, por causas manifiestamente insignificantes, a las que dió pábulo, como el huracán a la hoguera, los celos y envidias entre una y otra ciudad. Los vicentinos llamaron en su ayuda a los venecianos, y consiguieron, ayudados por este refuerzo, apoderarse en un golpe de mano del castillo de San Salvatore di Collalto, primero, y más tarde de la misma Treviso, de donde se retiraron, después de afrentarla ignominiosamente e imponerle un considerable tributo de vasallaje, no sin antes haber tomado rehenes y recogido el botín.

Cuando se divulgaron estos sucesos y la noticia llegó hasta Milán, nadie se entristeció o encolerizó con ello, fuera de un noble mancebo originario de nuestra vencida ciudad, llamado Attilio Buonfigli, hijo de uno de los más nobles caballeros de Treviso y sobrino del gonfaloniero Marco Buonfigli, que había crecido desde su infancia en Milán como paje en casa del señor Matteo Visconti; dicho mancebo andaría entonces por los veinticinco años, y estaba perfectamente ejercitado en todas las artes de guerra y caballería. Tan pronto como llegó a sus oídos la desgracia ocurrida a su amada ciudad natal, hizo voto y promesa solemne de no dormir sin armadura hasta haber vengado el ultraje, y tras haber suplicado licencia de su señor, salió a caballo por las puertas de Milán con algunos amigos, armados de todas armas y tan belicosos como él mismo. Y como él se había hecho ya un gran hombre, pese a su juventud, en las guerras que sostuvo Visconti, le acudieron en masa de todas partes, tan pronto como se conocieron sus propósitos, jóvenes vigorosos y ansiosos de aventura, que le juraron fidelidad como *condottiero*, frente a cualquier enemigo contra el que les condujese. Cuando hubo reunido gente suficiente para hacer frente él solo a los mismos venecianos, si llegara el caso, despachó a Treviso un mensajero secreto para avisar a su tío y a su padre el día en que se plantaría ante las puertas de Vicenza para exigir estrecha satisfacción por la afrenta sufrida. Ellos deberían estar preparados para reunirse con él, y, con la ayuda de Dios, hacer morder el polvo a sus enemigos.

Y así sucedió, y la empresa se llevó a cabo con tanto sigilo y celo, que los de Treviso consiguieron caer de improviso sobre las tropas que se retiraban camino de Venecia, y les arrebataron el botín y los rehenes, mientras en ese mismo día el joven Attilio demostraba a los vicentinos sus dotes de caudillo en una dura refriega junto al riachuelo llamado Bacchilione. Volviéronse allí las tornas y hubo en Treviso igual júbilo que había habido en Vicenza cuando estaba ebria de la gloria de la victoria. Sólo una cosa afligía el júbilo de nuestra buena ciudad: el joven adalid yacía en tierra gravemente con una profunda herida en el cuello, inferida por el mandoble de un vicentino, y durante muchos días su vida pendió de un delgadísimo hilo. Sus propios padres le acomodaron en la mejor casa de la ciudad sometida, casa que pertenecía a uno de los más nobles ciudadanos de ella, el señor Tullio Scarpa, cuyo hijo primogénito, llamado Lorenzaccio, se había distinguido siempre entre los más acérrimos enemigos de los trevisanos, y que no puso en pie en el umbral de la casa paterna mientras el lastimado vencedor era cuidado y atendido en ella. Mucho más afable y cariñosamente fué mirado Attilio por parte de la joven Emilia, hermana única de Lorenzaccio, pese a ser un enemigo de su ciudad natal, de tal manera que los padres de ambos se percataron de ello y concibieron esperanzas de que, llegando un día a emparentar dos familias tan linajudas y principales, se sofocaría el rencor y resentimiento seculares entre las dos cuidades, y la envidia habría de transformarse en una cordial y bien intencionada vecindad. La madre de Attilio habló a su hijo de esto en un momento confidencial, cuando la herida estaba ya muy mejorada. Él no halló nada que objetar, tanto porque su corazón estaba absolutamente libre, cuanto porque la joven vicentina era en verdad una linda y placentera doncella. Pero secretamente, y en lo más hondo de su ser, le repugnaba el deber de tomar por mujer a una hija de esta ciudad; sin duda habría de sentirse muy lejos de la muchacha después de realizada esta unión, y de muy buena gana hubiera cortado de raíz el asunto si no hubiese temido sembrar un nuevo odio entra la recién germinada siembra de la paz.

Transcurrieron entre tanto cinco o seis semanas, y el cirujano dictaminó que se le podía permitir ya al convaleciente, sin peligro alguno, subir a su corcel y embrazar lanza y escudo, si bien debería evitar durante algún tiempo la opresión de la acerada gola. Determinóse, pues, emprender la partida y dirigirse a Treviso, a donde deberían seguirles la novia y sus padres pocas semanas después, porque la ciudad salvada no quería en modo alguno dejar de festejar con toda pompa y boato la boda de su libertador e hijo predilecto. Y, en efecto, los buenos vecinos de Treviso no habían estado mano sobre mano durante el tiempo que había durado la curación; antes al contrario, se había dispuesto al joven héroe, cuyo nombre estaba en todos los labios, un recibimiento tan brillante como no había cabido jamás en suerte a príncipe alguno.

Entre los muchos presentes que quería ofrecerle la ciudad, estaba un estandarte, o gonfalón que debía entregarle su propio tío, en nombre del pueblo entero: una verdadera maravilla, por la calidad del paño y el arte de su bordado. El astil, de diez pies de longitud, era de fina madera de roble, guarnecida de plata repujada; el mango estaba incrustado de rubíes, y la punta chapada en oro, tan brillante, que cegaba los ojos cuando destellaba al sol. Del astil pendía el pesado pendón, de brocado de plata, sobre el cual un dragón de oro —el blasón de los Buonfigli—, coronado con el escudo de Treviso, estrangulaba en el aire a una serpiente roja, enlazado todo ello con tal naturalidad y recubierto de escamillas de oro, que se creía estar viendo retorcerse un gusano real y verdadero. Encima de todo, bordado en llameantes letras, campeaba el lema en latín: «No temas, yo te liberaré.»

Esta maravillosa obra, hija de una aguja llena de arte, había salido, durante las seis semanas que había estado postrado Attilio con el tajo en el cuello, de las manos de una doncella, cuya habilidad excepcional para los tejidos en oro, seda y plata se puso de manifiesto con todo esplendor en la decoración del citado estandarte. La llamaban Gianna, esto es, Giovanna, la Rubia, porque tenía la cabellera como de oro hilado, tanto que había podido bordar un estandarte para la Santísima Virgen de la Cappella di San Sebastiano valiéndose sólo de sus propios cabellos, que se había cortado en señal de duelo por la muerte de su prometido —que se llamaba Sebastián y era un apuesto y simpático mozo de la vecindad—, contagiado de viruelas pocas semanas antes de la fecha concertada para la boda. Tenía ella entonces dieciocho años, y era el centro de tantas ilusiones secretas y tantas abiertas peticiones de matrimonio, que con frecuencia escuchaba la predicción de que antes que hubieran crecido de nuevo sus cabellos tendría ya sucesor su prometido, para cumplir con el refrán que dice: «Pelo largo, entendimiento corto.» Ella no se preocupaba en responder sí o no a estas habladurías, y volvía los ojos a sus bordados, cerrados sus oídos y su corazón a las necias pláticas del mundo. Ella desmentía y echaba por tierra esas profecías, viviendo como si con aquella ofrenda de sus cabellos a la *Madonna* hubiese hecho voto de perpetua doncellez, y nunca mano alguna de varón hubiese de destrenzar, en amoroso juego de caricias, las trenzas que pudiesen algún día volver a enroscarse a su cabeza y alisar con sus dedos el oro suave y mórbido de su cabellera. Muchos creían que se recluiría en un convento, porque bordaba con preferencia hábitos y ornamentos religiosos, paramentos y viriles, y velos de altar, y se mantenía alejada de todos los regocijos y fiestas públicas; pero también desmentía esta idea, y se tornaba cada vez más serena y alegre conforme pasaba el tiempo, y más daba a escuchar que a charlar; compró, tras la temprana muerte de sus padres, una casita que se levantaba adosada a las murallas de la ciudad, y desde cuya torrecilla se divisaba una sonriente perspectiva sobre las fructíferas vegas que regaban con sus vivas aguas los riachuelos Piasevella y Rotteniga. Allí vivía con su nodriza, una vieja criada de vida irreprochable y que no anduvo jamás en boca de las gentes, y nadie echaba a su casa ni una ojeada, salvo alguna que otra vecina, o alguna dama noble de la ciudad que iba a buscarla para encargarle algún trabajo. Algunas veces veíase también sacudir la aldaba de su puerta a algún sacerdote. Ella llamaba al punto a la vieja ama a la estancia donde recibía la visita, manteniendo alejadas así toda murmuración o calumnia. Aunque dejaba descansar la aguja solamente los días de fiesta y no se preocupaba mucho de ella misma, su belleza se mantenía tan incólume que, cuando algún domingo salía a pasear con su vieja servidora, al fresco del atardecer, por las murallas de la ciudad, o por el bosque cercano, no había persona a quien tropezasen con una indiferente mirada sus grandes ojos negros, más negros aún bajo las rubias cejas, que no se detuviese en seco, como hechizado, para prender su vista de ella sin poder apartarla; y seguían llegando hasta ella muchas proposicones de nobles caballeros forasteros que no conocían su manera de ser ni sus propósitos y se resistían a creer los informes que daban de ella, proposiciones todas encaminadas a hacerla abandonar su estado de soltería. Pero ella daba a todos la misma respuesta: estaba demasiado acostumbrada a su vida y le guardaba harto apego para cambiarla por cualquier otra.

Treinta y dos años había cumplido cuando estalló la contienda entre las dos ciudades vecinas; ella se comportó en esta coyuntura como una leal hija de su ciudad natal y sufrió todos los dolores y molestias que cupieron en suerte a ésta con amargura de su corazón, que luego, cuando le llegó la salvación por medio del brazo de su joven convecino, a quien jamás habían visto sus ojos, parecióle una embajada celestial, y el salvador mismo, como un ángel con espada flamígera. Jamás había aceptado un encargo con mayor alegría y lo había llevado a cabo con mayor aplicación y arte que este estandarte que quería ofrendar la ciudad a su victorioso hijo el día de su entrada en ella; y cuando llegó este día jubiloso y todos los trevisanos que no estaban enfermos en el lecho buscaban con afán un hueco en mercados y calles, ante las puertas, en las ventanas, hasta en los tejados de las casas, para derramar sobre Attilio Buonfigli sus flores y vítores enardecidos, tampoco aguantó los límites de su estrecha casa la rubia Gianna, aunque desde la ventana de la torre divisaba perfectamente el camino de Vicenza. Consiguióse un sitio sobre una tribuna engalanada con tapices y situada ante la casa del consejo, para poder contemplar al héroe desde la distancia, y se atavió con sus mejores galas: un justillo bordado en plata, acuchillado de terciopelo azul, y un brial de fina lana color azul pálido; la cabellera, al uso de la época, entretejida con profusión de cintillos. Tan bella estaba, que una hora antes del recibimiento se promovió en las calles un tumulto y gritería de asombro cuando ella, así ataviada, se dirigió a ocupar su puesto sobre el tablado, junto a una vecina. Pero pronto se apartaron de ella los ojos del gentío y otearon, llenos de impaciencia, la calle por la que debía llegar a caballo el héroe. Una representación del consejo había salido en comitiva a recibirle, hasta una milla más allá de las puertas de la ciudad, para darle la más respetuosa bienvenida. Su tío, el *gonfaloniere*, aguardaba con los restantes en la escalinata de la Casa Consistorial, totalmente cubierta con un costoso tapiz rojo, del que salía la ancha faja de una alfombra prolongándose a través de la plaza del mercado. Hasta el mismo pórtico de la Catedral, como se acostumbra hacer solamente con personas ungidas y consagradas por la Iglesia.

Mas ¿quién será capaz de describir el espectáculo maravilloso y lleno de solemnidad que tuvo lugar cuando llegó por fin Attilio, cabalgando la calle, precedido de su escolta, sobre su corcel de batalla, enjaezado con rojos arreos, vestido sencillamente con una cota de malla de finísimo acero que le cubría el traje de guerra, sin arma alguna excepto la espada que le colgaba del tahalí, y sin más tocado ni adorno en la cabeza que sus morenos y ensortijados rizos? Sus mejillas y mentón estaban sombreados por una leve barba, a través de la cual cruzaba la ancha cicatriz roja de su herida. Gobernaba con dominio su vigorosa montura, pero aún no había desaparecido de sus mejillas una ligera palidez, que con frecuencia velaba una ola de rubor cuando columbraba, derramando la mirada a su alrededor y saludando a diestra y siniestra, blancas cabezas que se inclinaban con profundo respeto ante su juventud victoriosa, o madres que alzaban a sus niños para que pudiesen ver mejor al libertador de la ciudad. Y coronándolo todo, la lluvia de flores, que se vertía inagotable sobre el héroe desde ventanas y tejados, de tal modo que su figura desaparecía a veces cumplidamente, cubierta por una capa multicolor, y su espléndido corcel, que estaba acostumbrado en las batallas a otra clase de armas arrojadizas, con las orejas tiesas y los ollares dilatados y temblorosos, mezclaba su vigoroso relincho al vocerío de júbilo y al tañido de las campanas a vuelo.

Cuando la comitiva hubo llegado ante la Casa Consistorial, saltó Attilio del caballo y subió con presteza los escalones para arrodillarse ante su tío, recibir de su mano el estandarte y besar después esa misma mano, que le colmaba con tan ricos presentes. Pero cuando se alzó y se disponía a descender los peldaños para encaminarse a la iglesia, el asombro le dejó petrificado de pronto en cuerpo y alma, y necesitó tres minutos largos para adueñarse otra vez de sí y darse cuenta de dónde estaba y de cuántos miles de ojos estaba pendientes de él. Y es que, a la derecha de la tribuna, había visto un rostro que le arrebató del mundo, como si fuera una aparición de los prados celestiales; allí estaban, clavados en él, los grandes ojos negros bajo las cejas rubias, con una indescriptible expresión, entre dulce y melancólica, y se le agolpó de pronto toda la sangre en el corazón, demudósele el semblante como si hubiese recibido un dardo en mitad del pecho, y si no hubiera tenido asido el estandarte, cuya asta le sirvió de apoyo, hubiera caído por segunda vez de rodillas, ahora contra su voluntad. Los que estaban próximos a él y se percataron de su vacilación, culpáronla a su reciente herida y a la fatiga ocasionada por la larga cabalgata en aquel día caluroso, sin sospechar nadie el verdadero motivo; Attilio, por su parte, se reportó al punto, apartó con esfuerzo la mirada de aquella encantadora faz, y, sin volver una sola vez la cabeza hacia aquella mujer, tomó el camino de la catedral.

Tras él entró en tromba el gentío, y las tribunas se desocuparon también apresuradamente. La última que se levantó, instada con insistencia por su vecina, fué Gianna la Rubia, que, como embelesada en un sueño, o como quien sigue en el firmamento la huella de una estrella fugaz, acompañaba al joven con los ojos hasta que la oscuridad del atrio se tragó su alta figura. La vecina que la acompañaba se dispuso a seguir a los demás, para asistir a los oficios eclesiásticos; pero Gianna pretextó una indisposición o malestar, por haber estado sentado al sol tanto tiempo, y se dirigió sola hacia su casa a través de la desierta ciudad. Alzó del suelo una de las infinitas flores que sembraban las calles, para llevársela a casa como recuerdo; era un clavel encarnado, hollado por un casco de caballo. Ya en su casa, lo colocó en un vaso con agua y hacía mil cábalas y conjeturas sobre lo que significaría el que se abriese y lozanease de nuevo. Su vieja ama, que había presenciado el paso de la comitiva desde una tronera de las murallas, estalló en alabanzas y elogios sobre Attilio: qué modestamente se había comportado, y pensar que era, en edad tan joven, un héroe inmortal ya; llegaría, sin duda, a conseguir fama y gloria venidera para hacer grande el nombre de su ciudad natal entre todas las ciudades de Italia, quizá hasta más grande que Florencia y Roma. Después habló también de su prometida, a quien debían envidiar todas las mujeres, y dijo que era digna de él, y que no se parecía nada en absoluto a su hermano Lorenzaccio, de quien quedaba pésima memoria entre los trevisanos, especialmente entre las mujeres. Poco o nada respondió la Rubia a estas charlas, y se sentó a la vera de su bastidor, con gran asombro de la vieja, ni más ni menos que si se tratase de un día corriente de labor. Y alzaba los ojos de cuando en cuando para echar una ojeada a la flor que estaba en el vaso.

Cuando llegó la tarde, y con ella los demás festejos, el carrusel y los títeres, y los vistosos fuegos de artificio, ella se quedó junto a la ventana, mientras la vieja se marchaba para recabar su parte en el general regocijo. La fiel sirvienta regresó ya anochecido, muerta de cansancio y cubierta de polvo de pies a cabeza, lamentándose de que aquel maldito dolor de cabeza hubiese obligado a su señora a quedarse en casa. La rubia Giovanna la escuchaba en silencio, con rostro sereno, ni alegre ni triste, como si nada de esto fuera con ella. Había terminado entre tanto de bordar una dalmática, y al parecer no se había movido de su sitio. El clavel, allá en el vaso, se había abierto por completo...

Llegó la noche cerrada, y luego de consumir ambas mujeres su silenciosa cena, retiróse la vieja Catalina, cuyos sexagenarios miembros habían sufrido suficiente ajetreo por hoy, a dormir a la cocina. Su ama se quedó levantada, contemplando desde la ventana cómo se alzaba la luna sobre la amplia llanura y plateaba con su luz las nubes en dirección a Rotteniga. El murmullo de la ciudad en fiestas se iba aquietando poco a poco, y entonces un ruiseñor que tenía su nido en un zarzal bajo su ventana, inició un canto tan dulce y nostálgico, que los ojos de la solitaria y hermosa muchacha que le espiaba se llenaron de lágrimas. Sintió una opresión tan ardorosa en el pecho, que se levantó, mató la luz y echó un oscuro manto sobre su liviano vestido de casa. Descendió luego los lisos peldaños de la angosta escalerilla de piedra, abrió el portal y salió a la solitaria calle, para dar unos pasos al fresco de la noche y sosegar un poco el ardiente latir de su sangre. Pero había olvidado, sumida en sus pensamientos, echarse el manto sobre la cabeza, y así pudo ser reconocida fácilmente por los transeúntes, aunque la luna no llegaba a bañar las estrechas callejuelas. Y sucedió por un azar —bien que todo lo terreno obedece siempre a más altos designios—, que, frente a ella, se acercaba por la calle aquel a cuyo alrededor, habían girado durante todo el día sus pensamientos como mariposas alrededor de la luz.

Attilio, fatigadísimo de los honores y agasajos, y agotado por los excesos y la francachela de la fiesta más que por el tumulto y alboroto de una batalla campal, se había escabullido del banquete, so pretexto de su herida, para escudriñar otra vez todos los viejos rincones en los que había jugado de niño; pero, en verdad, le empujó mucho más el anhelo de encontrarse de nuevo con aquellos ojos cuya mirada le abrasaba dentro del corazón. Con discretas preguntas se había informado por un vecino del pueblo de que aquella belleza rubia era precisamente la que había confeccionado el maravilloso estandarte, y había pensado visitarla sin más en su propia casa para expresarle su gratitud. Y he aquí por dónde, venía caminando hacia él, que meditaba con melancólico desasosiego en todo lo sucedido y en lo que podría suceder algún día, la esbelta figura semivelada, como si estuviese esperándole.

A ambos se les cortó el habla cuando se vieron de pronto uno ante el otro. Attilio fué el primero en rehacerse:

—Sin duda os conozco, *Madonna* —dijo, acercándose a ella con una gentil reverencia—; sois Gianna la *Bionda*.

—Y yo también os conozco, Attilio Buonfigli —respondió la bella mujer—. ¡Quién no os conoce en Treviso!

Callaron ambos, y cada uno aprovechó la penumbra del sombrío callejón para contemplar al otro detenidamente y a su placer; parecióle al joven que su belleza resplandecía en esta media luz mil veces más espléndida que en pleno día, y ella, por su parte, creyó percibir en sus ojos un brillo completamente distinto cuando se dirigió a ella que cuando la había mirado, mudamente y de lejos, por la mañana.

—Perdonad, *Madonna* —prosiguió el mancebo— que os haya abordado aquí en la calle, y a hora tan nocturna, como si fuera un salteador de caminos. Era mi intención haber ido a visitaros mañana mismo en vuestra casa, para daros las más rendidas gracias por el enorme trabajo y el raro y precioso arte que habéis puesto en el bordado de mi estandarte. Si no os sirve de enojo, permitidme que os acompañe hasta vuestra casa, pues que vais sola. Yo querría saber un alto y difícil servicio para ofreceros, un servicio que os testimoniase cuán obligado y rendido os estoy.

La hermosa mujer, como si no hubiese comprendido sus palabras, no supo responder a ellas sino esto:

—Mi casa está tan sólo a media docena de pasos de aquí y es demasiado modesta y humilde para que yo pudiese invitaros a entrar en ella.

—No digáis eso —interrumpió Attilio—. Muy al contrario, si vos fueseis una princesa y hubiese yo de solicitar una gracia, consideraría como el más alto favor que me permitierais entrar en ella y descansar un cuarto de hora, pues en verdad estoy fatigado de vagar por estas callejuelas y me haría mucho bien un trago de agua.

No sin cierta vacilación y rubor respondióle ella:

—¿Quién podría negar un trago de agua al vencedor de Bacchilione en el día de su entrada en la ciudad liberada por él, y suplicado tan cortés y comedidamente? Entrad, señor Attilio. Mi pobre casa y todo lo que dentro contiene están a vuestro servicio.

Abrió la pequeña poterna, y le hizo pasar, y tras de correr de nuevo el cerrojo —porque los días de fiesta vagabundea mucha chusma desocupada, atenta solamente a pescar en aguas turbias—, condujo a su huésped tras de sí, asiéndole amablemente de la mano, por la escalerilla de caracol, que estaba totalmente a oscuras, hasta que él se detuvo, casi cegado, cuando ella abrió la puerta que daba a su aposento y le inundó la blanca claridad de la luna.

—Tomad asiento —dijo ella— hasta que os traiga el agua. ¿O quizá no rechazaríais una copa de vino del que bebemos nosotras?

Pero él, cuyo corazón latía violentamente, se limitó a mover en silencio la cabeza y se dirigió hacia la ventana, junto a la que yacía su bastidor y sus labores de bordado, contemplándolos como si le hubiesen ordenado copiarlos. Dejóle ella solo, y se dirigió a la cocina, donde el ama yacía profundamente dormida sobre una manta que había extendido sobre las losas de piedra para aprovechar su frescor.

—¡Ama, ama! —dijo a media voz—. ¡Oh, si supieras quién ha venido!

Luego, mientras llenaba una copa del gran cántaro de piedra que estaba junto al hogar, se interrumpió un instante y oprimió las frías manos contra sus ardientes mejillas, diciendo para sí:

«¡Santa Madre de Dios, defiende mi corazón de ilusiones sin esperanza!»

Cobró ánimos con esto, y depositando un panecillo sobre un plato de estaño, cogiólo junto con la copa y lo llevó todo a donde estaba Attilio, quien, entre tanto, se había sentado en el sillón y tenía la mirada perdida en la llanura.

—Me avergüenzo —dijo ella— de traeros sólo pan y agua, una comida de cárcel. Mas, si os place, extenderé el brazo fuera de la ventana; entre el foso y el muro crece una vieja higuera, que ofrece un dulcísimo fruto.

—Gianna —respondió el joven tomando la copa de su mano—, Gianna, no apetecería bebida otra alguna si hubiese de ser aquí vuestro cautivo por toda la eternidad.

Y ella, mientras se esforzaba en sonreír:

—Pronto os llenaríais de tedio, mientras que fuera, en el mundo y al lado de vuestra joven esposa, os esperan mil goces diversos y toda suerte de dichas y honores.

—¿Qué me recuerdas? —gritó él, y su frente se ensombreció—. Has de saber que aquellos esponsales por los que me auguras el cielo aquí en la tierra significan el infierno para mí. Yo estaba entonces débil aún y extenuado por la fiebre de las heridas; sin ser dueño de mí, me he dejado prender en este maldito lazo, en el que me retuerzo como el pez en la arena que le abrasa. ¡Ay de mis años de juventud! ¿Por qué, necio de mí, no he aprendido a conocerme a mí mismo antes de haberme vendido a esta desgraciada obligación? ¿Por qué no cegaría antes que fuese demasiado tarde?

Saltó de su asiento y comenzó a dar vueltas con pasos recios por la estancia iluminada de luna, como una pantera joven capturada en las redes y arrojada luego dentro de una jaula enrejada.

La rubia doncella, llena de susto por el vehemente arrebato

de aquella repentina confesión, sólo supo decir, estrujando entre sus dedos los rojos pétalos del clavel:

—¡Me llenáis de asombro, señor Attilio! ¿No es vuestra prometida hermosa y joven, y a más de eso criada y crecida en medio de todas las virtudes? ¿Cómo, pues, consideráis como una maldición el llegar a ser su esposo?

—Aunque fuera un ángel de los que sirven ante el trono de Dios —barbotó él, deteniéndose ante ella—, esta flor que ha deshojado tu mano sería para mí un presente mil veces más caro que toda su persona entera, con sus gracias y virtudes. ¡Ah! ¿Por qué has hecho esto conmigo, Gianna? Quien nunca ha visto el sol, vive contento y dichoso en el crepúsculo. Pero desde esta mañana, en que mi mirada se encontró con la tuya, sé que en toda la tierra sólo hay una mujer por cuyo amor y favor yo me atrevería a todo, y batiría en la guerra mi cuerpo y mi alma, y esa mujer eres tú, Gianna la *Bionda.* ¡Bien quisiera que me cubriera la noche eterna antes que tener que arrastrarme de nuevo hacia el crepúsculo que me espera, para soñar en ti, en mi sol, tiritando de frío y de infelicidad!

Había apresado sus dos manos, como si quisiese aferrarse a ella para no despeñarse en la sima de su desdicha; el rostro de ella permanecía impasible y él la soltó, y se encaminó a la abierta ventana. Se hizo el silencio durante unos instantes; el ruiseñor que anidaba en el matorral no cesaba de revolotear y de gorjear. De pronto, como impulsado por una súbita decisión, retornó a su lado, y dijo:

—Pues bien, aunque yo, y todos conmigo, hubiésemos de perdernos por causa de esto, no lo haré, no sufriré estas cadenas ni estos lazos. Mañana, al rayar el alba, despacharé cartas a Vicenza para retirar mi palabra, y luego me emplazaré entre ambas ciudades, y retaré a todo caballero que ose negar que Gianna la *Bionda* es la reina de las mujeres!

—No haréis eso, Attilio —dijo entonces la hermosa muchacha, dirigiendo una tranquila y grave mirada, por delante de él, hacia el cielo nocturno—. El que os sintáis tan repentinamente inclinado a mí y queráis someterme y rendirme vuestro corazón de modo tan absoluto, lo considero como un altísimo y excesivo don, por el que yo, que soy indigna de vos, os estaré reconocida durante toda mi vida. Pero no puedo aceptaros sin que eso signifique arrojarnos ambos a la perdición. Reflexionad, amigo mío, con cuánta pujanza se recrudecería de nuevo la apenas sofocada enemiga entre ambas ciudades, si vos hicieseis a la casa de Scarpa, y con ella a la ciudad toda, el ultraje de despreciar a vuestra prometida; no podéis acusarla de falta o pecado alguno contra vos, sino únicamente declarar que os agrada más otro rostro. Y este mismo rostro, supuesto que mereciese hoy todas las extremadas alabanzas y la pasión que ha provocado en vos, ¿quién sabe si dentro de un año no se habrá marchitado todo su encanto, de modo que os preguntaréis lleno de asombro cómo pudo ser posible que os encendiéseis por él en tan ardiente pasión? ¿No vemos con frecencia, al término de los estíos, que una noche estalla de pronto el temprano otoño, y vuelve de súbito amarillo y seco al árbol que ayer mismo lozaneaba aún con todo su follaje verde? Yo he cumplido ya treinta y un años; vos, amigo mío, estáis todavía en la plenitud de la juventud, y ascendéis aún por la falda del monte a cuya cumbre yo he arribado ya. Dejadme que sea, como mayor en edad, la más sensata, y tener cordura por ambos. Quiero así exponeros mi inquebrantable decisión: aunque hubiese de ver que vuestro sentimiento era algo más que un capricho pasajero, y que todas las circunstancias adversas se sometiesen a vuestros deseos por un milagro, no consentiría jamás en ser vuestra esposa, aunque viniesen a mí en persona vuestros padres, para apoyar con sus ruegos lo que vos tratáis de alcanzar.

Antes de terminar de decir esto, dirigió hacia él su mirada, y al verle tan pálido, con sus hermosos ojos llenos de desconsuelo y desesperación, estuvo en la punta de un cabello que no echase por tierra, llevada de amor y de compasión, lo que se había arrancado del alma con indecible entereza.

—Buenas noches, *Madonna* —replicó él tristemente, e hizo intención de marcharse; pero se detuvo y clavó los ojos en el suelo.

—Estáis encolerizado conmigo —dijo ella.

Y él:

—¡No, Gianna, en nombre de Dios! Pero dadme licencia para marchar. Verdaderamente, he permanecido aquí demasiado tiempo y he hablado como un insensato, sin pensar que lo que os he ofrecido quizá sea para vos tan poco valioso que no os molestaríais ni siquiera en tender la mano hacia ello, cuanto menos para soportar luchas y fatigas. De este modo, yo me llevo una vergüenza merecida y justa; y no es culpa de nadie, sino mía propia, el que este día de mi homenaje, que tan festivo comenzó, venga a terminar tan tristemente. ¡Adiós, Gianna! La bandera que habéis bordado, y que esta mañana me pareció la más preciada joya en la tierra, la ofrendaré a una iglesia para que su presencia no me recuerde la mano que tan fríamente había de rechazarme.

Inclinóse en una reverencia, y ya iba a pisar el umbral de la estancia, cuando oyó su nombre tras él; el corazón de Gianna, en furiosa rebeldía contra sus cadenas, las había roto por fin, y le afloró a los labios.

—Attilio —dijo llena de rubor y sin ser ya dueña de sí—, no puedo veros marchar de ese modo, si quiero vivir todavía. Todo lo que os he dicho debe quedar inalterado, y no habéis de cambiar una jota de ello, pues es para salvación vuestra, que es para mí más cara que la mía propia. Pero no os he dicho todo aún. Sabed, pues, que desde que murió mi prometido, hace ya doce años, jamás he tenido idea ni deseo de entregarme a un hombre, y si he conservado puro y limpio el tesoro de mi honra, en verdad que no me ha costado ni lucha ni aflición algunas. Y pienso esto de mí, no tanto por causa de la inestable y pobre belleza, cuanto por que sé que tengo un alma libre y fuerte y no querría rendirla sumisamente al poder de alguien peor o más débil que yo, como debe hacer en el matrimonio la mujer al marido. Y de tantos como me han solicitado, no he hallado uno sólo a quien no me pareciese que servirle era humillación y vasallaje. Hoy por vez primera, cuando os vi entrar cabalgando en la ciudad a la que habéis devuelto el honor y la libertad, y, vi con cuánta nobleza humillabais vuestra cabeza bajo tanta dicha, cómo os inclinabais en tan plena juventud, y, ni envanecido ni altanero, sino con el aspecto de quien sólo es un ministro de Dios, aceptabais la gratitud de los por vos libertados, me dije a mí misma: «¿Por qué no serás más joven, para ganar el amor de ese mancebo?» Y cuando vi la cicatriz de vuestro cuello, pensé: «Descalza peregrinaría hasta los Santos Lugares para que me llegase a caber en suerte la dicha de oprimir mis labios tan sólo una vez contra esa sagrada herida.» Y cuando regresaba, sabedora ya de lo que me sucedía, recogí una flor de la calle, ésta misma que aquí veis, por que la había hollado el casco de vuestro caballo, y pensé que me la pusiesen bajo la almohada cuando me llevasen a dormir el sueño eterno... ¡Y ahora que te he dicho esto, Attilio, repite, si tienes entrañas, tus crueles palabras, que aseguran que mi mano te ha rechazado con frialdad!

Abrióle los brazos y atrajo su cabeza hasta su pecho, e inclinándose hasta su cuello, besó la cicatriz que tanto habían anhelado sus labios. Él permanecía mudo y aturdido ante ella, como un condenado a muerte a quien anuncian la gracia del tribunal que le condenó. Pero ella se desenlazó de él al punto, y dijo:

—Esto que hago, amigo mío, hágolo con la más plena lucidez y con toda consciencia, y no me asaltará arrepentimiento alguno, aunque bien sé que muchas personas denostarían y reprobarían mi conducta si llegasen a conocerla. Yo os entrego hoy la única joya que poseo, joya a la cual he guardado hasta hoy más celosamente que a mi vida misma. Mas ved: aquí, en estos mismos umbrales que pisáis, estuvo un día vuestro futuro cuñado, el señor Lorenzaccio, y me importunó con ruegos y promesas para que fuese suya, queriendo llevarme a Vicenza como esposa. Lo que le rehusé a él, enemigo de mi ciudad y opresor suyo (Dios es testigo de que tuve que amenazarle con esta daga antes que renunciase a sus brutales pretensiones, y aún lleva la cicatriz en su mano derecha), lo que a él le negué, se lo ofrezco a vos, salvador de mi ciudad, como recompensa por la victoria, y nada pido a cambio de ello, sino que os olvidéis de mí cuando subáis al altar para prometer solemnemente otra fidelidad. Y no os dé pesadumbre por lo que después haya de ser de mí. Mi destino es dichoso en todas las renunciaciones, y envidiable en medio de la aflicción, porque puedo ofrecer el presente de mi honor al mejor hombre que han visto mis ojos, y he llegado a saborear una tardía primavera, tan hermosa como jamás hubiera podido soñar, antes que el invierno de los años sepulte bajo su nieve este rubio sendero que hoy divide mis cabellos. Tuyos son estos ojos y estos labios, Attilio, y tuyo es este cuerpo intacto y virgen, y tuyo este corazón, que nunca volverá a desear las dulzuras de la vida cuando te hayas alejado de mí, y que arderá, como el de una viuda, con la luz de la dicha perdida, hasta que repose en paz.

Con esto, llevóle hasta el sillón que estaba junto a la ventana y se arrodilló ante él; él cogió su cabeza con ambas manos, y no se sació de contemplarla, y de besar su boca, frente y mejilla. La luna se había ocultado largo tiempo ha, cuando aún estaban ellos unidos en mil dulcísimos goces; pero cuando allá lejos, en el campo, se alzó el canto del gallo mañanero, apresuróse ella a soltarle de sus brazos, porque no fuese echado de menos en casa de sus padres. Habían convenido en que él volvería la próxima noche, y todas las siguientes, así como en la contraseña a la que franquearía ella su puerta; despidióse él tal un borracho del festín, y en el orgullo de su felicidad desdeñó bajar por la escalerilla de caracol, aunque la calle estaba todavía desierta; balanceóse en la ventana, y, afianzando los pies en la rama de la higuera, saltó hasta el muro de abajo, donde se detuvo unos instantes para dirigirla aún mil amorosas palabras y arrojar a su ventana, atadas en un ramillete, florecillas de las que crecían a orillas del foso, hasta que ella, temiendo alguna mirada espiadora, se retiró del alféizar. Apartóse él entonces del lugar y corrió a lo largo de la muralla, tan cautelosamente, que pudo alcanzar el portón sin ser notado. Los adormilados centinelas no le reconocieron, y en su casa nadie le había echado de menos, y así él, regocijándose sobre manera, entró hasta su aposento y se dejó caer en el lecho, para recuperar en un corto descanso matinal el sueño perdido en esa noche.

Con idéntica prudencia y sigilo supieron disponerlo también las noches siguientes, de manera que, en toda la ciudad, nadie llegó a tener sospecha de su entendimiento, si no era el ama, Catalina, quien, empero, era tan poco dada a la charla como la higuera que crecía junto a la ventana; y además, la felicidad y el honor de su señora estaban en su corazón por encima de todo, y ni los más atroces tormentos habrían arrancado de sus labios el nombre del mancebo. Una cosa, empero, la llenaba de congoja, y era que su ama siguiese en sus trece. Decíala ella, que todo tendría que terminar en cuanto la novia, Emilia Scarpa, hubiese intercambiado el anillo con Attilio. «¿Qué os imagináis? –decía la buena anciana–. ¿Creéis que podréis contemplar con serenidad cómo se engalana otra con la flor que vos hábeis llevado prendida en el pecho? Yo os amo muy de veras, señora, más que si fuerais fruto de mis propias entrañas. Por ese camino vais a vuestra perdición: el corazón se os partirá como una manzana cortada en dos por un cuchillo.»

–Ama –decía la Rubia–, es posible que tengas razón. Pero ¿qué importa? Mejor es que me pierda yo, que no él, a quien amo, y esta noble ciudad, madre de ambos.

–¿Qué locuras estáis diciendo? –le interrumpió la anciana–. Si él os ama de ese modo, como asegura y vos creéis a pies juntillas, tampoco podrá sobrevivir a este dolor, y de este modo destrozaréis a dos personas con vuestra obstinación. En cuanto a la ciudad, bien podría desafiar, ahora que la proteje un héroe así, la enemiga de tres ciudades más poderosas aún que Vicenza.

Parecidas palabras dijo también a Attilio, y con más arrebatada vehemencia conforme se acercaba el momento en que debía despedirse de los idolatrados ojos. Él esperaba todavía, como en los días primeros, vencer su resistencia, y estaba decidido a sacrificarlo todo por ella. Por el contrario, Gianna, para quien era más amargo que la muerte el solo pensamiento de que su amado pudiese enfriar su amor hacia ella y se arrepintiese algún día de haber atado su lozana vida juvenil a la suya marchita, buscaba desesperadamente cómo acallar su arrebatada pasión, con burlas sobre su edad y la inconstancia y veleidad de los hombres, cada vez que la estrechaba él con nuevas súplicas, e intentaba hacerle tan dulces las horas presentes, que olvidase y ahogase en ellas las amarguras del futuro.

Activáronse entretanto, diligentemente, los preparativos de las bodas en ambas casas, la de los Buonfigli y la de los Scarpa, y en el transcurso de la novena semana después del festivo recibimiento en Treviso del novio, tuvo lugar la no menos brillante ceremonia de la petición de la novia, a quien fueron a buscar los trevisanos. Entre los espectadores era inmensa la alegría, por la paz y concordia sellada ahora, y garantizada entre ambas ciudades vecinas; y aún subió más de tono cuando se ofreció a sus ojos el espectáculo de la joven novia, riquísimamente ataviada, y de su séquito, compuesto por sesenta doncellas, todas sobre blancos palafrenes y engalanadas con las más ricas vestiduras. Pero en la comitiva había dos personas a quienes era muy difícil ocultar su rabia y su pesadumbre: uno de ellos era el propio novio, que hubiese preferido tomar en la mano una víbora antes que a su novia, y el otro el señor Lorenzaccio, su futuro cuñado, que rechinaba los dientes de furor pensando que debía, sin duda, componer una figura muy humilde junto a su joven rival, y tendría encima que sonreír a ello; Lorenzaccio, que habría destrozado entre sus dientes muy gustosamente a su cuñado y a toda su parentela. Y aún un tercer corazón estaba también cerrado a la alegre fiesta de este día, y era el corazón que latía en el seno de la rubia Gianna; bien sabía ella que la noche que había de seguir a este día sería la última noche de felicidad para ella. No se había esforzado, como en el otro recibimiento, en conseguir un asiento en la tribuna levantada ante el concejo, y estaba en su casa cuando Attilio, a la vera de los forasteros, cabalgó por las calles de la ciudad, y de nuevo se abatió sobre la pareja una espesa lluvia de flores. Y por la tarde, cuando todo el pueblo se precipitó en masa hacia la pradera donde se había de celebrar un torneo, en palenques ricamente engalanados, sentóse junto a la ventana, envuelta en tristísimos pensamientos, y las lágrimas acudieron a sus ojos con tanta frecuencia que no volvió a distinguir claramente la luz del día.

—¡Pobre corazón! —sollozó—. Ya ha llegado el tiempo en que debes demostrar que eres lo bastante fuerte para rechazar tu única felicidad, y he aquí que eres tan débil que quieres casi deshacerte en tus mismas lágrimas. ¡Has cargado con algo cuyo peso no puedes soportar! Tú no sabías entonces que el amor es un vino que vuelve más sediento cada vez al que bebe de él. Ahora el cáliz de tu salvación se transforma en una ponzoña que ha de consumirte lentamente, y ningún médico de la tierra, ni la ayuda de todos los santos, podrían salvarte.

Entró Catalina y la persuadió a salir afuera, para, ya que estaba decidida a separarse de su amigo para siempre, admirarle una vez más en el esplendor de la fuerza y gallardía, y verle triunfar de todos los hombres. Esperaba en secreto que sucediese un milagro y su señora cambiase de pensamiento. Así pues, vistió a la afligida Gianna, que se dejaba hacer como una niña, con todo esmero y diligencia y la condujo hasta el campo de liza, que hormigueaba ya de gente y trepidaba de relinchos y de son de clarines. Confundidas entre la multitud, vieron a la novia sentada en lo alto del tablado, entre su padre y el tío de su prometido, y oyeron lo que comentaba de ella la gente; gustábales a unos sobremanera, otros hallaban en ella esto o lo otro de rechazable, cada uno, en fin, guiaba su complacencia hacia algo determinado. La rubia Gianna no decía una palabra, y nadie hubiera podido sospechar lo que guardaba en su pensamiento. Pero la invadió un violento rubor cuando dos mozos se dijeron uno al otro, en voz suficientemente alta, al pasar ella por delante: «¡Diez Emilias daría yo por una Gianna la *Bionda*!», y el otro: «Treviso se lleva la palma en mujeres hermosas, como en las armas», y muchos ojos asestaron sus miradas a la bella bordadora. Pero su sangre se desvaneció de súbito en mortal palidez; en aquel mismo instante entraba Attilio al galope en la liza, armado de todas armas, pero con el cuello protegido solamente con un ligero forro de cuero, sujeto al yelmo o almete, en lugar de la gola de bronce que los franceses llaman *barbière*. Llevaba levantada la visera, y todos pudieron ver lo pálido que estaba y las graves miradas que derramaba en derredor, con lo que muchos se llenaron de asombro, considerando que era un adalid siempre alegre y juvenil, y hoy, además, un novio en la fiesta de sus esponsales. Él, empero, cabalgó hasta llegar ante el tablado sobre el que estaba sentada su prometida, inclinó la cabeza ante ella y se dejó anudar al morrión una cinta, en señal de que deseaba servirla como caballero. Sonaron entonces los clarines, y por el lado opuesto entró cabalgando en el campo el señor Lorenzaccio, con la visera calada ya, pese a lo cual todos le reconocieron al punto, por su divisa y por su armadura, y desearon desde el fondo de su corazón verle derribado en la arena por el fuerte brazo de su cuñado. Pero estaba decretada otra cosa en los arcanos de la Providencia. Pues apenas los heraldos habían dado la señal con el redoble de sus mazos y los trompeteros habían lanzado al aire sus sones, cuando ambos jinetes se arrojaron uno contra el otro, con las lanzas en ristre; era tan espesa la nube de polvo que levantaron los corceles, que el espectáculo del primer choque entre los caballeros quedó oculto a los ojos de los espectadores; se escuchaba tan sólo el estrépito de las broncíneas picas golpeando escudos y corazas, y luego se hizo un repentino silencio. Cuando se disipó la nube, pudieron ver, con espanto y consternación, a Attilio todavía en los estribos, pero derribado hacia atrás sobre la silla de su buen corcel, que estaba inmóvil como si fuera de piedra. Un torrente de sangre brotó de su cuello, cuya desamparada desnudez había sido oportuno objetivo de la pérfida arma de su enemigo. El vencedor se detuvo ante él, levantó la celada, como si quisiera cerciorarse de que su vengativa obra estaba consumada, y después de medir a su adversario con una maligna mirada de despedida, cerró de nuevo el yelmo, picó espuelas a su corcel y cabalgó a trote lento, sin saludar a nadie, hasta salir del campo de batalla, cruzando a través del pueblo, que, petrificado de asombro, no quería dar crédito a sus ojos.

Entretanto, los escuderos y jueces del torneo se abalanzaron al caído, levantáronle de la silla y le depositaron en la arena sobre un cobertor. Estalló entonces un clamoreo de dolor, rompiéronse las filas de la multitud y el pueblo en masa se precipitó frenético por encima de las vallas; los que estaban sentados en los tablados abandonaron precipitadamente sus asientos, y sólo con ímprobos esfuerzos y al cuento de sus varas pudieron los heraldos hacer alrededor del moribundo espacio suficiente para que pudiesen allegarse hasta él sus padres y deudos, y la misma novia. Yacía él en silencio, con los ojos cerrados, sin exhalar lamento alguno de dolor o de queja por tener que entrar a formar parte tan tempranamente de los celestiales ejércitos. Los que le rodeaban se lamentaban a gritos, maldecían otros la perfidia de Lorenzaccio, quién llamaba a voces a un médico, quién a un sacerdote, para que diese el último consuelo para el viaje al moribundo héroe.

Quizá consideraba este amargo destino como una ruptura de los aborrecidos lazos, y le daba por ello la bienvenida; por eso, cuando oyó pronunciarse su nombre y reconoció la voz de su prometida, intentó volver la cabeza, como para dar a entender que deseaba exhalar su último aliento sin una mentira. Pero he aquí que, de pronto, el pueblo que contemplaba la dolorosa escena en estrecho y apretado círculo, se dividió y apartó con un murmullo de asombro. Se vió a la rubia Gianna abrirse paso a través de la multitud y penetrar en el círculo, pálida como una aparición, pero con una compostura y continente tal que se diría que iba a ser coronada reina de todas las mujeres con la corona de espinas del dolor.

—¡Marchaos de aquí! —dijo, tendiendo el brazo hacia la novia—. Este moribundo me pertenece, y así como yo fuí en vida suya en cuerpo y alma, quiero también estar con él en la hora de la muerte, y nadie ha de robarme ni un suspiro suyo!

Diciendo esto, se arrodilló junto a su amante y depositó delicadamente su tronchada cabeza sobre su seno, de modo que la sangre empapó su traje de fiesta.

—Attilio —dijo—, ¿me reconoces?

Al punto abrió él los ojos y suspiró:

—¡Oh Gianna mía, todo acabó! La muerte no ha querido que yo prometiese a otra mi eterna fidelidad, pues te pertenecía solamente a ti. Me muero, esposa mía. Bésame con tu último beso y recoge mi alma en tus brazos.

Inclinóse ella hasta sus labios, y apenas había rozado su boca cuando él cerró los ojos de nuevo y su cabeza cayó pesadamente en su regazo. En todos los que contemplaban esta escena crecía una compasión tan profunda y fuerte por la noble pareja que nadie, ni aun los mismos Scarpas, se atrevería a turbar la despedida de los amantes. Y cuando se dispusieron a transportar en unas parihuelas el cuerpo exánime del joven héroe a la ciudad, dividióse el gentío, y mientras unos acompañaron al muerto, siguieron otros la comitiva que se encargó de llevar hasta su casa a su amada, que se había desvanecido junto a su amigo muerto. Sólo la joven Emilia se volvió aquella misma noche con su madre a Vicenza. Su padre, el señor Tullio Scarpa, se quedó en casa de los Buonfigli para asistir al funeral de Attilio, lamentándose por partida doble de la desdicha de la hija y del oprobio y vergüenza que había caído sobre su hijo.

Cuando, después de tres días, se llevó al sepulcro al muerto amado, en la capilla de la Madonna degli Angeli, vióse la alta figura de Giovanna que seguía al féretro muy de cerca y delante de todos los deudos del muerto, vestida con ropas de viuda y cubierta con negras tocas. Cuando apartó a un lado el velo, para besar la frente del cadáver, dejóse ver, entre el estupor general, el milagro que había sucedido: y es que el oro de sus cabellos, cuyo brillo se percibía desde muy lejos, habíase tornado durante esas pocas noches en descolorida y pálida plata, y sus rasgos se habían marchitado como los de una anciana.

Muchos pensaron que no soportaría la vida mucho tiempo y que seguiría su muerte a la de su amante. No obstante, vivió todavía tres años, durante los cuales no abandonó sus atavíos de viuda, ni fué vista en parte alguna donde hubiese bulla o festejo. Se había aplicado calladamente a una labor, según una promesa hecha en la capilla de la Madonna degli Angeli, y esa labor era el bordado de una gran bandera en la que estaba estampado el Arcángel San Miguel, revestido de blanca armadura y en actitud de matar al dragón. Se decía que la coraza del Arcángel la había tejido ella con sus propios cabellos blancos. Esta bandera fué depositada junto a aquel primer estandarte, en la capilla donde estaba el sepulcro de Attilio. Concluída esta tarea, terminó también el tiempo de su vida y se llevó a la bordadora al descanso eterno, cumpliéndose su ruego de ser enterrada al pie de su amante. Aquel lugar fué, durante mucho tiempo, centro de peregrinación y visita de nativos y forasteros, que contemplaban el artístico y rico trabajo de las dos banderas y se contaban unos a otros la historia de Gianna la *Bionda*, que dió a su amado, ya en el sepulcro, cuanto poseía, hasta la honra, si bien hubiese podido conservarla intacta muy fácilmente tan sólo con haber guardado silencio.

*

Cuando el lector hubo terminado, siguióse en el salón un rato de silencio, durante el cual sólo retuvo la palabra la lluvia, cuyo suave susurro había acompañado melancólicamente toda la narración.

Finalmente, rompió a hablar el joven doctor que estaba sentado a la mesa de ajedrez.

—La historia tiene algo del dorado tono de la escuela veneciana. Esto, desde luego, ya no lo consiguen las paletas de los modernos. No obstante, se me antoja que el copista ha pintado por su cuenta en algunos puntos, y reciamente.

—¡El copista! —exclamó el del sofá arrojando lejos su cigarro—. Cómo se ve que no conoces todavía a Eminus. Se ha burlado de nosotros, y no se ha propuesto sino colocarnos un cuadro
pleno de colorido junto a nuestras quebradas y pálidas pinturas. ¿Cuánto va a que esta crónica de San Niccolò es todavía más reciente que el desacreditado *Ossian* de Macpherson?[1].

Eminus aparentó no prestar oído a estas palabras.

—Y ¿qué piensa usted de la moralidad de esta historia? —preguntó dirigiéndose a doña Julia.

La interpelada meditó un instante y luego replicó:

—No sé si realmente puede ponerse como modelo y ejemplo un caso tan singular y curioso. Además, ¿no tiene cada época sus propias costumbres y cada pueblo su temperamento peculiar? Reconozco que una entrega amorosa que no se orienta hacia la fidelidad eterna matrimonial siempre irá en contra de mis sentimientos, y que me he reconciliado con el extraño comienzo de la historia, a través de su trágico final. Por eso, si esta rubia Giovanna hubiese sido hermana mía, no hubiera dudado un solo instante en ir mano a mano con ella junto al ataúd de Attilio en la comitiva fúnebre.

—No hubiera usted podido extenderle un mejor certificado de buena conducta —replicó el narrador—. Permítame que le bese a usted la mano por ello.

1. Entre los años 1760 y 1763, el poeta escocés Jacobo Macpherson (1738-1796) dió a conocer unos supuestos poemas en prosa inglesa, que presentó como traducción del bardo gaélico *Ossian*, aunque eran en grandísima parte obra suya, y un hábil mosaico de trozos bíblicos, fragmentos de las literaturas clásicas, y viejas baladas célticas y gaélicas. Su evocación de paisajes melancólicos, sentimientos tristes y meditaciones sobre las ruinas y el destino humano, han sido causa de que se haya considerado a Macpherson un precursor del Romanticismo. *(N. del T.)*

[illegible] inalmente [illegible]
creado a partir de [illegible]

La historia [illegible] de la [illegible] y [illegible] [illegible]

[illegible]

Cuando [illegible]

[illegible]

[illegible] procedimiento [illegible]

[illegible]

[illegible] la respuesta [illegible]

[illegible]

NERINA

»Sempre i codardi, e l'alme
ingenorose, abbiette
ebbi in dispregio»[1].

LEOPARDI

Siempre me ha sido grata esta colina
rasa y pelada, y estos setos vivos
que al ojo tanto roban del lejano
horizonte, impidiendo la mirada.
Cuando me siento, y en derredor miro,
infinitos espacios, sobrehumanos
silenciosos y una paz pura y profunda
voy fingiendo en mi mente; casi tiembla
de espanto el corazón. Y escucho luego
mugir al largo viento en la enramada,
y comparo el silencio aquel sin límites
con esta voz de aquí. Pienso en lo eterno,
pienso en las estaciones que murieron
y en la presente y viva, rumorosa.
Así, tras esta inmensidad naufraga
el pensamiento mío: ¡oh, qué dulce
es para mí anegarme en este mar![2].

1. «Siempre al cobarde, al alma
miserable y abyecta,
tuve en desprecio...»

Son los versos 53. 54 y 55 del poema «Il pensiero dominante» *(Canti* XXXIX, «Classici Italiani», Instituto Editoriale Italiano, Milano, s. a.) *(N. del T.)*

2. Véase texto italiano de este poema en el apéndice. *(N. del T.)*

Había escrito estos versos en una pequeña libreta de bolsillo que tenía apoyada sobre las rodillas, de un tirón, sin tachar una sola palabra, como era su costumbre hacer en casi todas las estrofas. Nunca se sentía satisfecho con lo que había escrito, pues su sentido interno era demasiado susceptible y su fino oído estaba harto ejercitado para dar paso a cualquier adulteración de su pensamiento, traicionado por las palabras cogidas al vuelo apresuradamente. Pero cuando releyó lo escrito en voz alta, le pareció haber dicho exactamente todo lo que quería decir. El cuadernillo le resbaló de las manos; se recostó en la colina, acomodó los brazos bajo la cabeza y clavó los ojos en el cielo sin nubes, de un extraño color azul acerado. Detúvose el murmullo del viento entre las ramas, y sólo se dejó oír en toda la redonda el estridente y penetrante canto de los grillos y el levísimo roce que producía de cuando en cuando contra la roca o la reseca grama alguna de las innumerables lagartijas que anidaban en el erial y que se acercaban descaradamente para contemplar al forastero con sus curiosos ojillos relucientes.

Y en verdad que resultaba curioso hasta para las miradas de los prudentes bichos. ¿Era joven, o viejo? ¿Feo, o gallardo? ¿Adormilado, o vivaz y despierto? Esa clara luz que resplandecía en sus grandes y serenos ojos azules, ¿era un mero reflejo del éter, o el espejo de un corazón sin nubes ni borrascas? Ni una esbozada sonrisa vino a resbalar sobre el pálido rostro y la amarga boca, entreabierta como por una secreta sed. Los ojos yacían tranquilos bajo las finas cejas y sobre éstas se combaba una frente poderosa, libre de surcos y pliegues que son siempre indicio de pensamientos penosos. Diríase que en esta noble mansión del espíritu no había tenido lugar combate ni afán algunos por esas mil cosas que la gente vulgar e insignificante sólo aclara y resuelve tras tenaz lucha. No obstante, las flacas mejillas y una ligera vibración de los párpados delataban en su rostro la constante presencia de un íntimo sufrimiento.

—*E il naufragar m'è dolce in questo mare!* —dijo para sí en voz baja.

Y una melancólica sonrisa afloró a sus pálidos labios, mientras su pecho se alzaba en un suspiro. Y saboreó morosamente la delicia y el consuelo que procura el haber sido capaz de encerrar en una sola palabra eterna la plenitud de los sentimientos que inundan en un instante nuestra alma.

Un tañer de campana le llegó desde la lejanía. Cerró los ojos, como esperando que estos sones, tan familiares desde su niñez, adormeciesen con su arrullo su despierta conciencia. Con ellos le vino a la memoria la leyenda del barquero que naufragó cerca de la playa, y se quedó a vivir allá abajo con las sirenas; pero cuando las campanas de las iglesias alzan sus tañidos los domingos, le invade una intensa nostalgia, una dulce añoranza de su pobre mundo de arriba, de cuyo recuerdo no son bastante para librarle todos los imperecederos goces del fondo del mar.

Un amargo gesto desmintió en su rostro la fábula. Nada le impulsó a volverse allí donde sonaban las campanas del *Angelus*: ni la nostalgia del rincón natal, ni el deseo de trocar de nuevo su fresca profundidad por las humanas estancias.

Enmudeció el tañido. La sombra que arrojaba la pequeña cerca de arbustos y matorrales se iba alargando cada vez más, y le subía ya por las rodillas. Una fresca brisa comenzó a errar sobre los setos y las desnudas peñas del altozano, y un ligero escalofrío recorrió los miembros del solitario yacente. Se levantó con lentitud, aseguró el sombrero sobre su frente y comenzó a descender la rocosa pendiente, deteniéndose a menudo, como si le fatigase cada paso que daba, o le costase un renovado y creciente esfuerzo tomar el camino de regreso.

Bien se podía ver ahora con cuán poco amor había dotado la Naturaleza de prendas corporales a este hijo suyo que tan confiada e íntimamente se apretaba contra su pecho. Era de figura pequeña y mal conformada, cargado de espaldas, con una gran cabeza que parecía harto pesada para aquel cuerpo mezquino. Por su forma de caminar, débil, vacilante y trabajosa, secándose a veces el sudor de la frente haciendo alto otras sobre alguna peña, se le hubiera tomado por un convaleciente de alguna grave dolencia, que aventuraba su primera salida, todavía no bien repuesto de sus fuerzas.

Cuando hubo llegado a la carretera que conduce hasta la altura de la montaña —camino lo bastante ancho como para que por él pudiesen transitar las yuntas de bueyes, arrastrando las pesadas carretas hacia el pueblo—, refrenó más aún el paso, aunque el camino llano habría de serle, sin duda, menos fatigoso. A media hora de camino frente a él, veía las blancas casas y los pizarrosos tejados de Recanati, su pueblo natal, y esta vista le oprimía invariablemente el corazón, pues si bien vivían allí, bajo aquellos techos, sus padres y hermanos, a quienes se sentía unido por una vivísima ternura, él veía a esta ciudad como el origen y la causa de todos sus padecimientos; y a sus aires húmedos y cortantes, como la fuente de su enfermedad, y a sus moradores, en fin, como el prototipo de todas las inhumanas y aborrecibles cualidades que le habían enseñado a odiar el mundo de los hombres y a buscar, ya desde niño, la compañía de los libros.

Contuvo involuntariamente el paso cuando divisó la vieja aldea serrana, que se extendía allá lejos envuelta en el sol del atardecer.

«¡Otra vez de regreso a la cárcel!», parecía decir la sombría expresión de sus ojos.

Allá abajo, a su izquierda, brillaba el lejano mar, como una cinta azul índigo. La alta cadena del Apenino se alzaba ante él, en dirección Sur. Aquí, en la altura purísima, parecía imposible que pudieran proliferar tanta pequeña y miserable conciencia, tanta enmohecida limitación, tanta miseria renegada de todo lo eterno, y con mil tenaces y recios tentáculos pudiesen rodear y estrujar un pecho nacido libre, hasta hacer que le faltase el aire necesario para respirar.

En más de una ocasión había buscado cómo liberarse. Tan pronto como salió de los tímidos y retraídos años de su adolescencia, en los que prefería sufrir lo más intolerable antes que acercarse con alguna petición a su padre, que no entendía su carácter ni comprendía su manera de ser, se abrió y entregó ilusionadamente al mundo, a ese mundo que hasta entonces sólo había podido recorrer con sus nostálgicos pensamientos, en los atardeceres y madrugadas llenas de fragancia, desde su abierta y solitaria ventana.

Se fué a Roma. Aunque todavía era muy joven, desde entonces no volvió a sonar extraño su nombre a las más destacadas figuras del país. Se sabía que muy pocos habían penetrado tan profundamente como él en la mina de la civilización griega y romana; que a una edad en la que otros chiquillos deletrean en la escuela de mala gana, juntando y espigando frases, este muchachito solitario había desvelado verdaderos enigmas de la ciencia, que habían dado muchos quebraderos de cabeza a los expertos de la materia. Sin profesor, había aprendido, además de las viejas lenguas muertas, francés, inglés y español, y hasta había manejado con soltura la lengua hebrea con los judíos de Ancona. Cierto que la biblioteca de su padre, que se tenía a sí mismo por un sabio, era la más rica y nutrida de la provincia, y el viejo conde Leopardi la abría gustoso a cualquier visitante. Pero nadie se interesó en traspasar sus umbrales fuera de su propio hijo, quien, con sus tesoros, se fortificaba contra el acecho de la tristeza y la añoranza juveniles por todas las alegrías de la vida que le habían sido rehusadas. Muy temprano, en efecto, una voz misteriosa le había susurrado al oído: «El destino que tú suplicas piadoso y suave, te ha de dar piedras en lugar de pan; en lugar de felicidad, sabiduría; y ésta es también dura y amarga.»

Pensaba él que el culpable de todo esto era solamente el lugar, su tierra natal. Pero en Roma aprendió que su destino le acompañaba y acompañaría dondequiera que fuese. ¿Qué eran para él esa fama y esa gloria cuyos destellos prometían llenarle de consuelo? Una antorcha, una antorcha que lo único que conseguía era hacerle visible a los demás, con todos sus sufrimientos, pero que ni calentaba su corazón ni iluminaba su espíritu. Huyó lejos, lleno de desengaño, y se refugió bajo el techo paterno, donde al menos no veía nada deseable y grato que hiciese parecer a su miserable cuerpo doblemente digno de compasión; el techo paterno, donde debía considerarse como un muerto en el apartado retiro desde donde podía sostener un diálogo con las sombras de los muertos famosos sobre la pradera de asfodelos, y maldecir la engañosa felicidad de los que se mueven entre la luz.

Pero era aún demasiado joven para resistir todo el resto de su vida encerrado en su sepulcro viviente. Los duros inviernos le ahuyentaban de la montaña en busca de los aires suaves de Florencia y Pisa, donde su oprimido pecho podía respirar a sus anchas, y una gente más delicada y acogedora resarcía a su espíritu de aquellas horas de apartamiento y ostracismo en que languidecían su corazón y su inteligencia. En verdad que no era posible hallar en pecho alguno un alma más fogosa y ardiente, un ansia de belleza más viva, un más intenso y vehemente anhelo de pasión y afecto correspondido. Y, sin embargo, esta mirada ansiosa e inquisitiva encontraba, dondequiera que tropezase con una figura bonita, la franca repulsa; en cien ocasiones, la burla declarada –pues la juventud sana y fuerte suele ser cruel–, y en el mejor de los casos, una compasión que le resultaba tanto más dolorosa que la burla por cuanto manaba de un alma más cariñosa y amable.

Él hubiera soportado esto, y hasta habría llegado a acostumbrarse a considerar la respiración y el pensamiento como un don del cielo que todavía valía la pena de gozar; pero también le fué escatimado este mezquino favor, al negársele la libertad de escoger libremente el lugar donde hubiese podido respirar y pensar de la manera menos amarga y fatigosa posible.

Su padre, el conde Monaldo Leopardi, era un hidalgo campesino caído en una situación de decadencia que sólo alcanzaba a guardar las apariencias de una vida mantenida a duras penas en el rango social que le correspondía cuando los a la sazón ya crecidos cinco hijos se contentaron con seguir sentándose a la mesa y pasear su aristocracia por las callejas del mísero Recanati.

Pero el conde Leopardi era demasiado pobre para repartir a sus hijos por el mundo, aunque éstos, como su hermano mayor Giacomo, no tenían en absoluto la ambición de lucir en la Corte y en los palacios, sino tan sólo de mantener relaciones con eruditos y poetas; además, ¿no era preciso reservar los medios para constituir la dote de la hija, de Paolina?

El conde no quería a ninguno de sus hijos tanto como a este Giacomo; de ninguno se sentía tan orgulloso, aunque bien es verdad que el carácter de este infeliz muchacho le era mucho más desconocido que la vida interior de los restantes hijos. Notó su falta tan pronto como hubo puesto los pies fuera de la casa paterna; esperaba sus cartas con impaciencia y se lamentaba vivamente del despego de su hijo cuando éstas no rebosaban expresiones de respetuosa ternura. Verdad es que tenía muy pocos motivos para quejarse, porque el hijo amaba también a este padre a quien tan poco se asemejaba; a este padre que hubiera deseado conservarle a su lado, en eterna minoría de edad, para que todo tuviese que agradecérselo a su padre y acudiese a él en demanda de todo cuanto desease o necesitase. El hijo, por su parte, no le pedía jamás dinero, como no fuese para comprar libros. Y por eso le costó el más amargo esfuerzo tener que escribirle a su padre desde Florencia en cierta ocasión: «No sé si las circunstancias por las que atraviesa la familia os podrán permitir que me concedáis una pequeña renta mensual de doce escudos. Con doce escudos no es posible vivir como una persona en Florencia, donde la vida es más barata que en parte alguna; pero yo no pretendo en absoluto vivir como una persona. Sin duda, me sería más grata la muerte; pero la muerte viene sólo de Dios, y de Él hay que esperarla.»

El padre concedió lo pedido. Lo que faltase aún para poder arrastrar una vida, ya que no «como una persona», al menos sin rubor ni vergüenza, debía proporcionarlo el mísero producto de trabajos cuyo mérito y valor sólo estaban en condiciones de apreciar los espíritus más selectos de la nación. Sin embargo, sobrellevó más ligeramente esta penosa y abrumadora existencia en la distancia que en el inhóspito clima de su país natal, al que, sin embargo, siempre volvía, empujado y estimulado por el sentimiento del deber para con sus ancianos padres, y por el afecto fraternal hacia sus hermanos, que hacían todo cuanto estaban de su mano para suavizar su dura suerte.

El año 1825 hubo de regresar a su casa, animado y refrigerado por el éxito que habían hallado sus primeros diez poemas en toda Italia. Habían aparecido éstos en Bolonia el año anterior. Las voces más autorizadas habían felicitado efusivamente a aquel poeta de veintisiete años, y éste comenzó a tener esperanzas en un futuro que le trajese, al menos, alivio para sus preocupaciones externas. A través de todos sus dolores, persistía en él la conciencia íntima de que no había sufrido en balde, y de que debía guardar dentro de su corazón a su país, al que le unía un apasionado amor, como habían hecho solamente los mejores y más grandes hombres de la antigüedad. En su vida de lucha se produjo una especie de armisticio; volvió a los suyos, para compartir con ellos esta extraña tregua en su infelicidad.

¡Y qué distinto halló todo a como lo había soñado!

De los cuatro ejemplares de sus canciones que habían acertado con el camino de Recanati, dos atinaron a caer en manos del clero, que atisbó al punto en sus hojas un espíritu de rebeldía contra toda autoridad eclesiástica, un amargo desdén por sus consuelos, un concepto del mundo y de su Creador que estaban en aguda oposición a los dulces arrullos de una Providencia benigna. El viejo conde no sospechó al principio, pues no había tomado las paganas ideas de su hijo por nada peor que un eco de sus estudios clásicos, pero no podía hacer oídos sordos a las exhortaciones de su director espiritual, y creyó que era su deber tomar bajo su custodia al que regresaba. Pero el hijo, con todo el respeto y el miramiento debidos a un padre tan estrechado de prejuicios, había seguido en sus trece. Por último, se llegó a un acuerdo tácito; pero en el alma sensible del enfermo quedó impresa una herida más, herida que no eran capaces de sanar todas las ternuras de la hermana, todas las vivas atenciones de los hermanos. Entonces sintió, más que nunca, que era un extraño entre los suyos. So pretexto de que le fatigaba hablar, se retrajo más aún en su habitación, o en las solitarias cumbres de la montaña, contando los días que le faltaban para abandonar estos lugares y volver a conversar a solas con su dios tutelar.

Hoy también había escapado al páramo. Durante muchas horas había descansado en su lugar predilecto, y se había sumido en el abismo de una sosegada contemplación, en el que se olvidaba por completo del mundo aborrecido y de su propio corazón, que era su más cruel enemigo. Ahora, la campana vespertina le llamaba al hogar, y él sabía que su padre gustaba de que no faltase ninguno de los miembros de la familia en las comidas comunes.

Todavía arrojó una última mirada sobre el mar, que parecía fundirse con el cielo sin orillas en el aire perfumado del atardecer. Luego se levantó con un esfuerzo y prosiguió su camino por la vereda. Pero no había dado aún una veintena de pasos cuando oyó tras él una clara voz que gritaba su nombre.

Detúvose al momento, y se volvió.

Una esbelta figura de muchacha se acercaba presurosa, pero no corriendo, sino con los graciosos pasos de un gorrioncillo; traía algo sobre la cabeza, protegido del sol por un desteñido y desgastado sombrerillo de paja. Cuando él se quedó inmóvil, ella también se detuvo un instante, como para tomar aliento, y pudo distinguir cómo sostenía ella en su mano, alzado en alto, el cuadernillo en que había escrito los versos en la colina. Al tiempo, pudo observar más detenidamente la graciosa figurilla, que parecía serle no del todo desconocida, aunque no sabía exactamente dónde podía haberla visto con anterioridad. La muchacha llevaba el traje y atuendo de las más míseras lugareñas de Recanati; pero las florecillas silvestres que había apiñado bajo su sombrero de paja la engalanaban de modo singular, y así, quieta, sobre la despejada altura contra el transparente cielo de la tarde, oscura toda ella excepto el blanco de los ojos y el brillo relampagueante de sus pequeños dientes, hubiera embelesado a la más exigente pupila de pintor.

—¡Este libro es vuestro, conde Giacomo! —exclamó, y avanzó un par de pasos en dirección a él—. Lo he hallado arriba en la colina. ¿No es verdad que os pertenece?

—Sí —dijo él—. Es mío. Te agradezco que lo hayas recogido. Pero ¿cómo adivinaste que me pertenecía?

—¡Oh! —sonrió ella—, ¿a quién había de pertenecer? Nadie va allá, como no sea Beppo, el pastor de cabras, y ése no lleva ningún libro consigo.

Tomólo él de su menuda y pálida mano. Tampoco su aniñada carita aparecía curtida, sino de una suave palidez muy igual, en la que resaltaban más los negros ojos y que traslucía con frecuencia un ligero rubor. No pasaría, de seguro de los diecisiete años; pero su rostro, pese a ser sus rasgos tan tiernos e infantiles, adquiría un gesto de meditativa y reflexiva seriedad tan pronto como cerraba los labios. De su nuca caían dos negrísimas trenzas, y junto a ellas, las menudas orejas resplandecían como cinceladas en marfil.

—Pues si nadie, fuera de mí, va a aquella colina —dijo él tras un breve silencio—, ¿qué es lo que te ha llevado a ella? Hay en el monte sitios mucho más bonitos, desde donde se puede extender la mirada por todo el paisaje. Y esas flores de tu sombrero no han crecido allí, en el pedregal.

—¿Yo? Es que me he perdido —respondió, y enrojeció hasta la raíz de los cabellos—. Tenía que hacer un recado en el pueblo de al lado; me entretuvo allí una tía de mi madre, y cuando quise marcharme caí en la cuenta de lo tarde que era ya, y, con el miedo a que me riñeran en casa, me equivoqué de camino allá arriba. En el altozano encontré la senda de nuevo, y también el librito. Lo cogí, pensando llevároslo a casa; y mirad por dónde, os encontré durante el camino.

—Pero ¿por qué pensaste que sólo yo había podido perderlo?

—Porque..., porque ya os había visto otra vez sentado allí. Me he guardado bien de molestaros; y ahora, cuando lo recogí..., se abrió solo; vi que en él había escritos versos. No los he leído, de veras que no, aunque me hubiera gustado muchísimo. «Quién sabe para quién serán», pensé.

—Y ¿de dónde sabías tú que yo hago versos?

—¡Oh! —dijo ella, pasándose la mano por la frente pues un mechón de cabellos le caía sobre los ojos—, vos sois un poeta, conde Giacomo; esto lo sabe todo el mundo. Yo misma he leído vuestras poesías. Pero no lo diréis, ¿verdad? Ha sido un desliz mío. Sofía, la que sirve a vuestra madre, la señora condesa... Tenéis que prometerme que no la reñiréis por esto.

—Te lo prometo. ¿Qué hay de malo en ello?

—Ella me dió a leer en una ocasión vuestras poesías, a la chita callando, y sólo por una noche. La señora condesa no debía enterarse de esto. Yo no pegué ojo en toda la noche, y volvía a coger el principio tan pronto como llegaba al final. A la mañana siguiente le devolví el libro a Sofía. Lo cuidé mucho y lo envolví en una funda de seda. No me haréis traición, ¿verdad?

Miróle tan candorosa y francamente y con tal gesto de picardía, que él se quedó absorto en la contemplación de aquel lindísimo rostro y la respuesta quedó en el aire.

—¿Cómo te llamas, mi querida niña? —preguntó finalmente.

Ella sonrió abiertamente.

—Así, pues, ¿no me reconocéis? Habéis estado fuera, indudablemente, un par de años y entretanto... La gente dice que he crecido mucho en este último tiempo, y entonces era yo casi una niña. Pero hablasteis conmigo en una ocasión y hasta me arrojasteis a la ventana un papel con golosinas, desde vuestro balcón, y ahora...

—¡Nerina! —le cortó él la palabra—. ¿Dónde tenía yo los ojos? ¡Eres tú! ¡Eres otra completamente distinta! Nunca hubiera pensado que pudieras llegar a ser tan bonita. Dame tu mano, Nerina, mi vecinita.

Ella le tendió la mano sin embarazo alguno, sin ruborizarse por el elogio que había tributado a su juvenil belleza. Bien sabía ella misma que se había vuelto muy hermosa, y para ella era esto tan natural como el ser hoy dos años mayor que entonces.

—Me alegra mucho, conde Giacomo, que os acordéis aún de mí —dijo—. Sin duda, no es ningún milagro que no hayáis pensado en mí estando en el extranjero; cosas mejores teníais que hacer. Y ahora, ¿os quedaréis aquí algún tiempo? ¿Cómo os ha ido estos años? Bueno, pero ésta es una pregunta tonta; ya sé cómo os va. Lo habéis dicho en vuestras poesías. ¡Lo siento tanto, conde Giacomo! ¡Vos precisamente, deberíais ser tan feliz!

—¿Feliz? Y ¿por qué precisamente yo más que otros?

—Porque..., ¡porque sois tan desgraciado!; no —se corrigió rápidamente—, porque sois tan bueno y tan inteligente y además sois poeta... Pero tengo que irme a casa. ¿Queréis venir conmigo?

No contestó él a esta pregunta, pero cuando ella se puso de nuevo en marcha, echó a andar a su lado. En seguida se dió cuenta de que moderaba su ágil paso para que él pudiese ir junto a ella.

—Tú eres aún muy joven, Nerina —dijo él—. Cuando seas mayor y sepas más de la felicidad y de la desgracia, encontrarás muy lógico y normal que el más desgraciado haya de ser precisamente aquel que, como tú has dicho, es bueno y listo, y un poeta. Porque si es todo esto de veras, se dará cuenta mejor que los demás de que la Naturaleza no ha dispuesto a sus hijos para la dicha, y su inteligencia le enseñará que siempre ha sucedido y siempre sucederá así. Y si es un poeta, podrá expresarlo con palabras de las que se asustará él mismo. ¿Crees tú acaso que un dolor se hace más soportable si se le confiesa y publica con palabras claras? ¿Crees que yo siento menos mi enfermedad y este cuerpo achacoso cuando me miro en el espejo?

—No lo sé —respondió ella tras una breve reflexión—. A pesar de todo, ¿no veis también en el espejo vuestros ojos? ¿Es que no os llena de consuelo y de esperanza en el alivio el ver qué claros y luminosos son y qué espíritu vibra en ellos? Pues eso pasa también, creo yo, con las poesías. Yo soy una chica inculta y vos os reiréis de mi charla tonta; pero me ocurre como si viese salir de ellas un alma distinta a todos los otros escritos que se leen por ahí, y quien escribe tan hermosos versos tiene que encontrar en ellos un gran consuelo, como ante el aspecto de sus ojos en el espejo. Perdonadme que charle así, al buen tuntún, de todo lo que pasa por mi cabeza. Estoy siempre tan sola, que nadie me enseña lo que se debe pensar y discurrir.

—Querida niña —exclamó él, y apresó su mano—, da gracias a Dios de que no vengan pensamientos extraños a ahogar los tuyos propios, como yo te doy las gracias por decirme estas cosas tan dulces brotadas exclusivamente de tu propio corazón. Me maravilla que pudiesen gustarte unas poesías tan tristes y que han sido tachadas de monótonas por gentes entendidas. ¿O lo dices solamente porque has oído que a los poetas les gusta que los alaben?

—Ciertamente que no, señor —protestó ella enérgicamente—. Es todo tal y como os lo he dicho. Y para ser honrada, os diré que no he comprendido del todo las cosas que he leído. Pero todo lo que no he logrado captar y los nombres extraños y palabras difíciles, todo esto, lo he leído y releído muchas veces, no sólo con los ojos, ya me entendéis, sino en voz alta. Y algunas, hasta me las he aprendido tan de memoria, que podría repetirlas como el Padrenuestro. Son bien tristes todas, como vos decís, pero, con todo, mucho más dulces que las canciones que yo había oído y cantado antes. Yo misma no soy ahora tan alegre como antes, no sé por qué. Hace unos años, quién sabe si me habrían gustado vuestras poesías; entonces no había para mí nada mejor que bailar, ir al campo los días de fiesta y coger flores. Pero ahora...

Enmudeció y se inclinó a la linde del sendero, donde arrancó una florecilla.

—¿Qué edad tienes? —preguntó él.

—Dentro de tres semanas y tres días haré los diecisiete. Soy ya muy mayor, ¿verdad? Pero para bailar no soy aún demasiado vieja; la Nenna y la María, por ejemplo, son mayores que yo y, sin embargo, son mucho más alegres y jaraneras. Claro que también son más altas y más recias, y yo, cuando quiero cantar alguna vez a voz en grito, o tengo ganas de reír o bailar hasta que la tierra empiece a dar vueltas alrededor, siento de pronto una punzada en el corazón, aquí en este sitio, y tengo que parar en seguida y estarme quieta un rato descansando. El señor Mateo, el cirujano, que es primo de mi padre, dice que son cosas de la edad y que ya se me pasará, y cuando yo antes...

Se interrumpió de nuevo y ambos se detuvieron en un recodo del camino, desde donde se vislumbraba el mar, en el que se hundía en aquellos momentos el rojizo disco solar. Miróla él al rostro y pudo ver que su boca estaba muy pálida y sin brillo sus ojos.

—Niña —dijo—. Los aires de aquí arriba no te sientan bien a ti tampoco. Ahora me acuerdo de haberte visto bailar entonces y creo recordar que eras la más fogosa y vehemente de todas. Sí, aún estoy viendo cómo se te habían soltado las trenzas y golpeaban en la cabeza del chico con el que bailabas, de manera que creía que te burlabas de él; pero tú reías cada vez más frenética, y la cara te ardía de placer y de felicidad. Ahora estás más sosegada y más pálida. Tendrías que pedir a tu madre que te enviase a Ancona todos los inviernos. ¿No tenéis parientes allá?

—Sí —respondió ella—, y yo estuve ya una vez allí; me fué mucho mejor que aquí, y me hubiera quedado muy a gusto. Pero —enrojeció de nuevo— a pesar de todo, me sentía muy feliz de poder volver a casa. Nuestros parientes son gente rica y nosotros somos pobres. Todo me resultaba extraño en aquella casa tan reluciente, aunque ellos eran muy amables conmigo. Cuando podía salir afuera, escabullirme completamente sola y sentarme a orillas del mar durante una hora, se me quitaba como una montaña del pecho. ¿Conocéis el mar, señor? Pero claro que sí, vos habéis viajado mucho más que yo. Pues ved, no hay nada que me gusta más que andar arriba y abajo por la arena de la playa, o tumbarme en ella y escuchar cómo van y viene las olas y hierven al chocar con la tierra, y así por toda la eternidad. Tampoco es un sonido alegre, y es siempre el mismo, como vuestras poesías; pero nunca me hartaré de oírlo. Con él me olvido de mis propias penas y me olvido de que algún día seré vieja y no sé si llegará la felicidad, o si se marchó ya para siempre sin que yo la presintiese venir. Pero volviendo a lo de antes: cuando me levantaba y volvía entre la gente, sentía dentro de mí una fuerza y una serenidad, como si nada en absoluto fuese ya capaz de perturbarme o humillarme, porque todo lo que provenga de los hombres es mucho más insignificante que el terrible mar y la voluntad de Dios que lo gobierna.

—¡Nerina! —dijo él a la sazón, arrebatado por el encanto de su voz angelical y de esta confesión llena de melancolía—. Nerina, ¿sabes que es una poetisa? ¿Sabes que con sólo escribir todo esto que acabas de decirme podrías sacar de ello tanto, o tan poco, consuelo y placer como de aquel librito que te dió a leer Sofía?

Movió ella la cabeza con un suspiro.

—No sé escribir —dijo—. Y aunque supiera, no tengo tiempo. Yo no soy una condesa, que puede hacer y deshacer lo que se le antoje. Tengo que devanar y coser, bordar y ocuparme en las faenas de la casa. Sin duda que os burláis de mí. ¿Cómo podría hacerlo, si no he estudiado ni artes ni ciencias y no he leído nada en absoluto, fuera de un librito del gran Petrarca y un par de viejas historias con láminas, y luego vuestras poesías? No, eso son chanzas y vos sabéis muy bien que Nerina es una chica insignificante; pero es lo bastante sensata como para poder meterse algo en la cabeza. Mirad, mirad cómo se oculta el último rayo del sol. Ahora caerá en seguida la noche. Tengo que darme prisa para llegar a casa.

Echó a andar apresuradamente. Parecía no importarle ya que él pudiese o no sotener el mismo paso. Un par de vecinos de Recanati, que regresaban también a la ciudad delante de ellos, saludaron respetuosamente al joven conde y miraron con ojos asombrados a la muchacha que caminaba a su lado. No le pasó esto desapercibido, pero aceleró igualmente el paso para poder mantenerse junto a ella.

Tan pronto como el sol se hubo ocultado, quitóse ella el sombrerillo de paja. Su fina cabeza, totalmente envuelta en los espesos cabellos negros, era ahora más linda todavía y el óvalo de la carita más delicado y noble; su esbelta figura cautivó su mirada, al verla caminar así, con los desnudos brazos cruzados uno sobre otro.

«¡Tan joven, Dios! –dijo para sí–. Y ¿por qué tan madura ya?»

Su corazón le empujaba hacia la graciosa criatura, con una emoción que jamás había despertado en él ningún ser femenino. ¿Era amor, tristeza, simpatía o tan sólo la atracción y los encantos de las maravillas de este alma florecida solitariamente, que emanaba su aroma hacia él?

Surgía el oro radiante de la luna en el pálido cielo atardecido.

–¿Lo ves, Nerina? –preguntóla su acompañante después que hubieron caminado en silencio durante un rato–. Así aparece la vida cuando ha desaparecido la juventud; todo pálido y silencioso; ninguna llama vivificante, sólo luz, tanta luz cuanta es precisa para ver bien el camino que lleva hasta allí donde se va a dormir para siempre. Así es mi vida, Nerina. Pero para ti, brilla todavía el hermoso sol; tú eres joven aún y la juventud es la única dicha que se nos ha concedido a los pobres seres humanos. No debes echártela a perder tú misma, querida niña. No debes cerrar tus postigos al claro día e ir tejiendo en la tiniebla tus pensamientos hasta que llegue un día en que te asustes de tu propio corazón. Prométeme, Nerina que te guardarás de tales oscuras fantasías, y que has de querer otra vez reír y cantar y bailar, no hasta que te entren vértigos como otras veces, pero sí hasta que la sangre de tus venas se dé cuenta de lo joven y cálida que aún es. ¿Quieres darme este gusto, mi pequeña amiga?

Ella hizo un grave gesto con la cabeza, sin mirarle.

–Lo intentaré, si es ese vuestro deseo. Pero resulta muy

difícil conseguirlo si no le sale de dentro a uno mismo. Y vos, ¿no queréis volver también al sol? Todavía no sois viejo y creo que me sería más fácil ser otra vez alegre y divertida si os oyese reír alguna vez.

—¡Yo, un hombre desventurado, a quien nadie quiere y nadie echa de menos! Alguna vez comprenderás, Nerina, qué imposible es esto que me pides, cuando tú misma saborees la felicidad que siempre se me ha rehusado, cuando estalle en tus ojos la llama que caldea tu pecho, y el corazón te sonría de júbilo porque eres joven y bonita y digna de amor y amada. Entonces sabrás por qué un hombre como yo no puede reírse sin que su risa suene más triste que el propio llanto. Pero esto no debe entristecerte, amor mío. Yo tampoco me lamento; sé bien que comparto el destino de todos los mortales, de todos los que, más tarde o más temprano, acaban reconociendo la miseria de este sueño terrenal. Precisamente porque me cupo el destino de no ser nunca joven, no pude jamás embriagarme con la dulce ilusión de haber sido yo también nacido para la felicidad... Pero no, yo también fuí joven algún día, yo también fuí, y por eso te desearía que permanecieses mucho tiempo así y que olvidases por completo la impertinente y triste cordura que has aprendido en mis poesías.

Se detuvo. La vehemencia con que se había expresado había agotado sus fuerzas. También ella se detuvo en silencio unos momentos, con la cabeza baja, hundida en el pecho que palpitaba vivamente. Pero se enderezó de súbito y dijo:

—Quiero adelantarme, conde Giacomo. En la ciudad hay mucha gente desocupada, que en seguida se pone a comentar si ve algo que no sucede todos los días. Si me viesen ir junto a vos por la calle, nadie creería que son cosas tristes todas las que me habéis dicho. ¡Buenas noches!

—¡Buenas noches, Nerina! Anda, pues. Tienes razón. ¡Cuánto te agradezco que hayas tropezado conmigo!, y que estés en el mundo, entre nosotros, tan dulce y hermosa, que es una bendición verte y oír tu voz. ¡Que seas feliz, mi pequeña amiga y adiós!

Ella oyó estas últimas palabras desde lejos ya; tan prestamente se había distanciado de él. Cuando estuvo un buen trecho delante de él en el sombrío sendero, se levantó con un esfuerzo y se encaminó lentamente y renqueando a la ciudad.

*

Halló a los suyos sentados a la mesa, sobre la que estaba servida la sencilla cena. Saludó a sus padres con más jovialidad que en otras ocasiones, besó a su hermana en la frente y tendió la mano a sus hermanos; sin embargo, habló menos aún de lo que tenía por costumbre y apenas si probó los platos. Tan sólo bebió ávidamente el rojo vino de la tierra, y cuando su madre le preguntó qué tal estaba, respondió que muy bien, que sólo estaba un poco fatigado del largo paseo y que estaba deseando irse a dormir.

Cuando se hubo retirado a su habitación, abrió el balcón inmediatamente y dejó que invadiese la estancia una oleada de luz de luna. La casita de enfrente, que pertenecía a los padres de Nerina, yacía en la sombra y a oscuras. En las ventanas no brillaba luz alguna. Recostóse en la balaustrada del balcón y miró hacia la calle. La gente se agrupaba, sentada, ante las puertas de las casas, los hombres fumando y charlando, las mujeres con los medio desnudos chiquillos dormidos sobre el regazo. Las muchachitas paseaban lentamente la calle de arriba abajo, con las manos cogidas y cuchicheando entre sí. ¿Estaría Nerina entre ellas? Esforzó en vano sus ojos por ver de reconocer entre las móviles sombras de abajo, su deliciosa carita, cuyo perfil hubiera reconocido entre mil. De lejos llegaba una canción, fundida con la brisa nocturna, y los melodiosos y esfumados acordes de una guitarra que acompañaba la ronda. Al solitario del balcón se le henchió el corazón hasta rebosar; agitóle los pulsos un dulce desasosiego y entreabrió los labios, como si quisiera empaparse del hálito embriagador de la clara noche, y beber en él el olvido de todos sus pesares. Justamente encima de él se cernía la Osa Mayor. Miróla allá arriba de hito en hito, hasta que le dolieron las pupilas.

–*Vaghe stelle dell'Orsa!* –murmuró–. Su alma estaba llena hasta los bordes. Entró en la habitación, encendió una vela y escribió febrilmente los siguientes versos:

Vagos astros de la Osa, no creía
volver, como solía, a contemplaros
sobre el jardín paterno centelleantes
y conversar de nuevo con vosotros,
aquí, en esta ventana de la casa
donde viví mis años infantiles
y contemplé el final de mis venturas.
¡Cuánta imagen entonces, qué ficciones
creó en mi pensamiento vuestro aspecto
y el de vuestras lucientes compañeras,
en las horas que, mudo, sobre el césped
tendido, acostumbraba una gran parte
de las noches pasar, mirando al cielo
y escuchando el croar agudo y triste
de la rana remota sobre el campo!
En los setos brillaba la luciérnaga,
el viento susurraba allá en las eras
entre las alamedas, y en el bosque
los cipreses... Y bajo el patrio techo
sonaban voces varias, y el tranquilo
quehacer de los sirvientes. ¡Ah, qué inmensos
pensamientos, qué sueños inefables
de dulzura inspiróme la presencia
de aquel lejano mar, de aquellos montes
azules que ahora desde aquí descubro
y que yo un día atravesar pensaba,
fingiendo arcanos mundos y una arcana
felicidad para este vivir mío!
Mi destino ignoraba, y cuántas veces
esta mi vida amarga y dolorosa
por la muerte gustoso habría trocado.
No me decía el corazón que en esta
tosca aldea natal, mis verdes años
sería condenado a consumirme
entre gente grosera y vil, que toma
los nombres raros y los argumentos
irrisorios y vanos, por doctrina
sabia y prudente; gentes que me odian
y huyen de mí, mas nunca por envidia,
pues no me tienen por mejor que ellos,
sino por estimar que yo me tengo
por tal para mí mismo, aunque jamás

tuvo persona alguna señal de esto.
Los años paso abandonado, oculto,
sin vida y sin amor, y agrio me torno
por fuerza entre la chusma de malévolos.
De piedad me despojo y de virtudes
y vengo en despreciar los hombres todos
por esa grey que me rodea. En tanto
huye la amada juventud, más cara
que el laurel y la gloria, que el aliento
y que la clara luz del día; piérdote
sin un deleite, inútilmente, en esta
inhumana morada, entre ansiedades,
oh sola flor de la desierta vida.

Se recostó unos momentos en el lecho y cerró los ojos. Llególe de fuera el sonido de la hora en el reloj de la torre de la iglesia; eran las diez. Poco a poco fueron extinguiéndose las voces y las canciones. Oyó en su casa el golpear de las puertas de las alcobas de sus hermanos, que se retiraban para acostarse, y después todo quedó sumido en un profundo silencio. Entonces se levantó y prosiguió escribiendo:

Viene el viento trayendo el son de la hora
desde la torre. Y yo recuerdo cuánto
me confortaba este sonido, aquellas
noches de mi niñez, en que velaba,
asediado en mi estancia tenebrosa
por continuos terrores, suspirando
por el alba. No hay cosa aquí que vea
o sienta yo, que no haga retornar
dentro de mí una imagen, y un recuerdo
dulce no avive. Dulce por sí mismo,
mas de dolor transido por el triste
pensamiento presente, un vano anhelo
del pasado y este decir: yo fuí.
El corredor aquel, vuelto a los últimos
rayos del día; estos pintados muros,
esas reses fingidas y el naciente
sol sobre la campiña, presentaban
mil deleites a mi ocio, cuando al lado
me hablaba sin cesar mi error profundo

dondequiera me hallase. En estas salas,
al claror de las nieves —en torno a estas
amplias ventanas sibilando el viento—,
resonaron los juegos y los ecos
de mis voces, cuando el indigno, acerbo
misterio de las cosas aún se muestra
de dulzor lleno; virginal, intacta,
juzga el doncel, cual inexperto amante,
y a celestial beldad fingida admira,
a su engañosa vida, la corteja.

¡Oh esperanzas, dulcísimos engaños
de mi primera edad! Cuando hablo, siempre
torno a vosotras; que aunque corra el tiempo,
y varíe de afectos y de ideas,
olvidaros no sé. Fantasmas, juzgo,
son la gloria, el honor; placeres, bienes,
mera ilusión. No da la vida fruto,
miseria inútil. Y aunque yermos sean
mis años, aunque estéril sea, y oscura,
mi situación mortal, poco me quita
la fortuna, a mi ver. Mas cuando pienso,
¡ay!, en vosotras, viejas esperanzas,
y en aquel dulce imaginar de entonces,
y contemplo después el vivir mío,
tan doliente y tan vil, mientras medito
que es la muerte tan sólo lo que hoy resta
de tantos sueños, siento desgarrarse
mi corazón, y pienso que a la postre
consolarme no sé de mi destino.
Y cuando, al fin, esta anhelada muerte
llegue hasta mí, y acaben juntamente
las desventuras mías; cuando se haga
la tierra para mi extranjero valle
y de mis ojos huya el porvenir, vendréis
de nuevo a mí, sin duda. Aquella imagen
aún me hará suspirar, haráme acerbo
haber vivido en vano, y la dulzura
del fatal día transirá de afán.

Ya en el primer tumulto adolescente
de contentos, de angustias y deseos,

muchas veces llamé a la muerte, y largas
horas pasé sentado ante la fuente,
pensando dar fin dentro de sus aguas
a mi dolor. Por ciega y cruel dolencia
asediada después de vida mía
lloré la bella juventud, las flores
de mis días, marchitándose una a una
sin remedio; y tendido sobre el lecho
en altas horas, dolorosamente
a la luz mortecina poetizando,
lamenté con la noche y el silencio
lo fugaz de la vida y casi exánime
a mí mismo canté fúnebre canto.

¡Quién recordaros puede sin suspiros,
oh amanecer de juventud, oh días
graciosos, inefables, en los cuales
sonríen las doncellas al absorto
mortal por vez primera y toda cosa
sonríe, dulce, en torno; envidia calla
dormida aún quizá, o benigna. Y casi
(¡inusitada maravilla!), el mundo
ofrécele la diestra generosa,
excusa sus errores y celebra
su llegada a la vida y reverente
muestra que por señor lo acoge y llama.
¡Fugaces días! Breves cual relámpago
desaparecen. ¿Qué mortal podrá
ser ajeno al dolor, si de él se aleja
la dichosa estación, si su buen tiempo,
si juventud, ¡ay, juventud!, se apaga?

Entonces comenzó de súbito a cantar allá afuera una deliciosa voz de muchacha, muy bajito y como en secreto, tal cantan los pájaros en algunas noches muy claras, cuando se despiertan y no saben de momento si es que ha llegado ya el día.

Era una de aquellas innumerables canciones que andan allá en el Sur de boca en boca, recreadas de nuevo por todo aquel que las canta; un tesoro que pertenece a todos porque todos lo defienden y lo enriquecen. La copla, entre melancólica y despreocupada, sonaba como el murmullo del viento y de las olas.

Vi a un potrillo que andaba a vivos brincos;
una soga le ataba del pescuezo.
Aunque dé vueltas, más ha de enrollarse,
pero él sigue girando horas y horas.
Así hace el hombre que un amor encuentra:
cree que es libre aún, pero está atado.
Con las penas de amor siempre sucede
que atan los nudos más fuerte cada vez.

Leopardi se levantó de un salto y salió al balcón. La voz, como ya sabía él bien, venía de la ventanita de enfrente, que estaba un poco más baja que la suya. Encendióse dentro una luz, una llamita débil y rojiza que ardía en un candil de barro. Poco era, pero alumbraba lo suficiente para que pudiese distinguir a su joven vecina, que anudaba sus negras trenzas delante de un espejillo de mano. Estaba casi vuelta de espaldas a él y todavía vestida. Por el angosto hueco de la ventana se alcanzaban a ver los pies de la estrecha cama, el huso y una maceta de claveles en el alféizar con un puñado de flores carmesíes.

—¡Nerina! —gritó él con voz reprimida.

La joven, hija de Eva al fin, hizo como si no le hubiera oído y prosiguió tranquilamente arreglándose y prendiéndose el pelo. Entre tanto, rompió a cantar de nuevo:

Canta mi amado frente a casa, al claro de luna
y yo he de quedarme aquí en la cama, escuchando.
Me aparto lejos de mi madre, y lloro;
lloro lágrimas de sangre, que no se me secan.
He llorado a torrentes en mi cama,
y no sé si la mañana ha llegado ya, por culpa de mis lágrimas.
He llorado a torrentes en mi cama, he llorado de deseo,
y me han tornado ciega las lágrimas sangrientas.[1]

—¡Nerina! —gritó él más alto, y tan distintamente, que no era fácil que dejase ella de oírle.

1. La primera de estas canciones es el número 73 de los «Rispetti» toscanos traducidos por Paul Heyse, y la segunda, el número 27 de los mismos. Ambos son ejemplos de la poesía popular italiana de la que tanto gustaba, y con razón, Heyse. *(N. del T.)*

La muchacha se volvió al punto, prendió rápidamente en el pelo los últimos alfileres y se asomó a la ventana.

—¿Estáis aún despierto, conde Giacomo?

—Yo soy un buho, Nerina. Muy raras veces me duermo antes de la medianoche. Pero tú, ¿cómo te vas tan tarde a la cama? ¿Es que has estado de paseo con alguna amiga o con algún amor?

—Yo no tengo ningún amor y mi madre no me consiente que ande por la calle de noche. Pero es que estoy hoy tan alegre, que no podía pensar en dormir. He estado un buen rato sentada junto al fuego, avivando el rescoldo y divirtiéndome con el chisporroteo, hasta que mi madre me mandó a mi cuarto. Pero sabe Dios cuándo me dormiré. La luna reluce tanto... Hoy me vienen a la memoria todas las canciones que he escuchado alguna vez, lo mismo alegres que tristes. Pero hoy ni siquiera me entristecen las tristes. ¿Os pasa eso a vos también, señor Giacomo?

—Mi querida Nerina —respondió él—, a mí tampoco me han dejado dormir los rayos de la luna. Y casi, casi, estoy por creer que te he esperado a ti para decirte otra vez buenas noches. Por desgracia, hoy no tengo nada que pudiera tirarte a la ventana, ni frutas ni confites, como entonces.

—Ya no me apetece nada de eso —sonrió ella—. Pero tenéis otra cosa... No, sin duda os parecerá demasiado valiosa para una niña tonta como yo...

—¿En qué piensas?

—¡Si quisieseis recitarme los versos que habéis escrito hoy en vuestro cuaderno, allá en la colina! ¡Os parece muy descarado que os pida una cosa así?

—¡Niña! —exclamó él riendo—. Tú podrías ser una señorita de gran ciudad. ¡Qué bien sabes lo que hay que pedirnos para que no sea en vano la petición! ¿No eres acaso tú aquí mi único público, en veinte leguas a la redonda? Espera, que voy a buscarte los versos.

Desapareció rápidamente en la habitación, sacó su cuadernillo, cogió luego un pliego de papel blanco y copió en él el poema, con letras grandes y claras. Luego volvió al balcón. Ella no se había movido de su sitio. Y mientras él recitaba los versos con su profunda voz un poco velada, pudo ver cómo ella cerraba los ojos y alzaba el rostro hacia el cielo lleno de luna, transfigurada de dicha.

—«¡Qué dulce es para mí anegarme en este mar!» —le oyó él repetir quedamente, cuando hubo terminado.

—Bien, ¿y ahora? —dijo él bromeando—. ¿Dónde está la crítica? Mi pequeño público tiene que decirme ahora si comprende lo que yo pienso y si honradamente puede alabarme, o encuentra algo que censurar y criticar.

Calló ella unos momentos y al cabo, dijo de pronto:

—Señor Giacomo, ¿querríais regalarme esa hoja? Me gustaría conservarla. Quisiera poder leerla siempre que se me antojase, y pensar entonces en vos y en todas las cosas amables y buenas que me habéis dicho.

—Con mucho gusto —replicó él—. Lo he copiado precisamente para ti. Voy a doblarlo ahora mismo.

Rebuscó en su mesa algún sobre y al hacerlo cayó bajo sus manos un ejemplar de sus poemas. Metió en él la hoja escrita, hizo con todo un pequeño lío y lo ató con un bramante.

—¿Podrás cogerlo? —dijo cuando salió de nuevo a la balaustrada.

Ella extendió los brazos fuera de la ventana. El paquete no tenía que recorrer un largo trecho y las finas manecitas lo recogieron diestramente.

—¡Esperad un poco! —gritó, mientras hacía un gesto con la cabeza, en lugar de dar las gracias—. ¡No os vais a ir con las manos vacías!

Arrancó todas las flores de su tiesto de claveles y cogió unas tijeras que estaban en el alféizar. En un santiamén cortó un largo y fino mechón de sus negros cabellos, atólo alrededor del ramillete y lo arrojó hacia arriba con tanta fuerza que, le dió a él en pleno rostro.

—¡Buenas noches, buenas noches! —oyóla decir aún—. Pero cuando hubo recogido del suelo el ramillete y se disponía a darle las gracias por él, vió que el cuarto estaba en tinieblas y cerrada la pequeña ventana.

*

Durmió poco aquella noche. Más que la luz de la luna tendida sobre el piso de su habitación, mantúvole en vela el brillo de los negros ojos, que veía sobre su cama continuamente y la suave y luminosa voz, cuyo canto vibraba incesantemente a su alrededor:

«Así hace el hombre que un amor encuentra:
cree que es libre aún, pero está atado.»

Se repetía sin cesar estas palabras, casi involuntariamente. Finalmente, se levantó, pues el cobertor de la cama se le antojaba tan pesado como la tapa de un ataúd. Abrió el balcón de par en par y bañó su pecho sofocado en la penetrante brisa nocturna. Una sensación de frescura y de vigor que le era desconocida desde hacía muchos años, invadió sus miembros.

«¿Por qué no podría realizarse? –dijo para sus adentros, con los ojos clavados en la oscura ventanita a través de los barrotes de la barandilla–. ¿Es que todo debe terminar para mí, por toda la eternidad? ¿No puede suceder un milagro y descender una brizna de alegría hasta el desgraciado? ¡Ah, dioses, si así fuera! ¡Si os hubiéseis trazado el magnánimo plan de confundir a vuestro proscrito, de desmentir mi amarga sabiduría! ¡Si una gota de felicidad viniese a refrescar mis labios ardorosos, qué digo una gota, un largo y ansioso trago de la copa rebosante! Y ¿por qué ha de ser imposible?... ¡Aquí, sin duda lo sería! ¿No es aquí para mí segura la muerte, una muerte temprana e infructuosa, antes casi de haber empezado a vivir? No, no; en lugar de eso, huir lejos, fuera de aquí, a cualquier lugar tranquilo, bajo un cielo más benévolo, con un alma que me comprende, que me ama no sólo por conmiseración. Y aunque soy pobre y siempre lo seré, ¿no está ella acostumbrada a la pobreza? ¿No he de dar acaso gracias al destino porque no me ha regalado ningún tesoro, gracias a lo cual soy libre de reunirme con mis iguales, de convivir con los míos? ¿Quién sería capaz de exigirme que cambie un título mondo y lirondo por mi única esperanza vital? ¡Márchate enhoramala, condado, que no eres más que un vergonzoso estado mendicante, márchate si a cambio de ti gano mi hombría y soy rico en medio de la pobreza en el regazo de la Naturaleza y en el de mi mujer!»

Dejóse caer de nuevo en su yacija; la sangre le golpeaba en las sienes y le llenaba de vértigo ante los audaces sueños de felicidad que erraban por su alma. «¡Nerina!», dijo apasionadamente, y tendió los brazos como si ella estuviese ante él y pudiese atraerla a su pecho. Pero pronto se empañó su sueño de felicidad, «¡Insensato! —murmuró, y hundió la cara en la almohada—. ¿Quieres atraer a tu lado a esta criatura encantadora e ingenua, a quien han seducido tus bellas palabras? ¿Quieres enlazar su juventud floreciente con tu enfermiza miseria? Si ella te diese hijos que se te parezcan, que perpetúen la maldición de su padre a través de las generaciones, si vieses algún día llenos de lágrimas estos ojos resplandecientes y hubiesen de decirte: corren por culpa de tu egoísta locura, ¿no serías mil veces más desgraciado que en la renunciación y en la soledad? ¿Qué te queda, hijo repudiado de la felicidad, sino la conciencia de que sufres sin culpa? ¿Cómo verías llegar el día en el que no pudieras elevar ya nunca más los ojos al cielo y decir: ¿qué he hecho yo para que me maltrates?»

Una hora larga permaneció así, sumido en amargas reflexiones. Luego se fué sosegando lentamente. El arte, muy tempranamente ejercitado, de resguardarse y defenderse de todo engaño hecho a sí mismo, vínole otra vez a las manos. Y cuando por fin se adormeció, había tomado la firme decisión de eludir cualquier nuevo encuentro con la persona amada y tomar otra habitación de la casa donde no pudiese llegar el sonido de su voz.

*

Se despertó tarde, tras un pesado sueño lleno de ensueños intranquilos, con la conciencia íntima de todas sus penas. Las horas de la mañana habían sido siempre las más fastidiosas y llenas de tristeza para él. Se levantó trabajosamente, se enfundó en sus vestidos y, tendido en la poltrona, púsose a reflexionar y meditar sobre todo lo sucedido y a imaginar alguna ocupación que separase lo mejor de su espíritu de la penosa compañía del cuerpo. En esto, llamaron a la puerta y entró Pietro, su viejo criado, quien le anunció que un vecino del pueblo solicitaba hablar con el joven conde Giacomo.

—Habla de un cuadro que desearía enseñarle, un cuadro difícil de interpretar y juzgar; el señor conde mismo podrá ver de qué se trata.

¿Un hombre de aquí, del pueblo? Preguntóle si le conocía.

—Ya lo creo que le conoce. No es otro que Luigi, el sombrerero, el dueño de la casa de enfrente.

Leopardi se levantó al punto, latiéndole violentamente el corazón. No podía hablar, y con un gesto le dió a entender al criado que debía hacer pasar al hombre en cuestión.

Entró un campesino llano y sencillo, vestido muy aseadamente, que se inclinó con respeto, pero también con un gesto de confianza y franqueza, como si quisiera decir: ¡nos conocemos desde hace tanto tiempo!, y se acercó luego al joven conde, mientras le tendía su recia y curtida mano.

—*Signor Contino*, o excelentísimo señor conde, como sea más conveniente ahora, he de pediros perdón por mi importuna visita; pero la necesidad quiebra el ojo al diablo, quebranta las mismas peñas, y como yo he visto en pañales al señor conde... Además, que somos vecinos..., y un hijo de Adán debe ayudar a otro, como ordena nuestra santa religión. En fin, no toméis a mal que me haya introducido hasta aquí con un pretexto, querido señor conde. ¿Qué por qué lo he hecho? No podía decirle a Pietro que es por causa de mi hija por lo que acudo a la protección del señor conde, porque Pietro habría ido en seguida a contárselo a la Sofía y la Martina. Pero yendo al grano: yo tengo de verdad un cuadro, una imagen, señor Giacomo, y si el señor conde accede a mi súplica, puedo enseñárselo. Claro que no creo ni de lejos que sea una cosa extraordinaria, con esa vieja corteza de mugre y que si la viese un perito podría obtener por ella doscientos escudos o más, en ningún modo; pero pensé: si se me viniese a la cabeza algún pretexto para que el señor conde me hiciese el honor de venir a mi casa, para hacer sentar la cabeza a la tonta de mi niña... Si vuestra señoría condescendiese a tanto y se dignase a bajarse hasta un pobre vecino y padre de familia, lleno de apuro por esta única hija...

—¿Qué le falta a vuestra Nerina? Y ¿qué podría yo hacer aquí? —balbució Leopardi.

—Verá usted, mi querido señor —prosiguió solícitamente el buen hombre, rechazando con el dorso de la mano la silla que le había ofrecido el joven—. Usted debe de saber que es la criatura mejor del mundo, talmente una joya, y hasta hace pocos meses no nos había dado una mala hora, antes al contrario, era la alegría de la casa y la luz de nuestros ojos. Volvimos al pueblo, después de perder aquel juicio (vuestra señoría se acordará), en el que las malas gentes me han llevado a la ruina, y desde entonces no doy un paso adelante con el oficio, ni con nada que emprenda. Tengo un primo en Ancona, comerciante muy bien acomodado, que tiene a su vez un hijo, Antonio, guapo mozo, que ni pintado, de buenas costumbres y tan apañado y dispuesto para la casa y el negocio que todos dicen que llegará a ser diez veces más rico que su papá. Pues bien: con motivo de nuestro parentesco y quizá también porque él había oído hablar de nuestra chiquilla, hete aquí que un día, pronto va a hacer un año, se plantó el tal Antonio en Recanati, y ver a nuestra Nerina y enamorarse perdidamente de ella fué todo uno. Nosotros, ¿qué cosa mejor podía caernos del cielo que ver a nuestra hija tan magníficamente acomodada? Y ella... A ella parecía que la cosa no le desagradaba, aunque desde luego no daba ni la menor muestra de tan intenso enamoramiento como el muchacho. Acababa de cumplir entonces los dieciséis. Pensamos que un año hace mucho en las mujeres, y de todos modos, como ella no tiene el pecho del todo bien, se quedó un año más en casa, con nosotros, lo que hizo torcer el gesto a Antonio, que estaba como un Orlando enamorado. Finalmente, hubo de ceder, no sin que le prometiéramos llevarle a la novia en esta primavera a casa de sus padres, allá abajo en Ancona. ¡Ay, querido conde, de ahí arranca nuestra desgracia! Desde entonces, lo que no va en lágrimas va en suspiros.

—Pues ¿qué sucedió en Ancona? ¿Es que no la recibieron con agrado los padres de él?

—¡Oh, no, señor conde!, la tuvieron en palmitas todos y cada uno de ellos y a los viejos se les caía la baba con ella casi más que con su mismo hijo, si es posible. Pero nada de esto hizo mella en la niña. Desde el momento en que vió de nuevo a su enamorado, le espetó claramente a su madre que la sacásemos de allí inmediatamente, porque nunca llegaría a quererle a él y que le produce espanto la idea de llegar a ser su mujer. Pues ¿qué peros tenía que ponerle?, le preguntamos. Ninguno, decía ella, pero él era como cualquier otro, y nunca le querría más que al primero que llegase; por el contrario, lo más seguro es que llegase a aborrecerle y a temerle, y esto tan sólo por el hecho de tener que llegar a ser suya. Imagínese, señor Giacomo, una niña boba de diecisiete años, que debería estar más contenta que unas pascuas por hacer un casamiento tal, como para que todas las mozas ricas y de buena posición de la comarca de Ancona pidiesen a la Virgen con el corazón en la boca que les concediese esa dicha, y en lugar de eso, la muy majadera va y dice: «No quiero y con eso basta.» Total, que por fin, después de ser todo inútil, hubimos de marcharnos, y otra vez de vuelta en nuestra miserable choza. El cielo da a cada uno su cruz. Pero pese a todo no podemos enfadarnos de corazón con nuestra niña: tan dulce y buena es. Cuando me he propuesto algunas veces hablarla, yo querría hablarla seriamente a la conciencia, hacerla ver el estropicio que se hace a sí misma y a nosotros, la muy boba, que esto es lo que es, una gansa, no tiene más que mirarme sin decir ni estaba boca es mía para defenderse, y al momento me trastorno y cambio por completo, hasta el punto que tengo que andar con ojo para no acabar pidiéndola perdón. Porque era el mejor casamiento que se divisa en cien millas a la redonda, demasiado bueno para una muchacha tan terca y aborrecible. ¡Oh, señor conde, si usted la conociese como nosotros! Créame que es una cosa muy dura tener hijos mozos que se empeñan en llevar a su padre y a su madre de las riendas, en lugar de dejarse guiar y gobernar por ellos.

—Lo lamento sinceramente, mi buen amigo. Pero cada vez entiendo menos por qué buscáis en mí ayuda para vuestra aflicción.

El hombre miróle al rostro confiadamente. No obstante, pareció vacilar antes de decidirse a soltar su petición.

—Es pedir demasiado, lo sé —dijo, sacudiendo la cabeza—. Vos sois un sabio, un gran profesor, que conoce todos los viejos libros y no tenéis tiempo para ocuparos en estas chiquilladas. Sin embargo, cuando mi niña volvió ayer a casa y nos contó que os había encontrado en el campo y cuán amablemente habíais conversado con ella, y nos dijo que no había persona por la que sintiera mayor respeto que por vos y que todo lo que la dijeseis vos sería para ella como la palabra de Dios, como el Evangelio mismo, y luego estuvo toda la noche tan feliz y tan charlatana como nunca había vuelto a estar desde Ancona, y hasta la oímos cantar hasta muy tarde... Digo, que por todo esto, me dijo ayer noche mi mujer: «Marino, ¡si fueses a ver al joven conde, para que hablase con Nerina y la hiciese entrar en razón!... Porque si alguien puede conseguir eso ha de ser él, el *signor Contino.* ¿No has visto cómo le brillaban los ojos cuando hablaba de su genio y de su grandísima sabiduría?» Esto dijo, vea vuestra excelencia, esto dijo mi mujer. Y esta mañana cogió el mismo estribillo, y por eso me he decidido a visitaros, querido señor conde, para pediros si no querríais venir una vez a casa y vigilar y cuidar un poco de nuestra hija, de las niñas de nuestros ojos.

Leopardi se había hundido de nuevo en el sillón, había cerrado los ojos y semejaba mucho más un durmiente que un hombre en cuyo pecho luchan los más encontrados y violentos sentimientos.

Siguió inmóvil después que el afligido padre hubo dado fin a su perorata, de manera que éste creyó que había hecho el viaje en balde. Este joven conde, a quien su hija ponía por las nubes, se tenía por demasiado importante para prestar siquiera atención a un pobre vecino, y se hacía el adormilado para desembarazarse de él. En esto, entró en la habitación el hermano más joven, Carlo, el predilecto de Giacomo, y con un jovial y alegre «¡Buenos días!» ahuyentó el embarazoso silencio.

El poeta se levantó lentamente, tendió la mano al desconcertado villano, y dijo:

—Convenido, pues, señor Luigi. Hoy, por la tarde, bajaré a vuestra casa y echaré un vistazo a ese famoso cuadro; quiera el cielo que sea una obra del mismísimo Rafael y que os traiga a casa cincuenta mil *scudi.* Que lo paséis bien, saludad a vuestra buena mujer y dadle las gracias entre tanto, por haber concebido una tan buena opinión de mis conocimientos artísticos.

*

Apenas habían transcurrido las horas de la siesta cuando el poeta salió del portal de la casa de los Leopardi y se encaminó a la pequeña y pobre puerta de la casa de su vecino. Tras una ventana de corredera, situada junto a la entrada, un par de sombreros, de los que usa la gente de la montaña, servían de anuncio de la tienda del sombrerero, y sobre un negro rótulo, que colgaba sobre la cornisa de la puerta, estaba escrito el nombre con blancas letras. El maestro sombrerero parecía considerar como festivo este día, en el que su humilde techo debía presenciar el gran honor de esta visita; estaba sentado, vestido con sus mejores ropas, en el poyo que había junto a la puerta. Apenas divisó al conde cuando se levantó al punto, ceremoniosamente, y escoltó a su distinguido protector, con mil reverencias, hasta el interior de la casa.

—No hemos dicho ni una palabra de esto a la niña —susurró a Leopardi cuando subían por los pinos escalones hasta el lóbrego zaguán—. Es tan especial, que se nos habría escapado, y la molestia que se ha tomado vuestra excelencia habría sido en vano. Por aquí, a la derecha, si os dignáis. Tenéis que conformaros con nuestro mal acomodo. Somos gente humilde, querido señor conde, gente humilde, y hemos visto días mejores, que podrían volver, si todo sucediese como es debido.

Entró en una habitación espaciosa, pero destartalada y fría, cuyo suelo, de losetas de piedra, estaba cubierto tan sólo por una esterilla del ancho de una vara. Poco después entró también la madre de Nerina, que se dirigió a él y le saludó con discreción y amabilidad. Provenía, a todas luces, de mejor estirpe y sangre más fina que su marido, o quizá se trataba solamente de que los rasgos de su sereno y pálido rostro, y sus ojos negros como el carbón, pero ya apagados, recordaban a su hija; sea como fuere, su porte y modales no hubieran deshonrado a ninguna casa distinguida. Su sencillo atavío era también pulcro y aseado, y su figura, arrogante, guardaba un aire de indudable elegancia.

El cuadro que había ofrecido el pretexto para esta visita estaba colgado, con pésima luz, entre dos ventanas que daban a la calle. Inmediatamente, a la primera ojeada, vió Leopardi que no merecía la pena de descolgarlo y examinarlo más detenidamente a la luz. Era una copia de taller de una Virgen muy conocida, de Guido Reni, que cumplía su misión a las mil maravillas colocada sobre cualquier pequeño altar doméstico; pero, por lo demás, no había por qué deplorar su poco honroso arrinconamiento en la casa de un vecino insignificante de Recanati.

—¡Bien se lo había figurado él! —dijo su propietario, encogiéndose de hombros, mientras limpiaba con un pañizuelo el polvoriento marco—. Las cosas de valor no se perderían para que se las encontrase él, no. Él sería uno de esos que no tendrían cuchara cuando lloviesen gachas; si por causa de él hubiese de ocurrir algún milagro, esto sólo sería ya de por sí el más grande milagro que cabe imaginar. Por lo demás, no se lamentaría él de esto, si solamente...

Enmudeció, porque en aquel preciso momento se abrió la puerta y apareció la muchacha en el umbral. Verdaderamente, no se había figurado quién había de venir, pues se dejó ver con el traje con que andaba siempre por casa: una faldita que se le había quedado corta y que le cubría sólo hasta los finos tobillos, un ligero pañuelo sobre el corpiño, que llevaba cruzado y atado sobre el cuello, y bajo él, los brazos desnudos. Se ruborizó toda y dejó escapar un ahogado grito cuando vió a Leopardi en pie entre sus padres; pero en seguida se adueñó de sí, se arregló el peinado con la mano y avanzó hacia él sin embarazo. Hallóla él más encantadora todavía en su traje de casa, y hasta le dió la impresión de que tenía el rostro más lleno y más frescos los colores, quizá porque los comparó con los envejecidos rasgos de la madre. Su risa estalló alegre y traviesa cuando el padre le expuso la historia del cuadro, ese cuadro que él había tomado por algo extraordinario, y ahora viene el señor conde y le dice que no es cosa, precisamente, muy valiosa.

—¿No habéis visto en Ancona los cuadros de la catedral, *babbo*? —le preguntó la muchacha—. Allí se puede ver lo que es una obra maestra. A pesar de todo, yo le tengo mucho cariño a este cuadro. Toda la vida lo he visto, desde que mi madre me llevaba en brazos. Y después, siempre que me dolía algo, no tenía más que echarle una mirada en silencio para sentirme en seguida mejor. Madre, ¿verdad que no nos desprenderemos de él ni por todo el oro del mundo? Por suerte, no le interesa a nadie tenerlo.

La madre, que no había dicho una palabra, limitándose a clavar en la niña una larga mirada llena de entristecido cariño, abandonó la habitación. Cinco minutos después abrióse de nuevo la puerta y llamó a su marido para que saliese un momento, pues había llegado alguien para encargarle una cosa.

El maestro sombrerero se disculpó ante su huésped y abandonó la estancia. Leopardi quedó a solas con la muchacha.

Había estado pensando todo el día en cómo cumplir, de la manera más discreta y cauta posible, el papel de confesor, que le había sido encomendado. Pero ahora, frente a esta mirada llena de ingenuidad e inocencia, le abandonó su artificiosa reflexión y vinieron a tierra sus planes preconcebidos.

—Nerina —dijo, mientras oprimía su mano—, ¿tienes alguna confianza en mí?

—¡Sí, mucha! —respondió ella, mirándole con una devota mirada.

—Lo sé, mi pequeña amiga —prosiguió él—. Y por esto he venido aquí, para charlar contigo de un asuento que me tiene muy preocupado. Tú tienes unos padres muy buenos. ¿No los quieres?

Ella hizo un gesto grave y lleno de expresividad y se llevó la mano al corazón.

—Pues si los quieres, como ellos se merecen, ¿por qué los entristeces de ese modo? Tu padre me ha contado que está enamorado de ti un muchacho excelente y que esta boda sería una suerte para todos vosotros. ¿Por qué lo has echado todo a rodar, y no quieres saber nada de este pretendiente, sin darle a tu madre, ni una vez siquiera, una razón sensata y como es debido; por qué has cambiado de opinión así, de repente?

Desde que oyó las primeras palabras que concernían a su matrimonio pareció quedar abstraída, hundida la barbilla en el pecho. Él se dió cuenta al momento de lo profundamente que la había afectado el hecho de que viniese él a hablarle de este asunto.

—¿Me ha delatado mi padre? —rompió a decir finalmente, con voz temblorosa.

—Él te quiere mucho, Nerina, y querría verte feliz; por eso le apena que tú no quieras saber nada de la felicidad que ha escogido para ti.

—¡Una felicidad para mí! —dijo ella, y miróle, mientras su rostro se encendía cada vez más—. ¡Ah, si vos supieseis, *signor* Giacomo! Pero ¿para qué hablar de ello? Yo no puedo hacer que las cosas sean de manera distinta a como son. Pero yo he aprendido de vos solo, precisamente de vos, que eso no sería felicidad alguna (para mí, ninguna, desde luego), aunque así se lo parezca a *babbo* y a *mamma*; todos somos distintos, y así, cada uno busca y quiere su propia felicidad. ¿No es así, *signor* Giacomo?

—Tienes razón, niña, y yo..., realmente, yo no voy a quitártela. También a mí se me exige que sea feliz con lo que podría quizá consolar a otro. Pero ¿dónde te he podido enseñar yo eso? ¿Cuándo hemos hablado tú y yo de cosas de amor?

Movió ella la cabeza.

—¡Hablar, no hemos hablado! No obstante, yo sé lo que es amor solamente por vos. ¡Oh señor Giacomo, me despreciaréis, sin duda, porque he tenido que oír esto por primera vez de boca de un poeta! Pero veréis: cuando Antonio vino por vez primera a Recanati, yo era aún demasiado joven y muy infantil, Y como él empezó a regalarme cintas y pañuelos, y una gargantilla de corales, e iba vestido siempre tan bien y cantaba y bailaba mucho mejor que todos los mozos de aquí, yo llegué a creerme que podía realmente hablar de felicidad, si llegase algún día a ser su mujer y a tomarle cariño. Pero ya entonces me di cuenta de que no le echaba en falta cuando no estaba conmigo, y sí que el tiempo se me hacía más largo cuando volvía él; yo pensé que eso se debía a que me asustaba y me ruborizaba delante de él, y también a que yo era todavía demasiado niña para tener amores, como las chicas mayores. Pero después de bastante tiempo, cuando se marchó y empezó a escribirme unas cartas de amor preciosas, que a mi madre le gustaban muchísimo, fué cuando llegó Sofía con vuestras poesías, hace ahora tres meses justos, y desde entonces...

Se detuvo un instante. Y luego, con los ojos fijos en el cuadro, comenzó a recitar los siguientes versos, mientras un delicioso rubor coloreaba sus mejillas:

¡Cómo recuerdo el agitado día,
en que movióme amor súbita guerra,
y dije: si es amor, cómo porfía!

Con los ojos clavados en la tierra
miraba, de mi pecho en el arcano,
la imagen celestial que allí se encierra.

¡Oh amor que para mí fuiste tirano!
¿Por qué tan deleitoso sentimiento
hacer brotar entre dolor insano?

¿Por qué en medio de angustias y lamento,
y no serena, y apacible, y pura,
nació en mí la pasión como un tormento?

¡Cuán bella entre las sombras y cuán viva
ella se alzaba! Con cerrados ojos
yo miraba su imagen fugitiva;

palpitaciones íntimas, sonrojos
dulces sentía; suaves pensamientos
mezclados con quiméricos antojos...

Y luego, ya sabéis, el pasaje que dice:

La aurora dibujábase indecisa
y ya se oía en el portal desierto
piafar los brutos con ansiosa prisa.

Y yo, tímido, mudo e inexperto,
rasgar queriendo la tiniebla bruna
desde la altura del balcón abierto,

aguzaba el oído, por si alguna

voz llegaba en señal de despedida:
¡postrero don de la fugaz fortuna!

A veces, como ráfaga perdida,
llegaba a mí desconocido acento
que transportaba de emoción mi vida:

y cuando al fin se disipó en el viento
la cara voz y se perdió lejano
el coche sobre el duro pavimento,

solo quedé, y en mi despecho insano
corrí a mi lecho, entrecerré los ojos,
oprimiéndome el pecho con la mano.

Luego, postrado en mi aflicción, de hinojos,
por la estancia arrastrándome, decía:
Después de esto, ¿qué son penas y enojos?

Duro recuerdo el pecho me roía,
y a cada semejanza engañadora
el corazón doliente me oprimía;

y el dolor me minaba hora por hora,
cual lluvia melancólica y constante
que el turbio cielo sobre el campo llora.

Ni yo te conocía, tierno infante
de nueve y nueve soles, amor fiero,
cuando por ti se me anubló el semblante[1].

Pero me vais a tomar por una loca –se interrumpió de pronto–. Os estoy repitiendo vuestros propios versos, y encima de eso, muy torpemente, como todo lo que hago, pues no sé cómo hay que recitar unas palabras tan hermosas; habría que

1. Pertenecen los presentes tercetos al poema *Il primo amore*, cuyo texto italiano puede verse en los Apéndices. La versión que hemos recogido es la hecha por el poeta colombiano Antonio Gómez Restrepo, que tan amante y buen conocedor fue de Leopardi, y que, aunque en exceso libre, atesora muy notables virtudes, dentro de la radical imposibilidad que entraña la traducción verdadera de la poesía. Sirvan estas palabras de excusa a los muchos defectos que ha de hallar el lector en nuestra versión de los poemas *El infinito* y *Los recuerdos*. *(N. del T.)*

cantarlas, como se hace con los *rispetti*[1]; pero con una melodía mucho más bonita. ¡Ah, señor Giacomo! Cuando leí esta poesía del primer amor me puse al mismo tiempo tan alegre y tan triste como nunca lo había estado hasta entonces. Y me di cuenta de pronto de que nunca había querido a Antonio, y nunca llegaría a quererle; y esto me llenó de angustia, pues lo sentía mucho, por él y por mí. Pero, al mismo tiempo, me daba también cuenta de que, cuando se amase de veras, se viviría en un paraíso maravilloso; porque sólo con la imaginación, pensándolo sólo, y cada vez que volvía a leer lo que vos habíais sentido cuando experimentasteis por vez primera estas amargas ilusiones, era ya una felicidad muy por encima de todas las alegrías terrenas, y no hubiera extendido un dedo (¡cuanto menos los dos brazos!) hacia esa otra felicidad que se me figuraba antes habría de procurarme Antonio, si llegaba a ser su mujer.

Tenía levantada la cabeza y miraba a través de los cristales de la ventana el pedazo de cielo que se recortaba sobre el alero. No le miraba a él, a quien iban dirigidas sus palabras, y parecía que hablase consigo misma y con su ángel, que se había aproximado a ella desde los versos, pero con nadie más. Él estaba tan hondamente conmovido, que era incapaz de hacerle recordar su presencia. Jamás le habían parecido tan hermosos sus propios versos como ahora, dichos por sus labios, con un acento tan hondo, con una música tan oscura, que parecían venir de una inacabable lejanía, repetidos por un delicadísimo eco, de regreso hasta su corazón.

—¡Y así sucedió! —prosiguió ella, con un silencio y melancólico movimiento de cabeza—. Le volví a ver varias veces, con miedo y repugnancia, y nada he sentido dentro de mí más que la indecible angustia de que no le querría jamás. ¿Decís que debía dar una razón, un motivo, a mi madre? Pues no tengo otro, y ya se lo dije; pero ella no se dió cuenta de lo que yo sentía. Ella es muy buena, y si pudiera, me alcanzaría los mismísimos luceros; pero se empeña en buscarme una felicidad que acabaría conmi-

1. Coplas populares, generalmente en torno a un motivo o pensamiento de índole amorosa. *(N. del T.)*

go; yo he intentado explicárselo, y ella fué y se lo contó todo a mi padrino, el cirujano, que dijo que me dejasen tranquila y que las cosas vendrían por sus pasos. Yo no le creí entonces, y ahora..., ahora, menos que nunca.

Apartóse de su lado y se dirigió a la ventana, asomándose a ella. Las mejillas le ardían y se abanicaba con la punta de su pañuelo para refrescarse. Él, entre tanto, había tenido tiempo de adueñarse de sí y reflexionar sobre lo que consideraba su deber decirle a ella.

—Nerina, queridísima Nerina —comenzó a decir, vacilando—, siento en el alma haber sido el causante de esta desgracia con mis funestos versos. Pero mira, niña: yo estaba entonces en una situación muy distinta a la tuya. Yo no era amado, como lo eres tú, y mi fuego creció hasta hacerse una llama tan intensa y voraz, que desde entonces contagia también a los extraños. Pero si el amor es correspondido, queda un tranquilo rescoldo, que caldea el corazón y lo vivifica y hace al hogar amable e íntimo y lo va haciendo mejor año tras año, y sólo se vuelve triste y doliente en las horas postreras, cuando alguno ha de abandonar este mundo antes que el otro. Tú deberías dar las gracias a tu ángel de la guarda, Nerina, por haber querido protegerte de una hoguera tan cruel como la que arde en estos versos. Mírame bien y dime si te parece de veras envidiable una felicidad que ha consumido y agotado así al que la posee, que ha resecado su rostro y debilitado todos sus miembros. La Naturaleza es muy bondadosa al deparar este destino sólo a muy pocas personas que deban consumirse tan apasionadamente; muchos miles de personas desconocen en absoluto los dulcísimos martirios que se agitan en el pecho de un desventurado poeta, y cuando oyen tronar a lo lejos al Vesubio y ven cómo brota el fuego de su boca se recogen junto a su tranquilo hogar, porque allí arde un fuego amable y bienhechor, que les ofrece calor y sustento sin devastar su cabaña. Mira, mi querida niña: así te sucederá también a ti, si no abandonas esos peligrosos ensueños y no tomas lo bueno que te ofrece la vida. ¡Quién sabe si no has de llegar a vieja, llena de canas, y has de permanecer siempre sola, si rechazas esto, si esperas te invada algún día una pasión, y nunca llega el que podría despertarla en ti, y en su lugar, llega la muerte, y entonces te das cuenta de que has vivido en vano!

Rozó delicadamente sus hombros, y ella, paso a paso, se retiró de la ventana. Pero de pronto se volvió a él y se arrojó a su cuello, deshecha en lágrimas, y ocultó el ardoroso rostro en su hombro.

El corazón le dió un vuelco de vivísimo sobresalto. Por un momento, su razón estuvo en inminencia de abandonarle.

Mantuvo apretado contra su pecho a aquel cuerpo que se contraía convulsivamente, mientras su boca descansaba sobre la suave y mullida cabellera, y el corazón quería saltarle del pecho, de dolor y felicidad.

Pero, al fin, volvióle la conciencia, y con ella, la sensación de un dolor penetrante y agudo, que traspasaba heladamente su alma.

—Nerina —susurró, enderezándose con un heroico esfuerzo—, pobre corazón mío, ¿qué haces? ¿Buscas en mí refugio para tu amargura? ¡Yo, desdichado de mí, huérfano de toda dicha, fugitivo de un lugar a otro en el país del dolor! ¡Vuelve, vuelve en ti! ¡Sé fuerte, mi pobre amiga! Coge en tus manos tu corazón y apriétalo en ellas antes que estalle en tu tierno pecho. No olvidaré nunca cuánta felicidad me ha deparado esta amarga hora, jamás se borrará tu imagen de lo más hondo de mi corazón, Nerina..., y sin embargo, tiene que ser así: debemos separarnos hoy mismo, para siempre jamás.

Ella le soltó de su abrazo con un convulso estremecimiento, como si hubiese estado abrazada a un cadáver. Su cara estaba toda sofocada, y a través de los entreabiertos labios se podían ver sus dientes, apretados fuertemente, como para contener un grito.

—Debo irme —repitió él, más despacio; cada palabra le costaba un indecible esfuerzo—. Sí, mi vida, así lo quiere mi destino. No volveremos a vernos. Pero para que no lleve en el futuro tu recuerdo como una voz permanente de culpa y arrepentimiento, prométeme una cosa, Nerina.

Ella le miró fijamente, y un imperceptible estremecimiento de sus negras cejas le dijo que había oído sus palabras.

—Prométeme que, cuando yo me haya ido, has de esforzarte

en hallar un sitio en la vida, como hacen tantos miles de personas. Yo no te exigo que hagas fuerza a tu corazón. Pero eres joven, Nerina, y la vida nos cambia y transforma de un modo increíble; si dejamos hacer al tiempo, y no nos enfrentamos tercamente a su poderío, vemos cómo llegan a ser posibles muchas cosas que nos parecían imposibles en otro tiempo, y nos llena entonces de felicidad lo que antes rechazábamos con horror y repugnancia. Prométeme sólo que dejarás correr el tiempo sin encerrarte obstinadamente en tus ensueños, que reflexionarás en lo desgraciado que me habrías hecho a mí, si no hubiera podido llegar a saberte feliz algún día; prométeme esto, Nerina, mi hermanita querida. ¿Quieres, Nerina?

Le ofreció su mano, pero ella no la rozó siquiera. Pareció meditar por unos instantes; luego, un nuevo y hondo sollozo vino a estremecer su delicada y esbelta figura y dijo, con una voz que le traspasó a él el alma:

—Lo intentaré..., por amor vuestro. ¡Adiós!

Apartóse después muy despacio de su lado, sin volver la mirada una sola vez hacia él, y abandonó la habitación.

*

Entró el padre, seguido de la madre. Hallaron a Leopardi en pie, junto a la ventana, y tan abismado en sí mismo, que no se percató de su entrada en largo rato.

Cuando cayó, al fin, en la cuenta de dónde estaba y, alzando la extraviada mirada, reconoció las caras de la buena gente, que esperaban con respetuosa discreción lo que tuviera él que comunicarles, se esforzó en parecer cordial y sereno y les dijo que no debían en modo alguno perder la esperanza, que todo se resolvería con bien; pero debían tener paciencia, y no atosigarla ni coaccionarla. Ella era una niña poco corriente y haría siempre lo más justo y puesto en razón, si se la dejaba en libertad; porque tenía un corazón de oro, y un alma más pura que el aire del cielo.

Con esto dió a ambos las manos. La madre tenía los ojos cuajados de lágrimas; el padre le acompañó, con muchas protestas de gratitud, hasta el portalón de la casa condal. Cuando Leopardi se hubo despedido de él arrojó una mirada sobre la ventanita en la que florecía el tiesto de claveles. Estaba cerrada a cal y canto.

No se abrió al atardecer, ni tampoco a la noche. Sólo por la mañana siguiente, cuando arrancó la berlina que debía conducir muy lejos al joven conde, apareció una carita pálida arriba, tras los cristales. El que partía, luego de desasirse de los abrazos de los suyos, se inclinó fuera del coche, ya en marcha, y volvió la mirada hacia la ventana. Cuando distinguió las manos que, en lugar de agitarse en saludo hacia él, permanecían quietas una sobre otra en el alféizar, el dolor de esta despedida eterna desgarró su corazón como con un puñal. Y él se dejó caer en el fondo del coche y ocultó en las manos los ojos, deshechos en lágrimas.

No le había costado pequeño esfuerzo discurrir los pretextos que justificasen ante sus padres su presurosa y repentina marcha, y sólo la promesa de que regresaría tan pronto como estuviesen resueltos los urgentes asuntos que le llamaban a Florencia le consiguió el permiso.

Pero no pudo cumplir su promesa. Una grave enfermedad se compadeció de él y oscureció su conciencia durante algunas semanas. Cuando pudo saborear de nuevo el amargo sentimiento de su infelicidad había irrumpido un temprano invierno, y ya no había que pensar en regresar a la inhóspita altura de su tierra natal, por causa de este cambio de clima. Se arrastró hacia Pisa y pasó allí la estación del año que más hosca era siempre para él, entre personas excelentes, que sabían estimarle en lo que valía y hacían cuanto estaba de su mano por aliviar sus penas. Él sonreía con melancolía ante estos vanos esfuerzos. Bien sabía que todo lo que podía conseguir era una nueva tregua en sus dolencias corporales, tregua en la que su alma hallaría sólo lugar para entregarse con más libertad a su dolor por esta eterna renunciación.

Escribía con frecuencia a los suyos. Más de una vez tuvo en la punta de la pluma, cuando escribía a su hermana Paolina, la pregunta de qué vida llevaba Nerina. Pero siempre se contuvo. ¿Era el temor a descubrir su secreto, o el miedo a una respuesta que, fuese cual fuese, no haría otra cosa que renovar sus heridas?

Por último, estando cerca ya la primavera, se decidió un día, y entre una larga lista de preguntas sobre todos y cada uno de los conocidos de Recanati, dejó deslizarse la pregunta de si su pequeña vecina cantaba aún aquellas canciones tan lindas, o si se había trasladado a Ancona y casado allí felizmente.

Su hermana Paolina le escribió que todos estaban perfectamente y le enviaban sus más afectuosos saludos, esperando que él mismo pudiese comprobar muy pronto, personalmente, que también los personajes famosos podían resistir los aires de Recanati. Pero por lo que respectaba a la pequeña cantarina vecinita suya, había enmudecido su voz desde la primavera, y en los primeros días del verano se la habían llevado a los lugares del eterno silencio. Su pecho era demasiado débil para resistir aquellas puras melodías que tanto le gustaba cantar. Hubo gran duelo por ella en toda la ciudad; y todos sintieron su falta, aunque, la verdad, es que antes nadie sabía gran cosa de ella. Pero su sola presencia había servido a todos de alegría, y no sería fácil hallar otra persona que, como ella, alcance la categoría de adorno y atavío de los viejos y feos montones de casas (también Paolina aborrecía a su pueblo natal), ante personas amantes de lo bello.

Cuando Leopardi recibió esta misiva se retrajo varios días a la más completa soledad. Nadie sospechó la causa, pues a nadie, fuera de su hermana, había abierto su corazón en este asunto.

También gozó en los años siguientes este favor de poderse confiar al alma comprensiva de su hermana. Nunca como entonces sintió en sí la necesidad de volver a su lugar que era para él, ahora más que nunca, la tumba de todas sus esperanzas juveniles.

Cuando pisó de nuevo su habitación en Recanati, sintióse harto cobarde para abrir las puertas del balcón y echar una mirada hacia la ventana de abajo. Pasó aquella noche ahogado en una sorda pena. Pero a la siguiente mañana, apenas había recobrado algunas fuerzas con un breve sueño, alguien golpeó en su puerta como aquella vez, y otra vez entró por ella Luigi, su vecino. Tal era su aspecto, que parecía hubiesen transcurrido diez años, entre entonces y hoy: el honrado rostro estaba surcado por hondas arrugas, encanecidos los hirsutos cabellos, desaliñado y descuidado el traje.

Se disculpó, con una voz que sonó huraña y fatigada, por incomodar otra vez al señor conde. Tenía un encargo para él y era su deber cumplirlo.

—Su niña (el señor conde la recordará aún, de seguro, ya que le tenía afecto), su niña —dice—, Dios se ha dado cuenta de que era demasiado buena para este mundo y se la ha llevado con Él a su paraíso eterno. Todos los esfuerzos y cuidados humanos fueron inútiles; en realidad, no se echó de ver ninguna enfermedad en ella; pero se nos fundió y desapareció ante el primer rayo de sol, como la nieve en los canchales. Tan pura como ella fué la niña, sólo que no tan fría. Si hubiera visto el señor conde cómo se esforzó por ser todo cariño y bondad para con su madre y él conforme se acercaba su fin... ¡Ah, fué de veras sobrehumano el dolor que soportaron por causa de su niña del alma, su niña, que se volvía cada vez más tranquila y serena. La última noche llamó a su madre a la cama y le rogó que, cuando estuviera ya muerta y volviera el conde Giacomo por la ciudad, le diese este bolsillito y le saludase de parte de Nerina. Su madre tuvo que prometérselo por lo más sagrado; ellos sabían ya, desde luego, cuánto respeto y confianza había sentido siempre la niña por el señor conde. A ruego suyo, se había depositado el librito con sus *Cantos* bajo la almohada sobre la que dormiría ella su último sueño hasta la resurrección de los muertos. Y aquí estaba el bolsillo; su pobre mujer no se había decidido a traérselo ella misma al señor conde. ¡Era tan duro para ella hablar de su niña!

Desenvolvió un paño de lino que traía en el bolsillo del pecho y sacó de él un pequeño bolsillito cuadrangular, que entregó al hondamente conmovido Leopardi. Estaba primorosamente entretejido y bordado con hebras de seda negra, y un dorado cordoncillo remataba sus bordes. En uno de sus lados había bordada una verde corona de hojas de laurel, con una *L* en el centro, hecha con hilos dorados. Y dentro, cuidadosamente doblada y cuidada pulcramente, estaba la hoja en la que escribiera Leopardi aquella noche, el poema que compuso en el altozano. La última estrofa estaba subrayada tres veces con un fino trazo de lápiz, como si con esto hubiese querido ella indicarle cuántas veces había repetido estas palabras: *«E il naufragar m'è dolce in questo mare.»*

*

Cuando llegó la noche, y la Osa Mayor relució de nuevo sobre la villa dormida, sentóse Leopardi en el balcón, teniendo sobre sus rodillas la carpeta, en la que hoy por vez primera (¡y con qué miedo de los recuerdos!) había vuelto a encontrar aquella larga efusión de su corazón, testigo de aquella noche feliz, en la que él creyó por una vez en su juventud. Allí estaba el manojito de claveles: las flores estaban resecas y lacias; el mechón de negros cabellos destelló aún a la luz de la lámpara, cuando lo alzó y lo contempló largamente. Había dejado tras él todo esto cuando huyó, y ahora renovaba y agravaba sus dolores.

Cuando sonaron las campanadas de la medianoche invadióle de pronto una tibia placidez, un silencioso sosiego. Tomó la hoja y escribió debajo de la larga confesión de sus *Recuerdos* los siguientes versos:

¡Oh, Nerina,! ¿Y de ti quizá no escucho
hablar a estos lugares? ¿Te borraste
de mi mente quizá? ¿Dónde te fuiste
que hoy tan sólo el recuerdo hallo de ti,
dulzura mía? Ya no te ve más
esta tierra natal. Esa ventana
donde hablarme solías y en que el rayo
de las estrellas brilla triste ahora,
está desierta. ¿Dónde estás, que no oigo
sonar tu voz, como en aquellos días,
cuando el más leve acento de tus labios
que llegase hasta mí, arrebataba
de mi rostro el color? Los días tuyos
pasaron, dulce amor. Pasaste. A otros
corresponde hoy pasar por esta tierra

y habitar estas lomas olorosas.
Mas rápida, pasaste, y como un sueño
tu vida fué. Danzabas; en la frente
te destellaba el gozo y en los ojos
aquel confiado imaginar, el fuego
de juventud que ya apagó el destino.
Y muda yaces. ¡Ay, Nerina! En mi alma
reina el antiguo amor. Si acudo a veces
a festejos y bailes, en silencio
me digo: ¡Ah, Nerina! ¡Para fiestas
no te engalanas ya, ya nunca vienes!
Retorna mayo, y ramos y canciones
llevan a las muchachas sus amantes;
¡Nerina mía, para ti no torna
primavera jamás, amor no torna!
Todo día sereno, todo campo
florecido que miro, todo goce
me hace decir: ¡Nerina ya no goza!
¡No ve la tierra ya, no puede ver
los cielos ya! ¡Ay, tú pasaste, eterno
suspiro mío! Pasaste. Y compañero
fiel de mi imaginar, de todos estos
tiernos sentires, del latido triste
del corazón, es el recuerdo acerbo.

LA MUCHACHA DE TREPPI

al rescoldo, y alguna abuela desdentada permanecía [illegible]
sobre un montón de viejas pieles sin curtir y agitaba [illegible]

En la cumbre del Apenino, allí donde la cadena montañosa se prolonga entre Toscana y la parte septentrional de los Estados Pontificios, hay un solitario pueblecito de pastores, llamado Treppi. Los caminos que llevan hasta él son totalmente impracticables para un coche. Muchas horas de camino hacia el Sur, dando un gran rodeo, atraviesa los montes el camino real, y la ruta de los correos. A Treppi llegan sólo alguno que otro campesino, de los que trafican con los pastores, y muy raras veces un pintor, o algún peregrino trotamundos; y por las noches, los contrabandistas, que a lomos de sus acémilas saben llegar al perdido pueblo por los más abruptos y difíciles senderos, imposibles de todo punto para otros que no sean ellos.

Era a mediados de octubre, época del año en la que, en estas alturas, las noches suelen ser con frecuencia claras y despejadas. Pero hoy, no obstante, una fina neblina se había levantado del fondo de los barrancos después de un día de ardoroso sol y se iba extendiendo lentamente por encima de las hermosas cresterías desnudas. Serían alrededor de las nueve de la noche. En las dispersas y humildes cabañas de piedra, guardadas durante el día por las viejas y los niños, solamente ardían aún débiles fogatas. Junto al hogar, encima del cual oscilaban los grandes calderos de cobre, yacían tumbados los pastores y sus familias, entregados ya al sueño. Los perros se habían acurrucado junto al rescoldo, y alguna abuelita desvelada permanecía aún sentada sobre un montón de viejas pieles sin curtir y agitaba mecánicamente el huso, murmurando letanías, o mecía la cuna de un niño de inquieto sueño. La brisa nocturna, otoñal y húmeda, se introducía a través de las grietas de las paredes, grandes a veces como una mano, y el humo de la lumbre, cuyas llamas se extinguían poco a poco, plácidamente, era empujado hacia abajo por la pesada neblina y se amontonaba junto al techo de la cabaña, sin que la anciana se sintiese molesta por ello. Por último, hasta ella dormía, con los cansados ojos entreabiertos.

Tan sólo en una de las casas había aún actividad y trajín. Tenía ésta, como las demás, una sola planta; pero las piedras estaban mejor ensambladas, la puerta era más ancha y en el espacioso cuadrilátero que constituía, en rigor, la verdadera morada, se apoyaban algunos cobertizos, habitaciones añadidas, establos y hasta un horno muy bien construído. Ante la puerta de entrada había un grupo de caballos cargados, a los que un mozo estaba quitando en aquel momento los ya vacíos pesebres, mientras seis o siete hombres, armados todos, salían de la casa y preparaban rápidamente sus monturas. Un viejísimo perro, que estaba echado junto a la puerta, meneó levemente la cola cuando partieron. Después se levantó con aire cansino y penetró lentamente en la cabaña, en la que ardía aún un vivo fuego. Junto al hogar estaba su ama, vuelta hacia la lumbre, inmóvil la gallarda figura y con los brazos colgando a los costados. Cuando el perro rozó el hocico contra su mano, volvió en sí como si saliera de una terrible pesadilla.

—*Fuoco* —dijo—, pobre animalito; anda a dormir, que estás enfermo.

El perro gimió sordamente y meneó la cola en señal de gratitud. Después se arrastró hasta una vieja piel que había junto al fuego y se echó sobre ella, gimiendo y tosiendo.

Entre tanto, habían entrado en al casa algunos peones y se habían sentado alrededor de la gran mesa, en el centro de la habitación, que acababan de abandonar los contrabandistas recién partidos. En su centro había una gran fuente, que una vieja criada llenó de nuevo con *polenta*, sentándose después junto a los otros con su cuchara. Mientras comieron, no se oyó una sola palabra. La llama del hogar crepitaba, el perro lanzaba roncos gemidos mientras dormía, y la muchacha, sentada en las losas, dejó intacta la escudilla con *polenta* que le había ofrecido la criada, y dejó vagar su mirada por la estancia, ensimismada en sus pensamientos. Ante la puerta se alzaba ya la niebla como un blanco muro, y al mismo tiempo la luna se alzaba tras los picachos.

Entonces se dejaron oír cascos de caballo y pasos humanos, que se acercaban por la calle.

—¡Pietro! —llamó la joven ama con tranquilo tono de advertencia.

Un muchacho alto se levantó inmediatamente de la mesa y desapareció en la niebla.

Los pasos y las voces se acercaron, y, por último, se detuvo el caballo ante la casa. Un instante después aparecieron en el umbral tres hombres, que penetraron en la casa con un breve saludo. Pietro se acercó a la muchacha, que miraba indiferente al fuego.

—Son dos de Porretta —le dijo—, sin mercancías; condujeron por el monte a un *signore* que no tiene en orden sus papeles.

—¡Nina! —llamó la joven—. La vieja criada se levantó al punto y se acercó al hogar.

—*Padrona*, no es sólo cenar lo que quieren —prosiguió el mozo—. El señor pregunta si podría encontrar una cama para pasar la noche. No quiere seguir su camino antes del amanecer.

—Hazle un jergón en el cuarto de al lado.

Pietro asintió y se sentó de nuevo a la mesa.

Los tres recién llegados tomaron asiento sin que los peones les dedicasen la menor atención. Dos de ellos eran *contrabbandieri*, armados hasta los dientes, las chaquetas echadas sobre los hombros, calados los sombreros hasta las cejas. Saludaron a los demás con un movimiento de cabeza, como a buenos conocidos, y después de hacer lugar a su acompañante, se santiguaron y empezaron a comer.

El *signore* que había llegado con ellos no probó bocado. Quitóse el sombrero de la ancha frente y se pasó la mano repetidas veces por el pelo, mientras dejaba ir la mirada por el lugar y las personas entre las que se hallaba. En las paredes leyó las piadosas jaculatorias escritas con carbón; en un rincón, una imagen de la *Madonna*, ante la que ardía una lamparilla; al otro extremo, las gallinas encaramadas en las pértigas; las mazorcas de maíz, ensartadas y colgadas del techo; una repisa con jarras y damajuanas y, apiladas unas sobre las otras, cestas y pieles sin curtir. La joven atrajo pronto la atención de sus inquietos ojos. El perfil se recortaba en sombra, grave y hermoso, sobre el fondo rojo del llameante fuego; las negras trenzas formaban un grueso moño en su nuca, y había enlazado ambas manos, apoyando contra ellas una rodilla, mientras el otro pie descansaba sobre las losas del suelo. No podía adivinar qué edad tendría. Pero por su comportamiento vió en seguida que era la dueña de la casa.

—¿Tenéis vino en casa, *padrona*? —preguntó.

No había acabado de decirlo, cuando la muchacha se levantó, como herida por el rayo, y se quedó erguida y rígida junto al hogar, apoyándose con ambos brazos en las losetas. Al mismo tiempo el perro se despertó de su sueño y su jadeante pecho exhaló un ronco y salvaje gruñido. El forastero vió de pronto cuatro ojos centelleantes clavados en él.

—¿Es que no se puede preguntar si tenéis vino en la casa, *padrona*? —repitió.

No había dicho la última palabra cuando el perro, gruñendo con inexplicable furor, se arrojó contra él y le arrebató de un mordisco la capa. Por segunda vez se habría abalanzado contra el forastero si no le hubiera retenido una imperiosa voz de su ama.

—¡Atrás, *Fuoco*, atrás! ¡Estate quieto!

El perro se detuvo en medio de la habitación, agitando violentamente la cola y sin quitar ojo al extraño.

—¡Enciérralo en la cuadra, Pietro! —dijo a media voz la joven, que estaba aún en pie junto al fuego, como petrificada.

Y repitió la orden cuando vió que Pietro titubeaba. Los mozos cuchichearon entre sí, el perro le siguió de mala gana y sus gemidos y gañidos llegaron hoscos desde fuera, hasta que cesaron por agotamiento.

Entre tanto, la criada había traído vino a una indicación del ama. El forastero, bebió, alargó después la taza a sus acompañantes y se puso a meditar en silencio sobre el asombroso escándalo que había provocado sin proponérselo. Los peones fueron dejando sus cucharas, uno tras otro, y se marcharon tras un «buenas noches, *padrona*». Por último, se quedaron los tres solos con la dueña de la casa y la vieja sirvienta.

—El sol sale a las cuatro —dijo uno de los contrabandistas al forastero en voz baja—. *Eccellenza* no necesita partir antes de esa hora para llegar a Pistoia cuando quiere. Y también hay que pensar en el caballo, que tiene que descansar sus buenas seis horas.

—Está bien, amigos. Idos y dormid.

—Nosotros os despertaremos, *Eccellenza.*

—Pase lo que pase, hacedlo sin falta. Aunque bien sabe el cielo que yo nunca suelo dormir seis horas seguidas de un tirón. ¡Buenas noches, Carlone; buenas noches, maese Baccio!

Ambos se quitaron respetuosamente el sombrero y se levantaron. Uno de ellos se acercó al fogón y dijo:

—Os traigo un saludo de Costanzo el de Bolonia, *padrona.* Dice que cuando estuvo en vuestra casa el sábado pasado se debió de dejar olvidado aquí su cuchillo.

—No —dijo ella en tono seco e impaciente.

—Ya le dije yo que si hubiese estado aquí se lo habríais enviado en seguida, pero...

—Nina —interrumpióle ella—, enséñales el camino de su habitación, por si lo han olvidado.

La sirvienta se levantó.

—Querría deciros una cosa, *padrona* —prosiguió el hombre con gran sosiego y un imperceptible guiño de sus ojos—; y es que este señor no regatearía el dinero si le preparaseis un lecho más cómodo que a nosotros. Quería deciros esto, *padrona.* Y ahora, que la *Madonna* os conceda una buena noche, *signora* Fenice.

Volvióse a donde estaba su compañero, se inclinó, al igual que éste, ante la imagen que había en el rincón, y abandonaron ambos la estancia con la criada.

—¡Buenas noches, Nina! —gritó la joven.

La anciana se volvió en el umbral mismo e hizo un gesto de interrogación. Pero en seguida cerró la puerta tras de sí, presta y obediente.

Tan pronto como se quedaron solos, cogió Fenice un candil

que colgaba de la pared y lo encendió apresuradamente. El fuego del hogar se extenguía lentamente, y las tres débiles llamitas del candil iluminaban una pequeña parte de la amplia estancia. Como si la penumbra le hubiese adormecido, el forastero estaba sentado a la mesa, la cabeza apoyada sobre los brazos y fuertemente ceñida la capa, como si pensase pasar así la noche. Entonces oyó pronunciar su nombre, y levantó la vista. El candil ardía en la mesa ante él, y enfrente se hallaba la joven dueña de la casa, que era la que le había llamado. Su mirada buscó la de él con ansia.

—Filippo —dijo—, ¿no me conocéis ya?

Él contempló durante un rato, inquisitivamente, el bello rostro, rojamente iluminado por el resplandor de la lámpara, y por la ansiedad y temor a la respuesta que merecería su pregunta. Y en verdad que era una cara difícil de olvidar. Las suaves y largas pestañas dulcificaban la severidad de la frente y de la fina y breve nariz. La boca florecía en la más roja y juvenil frescura, si bien tenía, cuando callaba, un gesto de renunciación, dolor y fiereza, que no desmentían los negros ojos. Ahora, en pie junto a la mesa, se manifestó plenamente el agreste encanto de su figura, especialmente la belleza de la nuca y el cuello.

Sin embargo, Filippo dijo, tras una breve reflexión:

—Verdaderamente, no os conozco, *padrona.*

—No es posible —respondió en tono de profunda convicción que sorprendió al hombre—. Habéis tenido siete años enteros para llevarme en vuestro pensamiento; mucho tiempo es ése, y bien puede quedar grabada una imagen.

Las singulares palabras le apartaron por completo de sus meditaciones.

—Sí niña —dijo—, desde luego; quien dedica siete años enteros a recordar un lindo rostro de muchacha, tiene que sabérselo de memoria.

—Sí —dijo ella, pensativa—, así es; también entonces dijisteis que jamás pensaríais en otra cosa.

—¿Hace siete años? Entonces era yo un bromista, niña. Y ¿tú lo has tomado en serio?

Ella afirmó tres veces gravemente.

—Y ¿por qué no había de creerlo? He podido experimentar en mí misma que teníais razón.

—Niña —replicó él con un gesto bondadoso que suavizó sus enérgicos rasgos—, lo siento, lo siento de veras. Hace siete años pensaba yo que todas las mujeres sabían que las palabras tiernas de los hombres no son de más valor que fichas de juego que se cambian, cuando llega la ocasión, por dinero contante y sonante, si así se ha convenido expresamente. ¡Qué cosas no pensaba yo, hace siete años, de vosotras las mujeres! Ahora, honradamente, pienso en vosotras muy raras veces; mi querida niña, créeme, hay cosas mucho más importantes en las que pensar.

Ella calló, como si no entendiese nada de aquello y esperase tranquilamente que él dijese algo que la concerniese realmente a ella.

—Ahora recuerdo —dijo él después de una breve meditación—, que he atravesado ya una vez esta zona de la sierra. Si no fuera por la niebla, habría reconocido quizá el pueblo y la casa. Sí, sí, fué ciertamente hace siete años, cuando el médico me mandó a la sierra, y yo me dediqué a recorrer como un loco, de arriba abajo, los senderos más abruptos y escarpados.

—Ya lo sabía yo —dijo entonces ella, y un emocionado destello de alegría floreció en sus labios—; estaba segura de que no podíais haberlo olvidado. No lo ha olvidado el perro, el *Fuoco*, así como tampoco su antiguo odio hacia vos..., ni yo mi antiguo amor.

Dijo esto con una firmeza y una serenidad tan grandes, que él levantó los ojos hacia ella, con asombro cada vez mayor.

—Ahora me acuerdo también —dijo él— de una muchacha que encontré una vez entre los riscos del Apenino y que me llevó a casa de sus padres, gracias a lo cual me libré de pasar una noche entre las peñas, al sereno. También sé que me gustó...

—¡Sí —interrumpióle ella—, mucho!

—Pero yo no le gusté a la chica. Tuve con ella una larga charla, a la que ella contribuyó apenas con una docena de palabras. Cuando pensé despabilar la adormilada boquita con un beso..., ¡ah!, aún la veo, cómo se apartó de un salto de mi lado y cogió una piedra en cada mano, que no salí apedreado por milagro. Si eres tú aquella muchacha, ¿cómo vienes ahora a hablarme de tu antiguo amor por mí?

—Yo tenía entonces quince años, Filippo, y era muy vergonzosa. Siempre había sido muy testaruda y solitaria, y no sabía expresarme. Además, tenía miedo a mis padres, que vivían todavía, como recordaréis. Mi padre tenía aquí muchos pastores, y ganado, y una taberna. Desde entonces acá no han cambiado mucho las cosas; solamente que él no manda ni gruñe ya, Dios le tenga en gloria. Pero todavía me daba más vergüenza de mi madre. ¿Os acordáis aún? Estabais sentado precisamente en ese mismo sitio, y alababais el vino que traíamos de Pistoia. Más no pude oír, porque mi madre me miró muy seria y yo entonces me salí y fuí a ponerme junto a la ventana, para poder contemplaros. Erais más joven que ahora, naturalmente, pero no más guapo. Todavía tenéis hoy los mismos ojos, con los que podíais entonces conseguir todo lo que quisierais y conquistar a quien se os antojara; y la misma voz oscura y profunda, que llenaba al perro de celos, ¡pobre animal! Hasta entonces le había querido sólo a él; pero muy pronto se dió cuenta de que os quería más a vos; sí, se dió cuenta mucho mejor que vos mismo.

—Es cierto —dijo él—, el perro estaba aquella noche como trastornado. ¡Qué noche tan singular! Me habías dado un filtro mágico, Fenice. Sé que no hubiera podido descansar ni sosegar hasta que no hubieseis entrado de nuevo en la casa, y que me levanté y salí afuera a buscarte. Vislumbré tu blanco pañuelo, y después nada más, porque te metiste de un brinco en la habitación que hay al lado de la cuadra.

—Era mi alcoba, Filippo. Allí no podías entrar.

—Pero quise entrar. Aún me acuerdo del tiempo que estuve allí, llamando a la puerta y suplicando (vaya pícaro que estaba hecho yo entonces), y creía que la cabeza me iba a estallar si no conseguía verte otra vez.

—¿La cabeza? No, dijisteis el corazón. Todavía me sé de memoria todas, toditas las palabras.

—Y, sin embargo, no quisisteis entonces saber nada más de ellas...

—Yo me sentía morir, Filippo. Estaba en el último rincón,

y pensaba arrastrarme hasta la puerta, si hubiese podido dominar mi corazón para acercar mi boca a la grieta a través de la cual vos hablabais y haber podido sentir vuestro aliento.

—¡Qué insensata es la juventud enamorada! Si no hubiese venido tu madre, aún estaría allí yo, seguro de que habrías acabado por abrir la puerta. Ahora me avergüenzo casi de pensar que entonces me aparté de allí lleno de cólera y despecho, y toda aquella noche me la pasé soñando contigo.

—Pues yo me senté a la ventana y me pasé la noche en vela. Al amanecer me rindió el sueño, y cuando me desperté y vi el sol..., ¿dónde estabais ya? Nadie me lo dijo y yo no podía preguntarlo. Me daba repugnancia y odio ver un rostro humano, como si os hubiesen matado para que no pudiese veros nunca más. Entonces escapé a la montaña y recorrí todos los senderos de punta a punta, llamándoos a veces a gritos, maldiciéndoos otras, porque por vuestra causa no podía amar a nadie más. Finalmente llegué abajo del todo, a la llanura, y entonces volví en mis cabales llena de espanto: dos días había estado fuera, vagando por el monte. Mi padre me pegó cuando entré en casa, y mi madre no me dirigió la palabra; bien sabían ellos cuál era la causa de mi desaparición. Sólo el perro, el *Fuoco*, se puso de parte mía. Pero cuando grité vuestro nombre y os llamé en soledad, se puso a gruñir y a aullar.

Sobrevino una pausa, en la que las miradas de ambos se encontraron y quedaron prendidas. Después dijo Filippo:

—¿Cuánto tiempo hace que murieron tus padres?

—Tres años. Murieron los dos en la misma semana, Dios los tenga en gloria. Entonces yo me fuí a Florencia.

—¿A Florencia?

—Sí; vos dijisteis que erais florentino. Algunos de los *contrabbandieri* me mandaron a casa de la mujer del *caffetiere*, allá afuera, en San Miniato. Viví allí un mes y todos los días la enviaba a preguntar por vos. Una noche salí yo misma en vuestra búsqueda. Por último nos dijeron un día que hacía mucho tiempo que os habíais marchado de la ciudad, pero nadie sabía adónde.

Filippo se levantó y comenzó a andar por la habitación a grandes pasos. Fenice se volvió hacia él y su mirada le siguió, pero sin delatar síntoma alguno de desasosiego semejante al que le poseía a él.

Finalmente, se dirigió a ella, miróla largo rato, y dijo luego:

—¿Y para qué me confiesas todo esto ahora, *poveretta*?

—He tenido siete años para decidirme a ello. ¡Ah, si entonces os lo hubiera dicho, no me habría hecho tan desgraciada este cobarde corazón mío! Estaba segura de que volveríais, Filippo. Pero ha pasado tanto tiempo como no podía yo figurarme, y esto me ha hecho daño, mucho daño. Sé que soy una chiquilla al hablar así. ¿Para qué entristecerme con lo que ya pasó? Filippo, vos estáis aquí, conmigo; ¡soy vuestra para siempre, para siempre!...

—Mi querida niña... —comenzó a decir él.

Pero retuvo otra vez lo que tenía en la punta de la lengua. Ella no reparó en su aspecto pensativo ni se dió cuenta de que miraba silenciosamente a la pared, por encima de su frente, y siguió hablando dulcemente, como si se supiese de memoria lo que había de decir y se hubiese repetido mil veces en silencio: «Él vendrá alguna vez, y entonces le dirás esto y esto...»

—He podido casarme con muchos, aquí arriba en el pueblo, y en Florencia también; pero te quería sólo a ti. Cuando alguien me suplicaba y me decía palabras zalameras y dulces, surgía al momento en mi recuerdo tu voz, la voz de aquella noche, y tus palabras, que fueron más dulces que todas las que puedan decirse en el mundo. Hace ya algunos años que me han dejado en paz, aunque todavía no soy vieja y sigo siendo tan bonita como siempre fuí. Parece como si supiesen todos que tú ibas a volver muy pronto.

Y siguió, tras una breve pausa:

—¿Adónde me llevarás ahora? ¿Quieres quedarte aquí? No, no, esto no es para ti. Desde que estuve en Florencia me doy cuenta de lo triste que es la montaña. Podemos vender la casa y los rebaños, y con esto seré rica. Ya estoy harta del carácter tosco de la gente de aquí. En Florencia tuvieron que enseñarme todo lo que necesitaba una señorita de la ciudad, y se quedaron asombrados de lo rápidamente que aprendía yo todo. Ciertamente que no dispuse de mucho tiempo, y, además, mis sueños me decían que habría de ser aquí arriba donde tú vendrías a buscarme... Hasta he ido a ver a una adivinadora y todo lo que me dijo se ha cumplido.

—¿Y si yo tuviese ya una mujer?

Miróle ella con ojos muy abiertos.

—¡Tú quieres probarme, Filippo! No tienes ninguna; también me lo dijo la *strega*[1]. Lo que no sabía era dónde vivías.

—Tenía razón, Fenice; no tengo mujer. Pero ¿de dónde sabe ella, o tú, que quiero tenerla?

—Y ¿cómo podrías no quererme a mí? —dijo ella con inquebrantable confianza.

—Fenice, ven, siéntate aquí a mi lado. Tengo muchas, muchas cosas que decirte. Dame acá tu mano; prométeme que vas a escucharme hasta el final, mi pobre amiguita.

Y como ella no hiciera movimiento alguno, prosiguió con el corazón palpitante, en pie ante ella, fija en su rostro la mirada llena de tristeza, mientras la de ella, como llena de trágicos presentimientos, tan pronto se ocultaba tras los suaves párpados como vagaba por las losas del piso:

—Tuve que huir de Florencia hace algunos años —comenzó su narración—. Ya sabes, entonces fué cuando hubo aquellos desórdenes políticos, que se reprodujeron en muchos sitios y anduvieron indecisos tanto tiempo. Yo soy abogado, y conozco a un montón de gente, y escribo y recibo una enorme cantidad de cartas a lo largo del año. Además, yo era completamente independiente, y llegaron a odiarme, aunque no quería poner manos en su actividad clandestina y sus secretos manejos. Por último, tuve que emigrar, porque no quería verme metido en interminables interrogatorios y en prisión, sin beneficio ni objeto alguno. Me dirigí a Bolonia, y allí he vivido por mi cuenta, he defendido mis causas y mis procesos y he visto a pocos hombres y a poquísimas mujeres; porque de aquel muchacho atolondrado que tú cautivaste y llenaste de rabia hace siete años, no ha quedado en mí nada en absoluto, sino, quizá, que la cabeza (o si lo prefieres, el corazón) me estalla cuando me tropiezo con algo que no puedo rendir a mi voluntad. Naturalmente, hoy son otras cosas muy distintas al

1. Hechicera, adivinadora. *(N. del T.)*

cerrojo de la puerta de una muchacha bonita. Quizá hayas oído que la situación ha estado también intranquila en Bolonia en los últimos meses. Han sido detenidos hombres distinguidos y de relieve, y entre ellos uno cuya vida y milagros conozco desde hace mucho tiempo y cuyo espíritu sé que está muy alejado de todas estas cosas. Verdaderamente, con esta manera de proceder mejoran tan poco a un mal gobierno, como si vosotros metierais un lobo en el redil cuando se declara una enfermedad entre vuestras ovejas. Pero ¿qué se le va a hacer? Bien, la cuestión es que mi amigo me rogó que fuese su abogado, y yo le ayudé a conseguir la libertad. Apenas se supo esto cuando un buen día me detuvo en plena calle un hombre de aspecto miserable y me llenó de insultos. Yo no vi otro modo de librarme de él que dándole un empellón en mitad del pecho, pues estaba totalmente borracho y no era digno de mala respuesta. Pero apenas me hube zafado del corro de gente que se arremolinó y entrado en el primer café que vi, cuando se me acercó un pariente del susodicho hombre, sin una gota de vino en el cuerpo, pero borracho de odio y de cólera, y me espetó de buenas a primeras que yo había contestado a las palabras con los puños, como un infame, en lugar de hacer lo que un *galantuomo* hubiera hecho. Yo le contesté todo lo discreta y prudentemente que pude, pues había calado ya que todo esto era un arreglo del Gobierno para eliminarme. Pero las palabras se enredaron, y los enemigos se salieron con la suya y acabaron por conseguir lo que se proponían. El otro pretextó tener que marcharse a Toscana y apremió por ello a liquidar el asunto allá. Yo consentí, porque ya era hora de que uno de nosotros, los sensatos, demostrase a las cabezas calientes que no era preciso aumentar la falta de valor y de decisión la causa de nuestro retraimiento, sino tan sólo la falta absoluta de esperanza en las intrigas y manejos ocultos, frente a una fuerza tan superior a nosotros. Pero cuando, anteayer, solicité el pasaporte, me fué denegado, sin que nadie se dignase darme la razón de ello; esto significaba que era una orden de la autoridad superior. Entonces comprendí de pronto que querían tenderme una celada y, o pillarme en la vergüenza de haber concertado un duelo, o empujarme a pasar la frontera en cualquier disfraz, para atraparme allí en alguna emboscada. Después, ya habrían encontrado un pretexto para formarme proceso y prolongarlo todo el tiempo que les pareciera conveniente.

—¡Qué miserables! ¡Qué canallas! —le interrumpió la joven, blandiendo los puños.

—No quedaba, pues, otra solución sino encomendarse en Porretta a los *contrabbandieri.* Mañana llegaremos a Pistoia, todavía de madrugada, según me aseguran. Por la tarde estará concertado el duelo, en algún prado de las afueras de la ciudad.

Ella cogió impetuosamente la mano de él entre las suyas.

—¡No vayas allá abajo, Filippo! ¡Quieren asesinarte!

—Ciertamente, eso quieren, pequeña. Pero ¿por qué lo sabes tú?

—Lo presiento aquí y aquí —y se señaló el corazón y la frente.

—¿Sabes que también tú eres una hechicera, una *strega*? —prosiguió él con una sonrisa—. Sí, niña, sí; quieren matarme. Mi contrincante es el mejor tirador de toda Toscana. Me han hecho el honor de enfrentarme con un enemigo de primera categoría; pero no quedaré en mal lugar. Y ¿quién sabe si no saldrá todo con bien? ¡Quién sabe! ¿Tienes también artes mágicas para adivinar el futuro? ¿De qué nos serviría saber por anticipado lo que ha de pasar? Nada habría de cambiar por ello.

Y siguió, tras una pausa:

—Tienes que quitarte de la cabeza la idea de que se salga con su voluntad tu viejo e insensato amor. Quizá todo ha sucedido así para que no salga yo de este mundo sin liberarte de ti misma y de tu desventurada fidelidad, pobre niña. Mira, quizá tú y yo nos hubiéramos llevado mal, no nos hubiéramos entendido..., quién sabe. Tú eres fiel a otro Filippo, a un chisgarabís, lleno de caprichos frívolos y tontos y despreocupados de los problemas de la vida. ¿Qué habrías tenido tú de común con un hombre caviloso, con un ermitaño?

Se detuvo ante ella, pues había dicho estas últimas palabras paseando de nuevo por la habitación, e intentó tomar su mano; pero se quedó paralizado de asombro ante la expresión de su rostro. De sus rasgos había desaparecido toda dulzura, y sus labios estaban palidísimos.

—¡Tú no me quieres! —dijo lentamente, y casi sin voz, como si hablase otra persona por ella y ella escuchase para enterarse de la terrible verdad.

Después rechazó la mano de él con un grito tal que las llamas del candil amenazaron con apagarse, al tiempo que llegaba de afuera el rabioso aullar del perro.

—¡Tú no me quieres, no, no! —gritó fuera de sí—. ¿Es posible que prefieras la muerte a mis brazos? ¿Puedes volver después de siete años nada más que para despedirte? ¿Eres capaz de hablar con esa tranquilidad de tu propia muerte, como si no fuese también la mía? ¡Mejor hubiera sido que mis ojos se hubieran vuelto ciegos antes de volver a verte, y estos oídos, sordos antes de oír la voz que me hace vivir y me mata! ¿Por qué no te habrá despedazado el perro antes que yo supiese que venías para desgarrar mi corazón? ¿Por qué no resbalarían tus pies en los precipicios? ¡Pobre de mí! ¿No ves mi pena, *Madonna*?...

Se arrojó al suelo ante la imagen y apoyó la frente en las losas, con las manos extendidas. El hombre oyó el acezar del perro entre el murmullo de los rezos y los gemidos de la infeliz muchacha. La luna resplandecía ahora con fuerza y su luz bañaba la estancia. Pero antes que pudiese recobrarse y aun decir algo, sintió de nuevo los brazos de ella ciñendo su nuca, su boca junto a la garganta, y un torrente de cálidas lágrimas empapando su rostro.

—¡No vayas a la muerte, Filippo! —sollozó la infeliz—. Si te quedas aquí conmigo, ¿quién podrá encontrarte? Déjales que digan lo que quieran, hatajo de criminales, astutos canallas, peores que los lobos... Sí —prosiguió, mirándole con ojos relampagueantes a través de sus lágrimas—, te quedarás, la *Madonna* me lo ha concedido, para que pueda salvarte. Filippo, ya no sé qué cosas insensatas he dicho, pero he sentido que eran muy malas por la angustia helada que me han arrancado del corazón. Perdónamelo. Pensar sólo que pueda llegarse a olvidar el amor y a quebrantar la fidelidad, es algo que merece el infierno. Pero ven, vamos a deliberar sobre todo esto, sobre lo que hemos de hacer. ¿Quieres una casa nueva? Pues haremos una. ¿Otra gente distinta? No te preocupes, despediremos a todos; hasta Nina y el perro se irán. Y si tú crees que alguien puede hacerte traición y delatarte, nos iremos nosotros, hoy mismo, ahora mismo. Yo conozco bien todos los caminos, y antes que salga el sol estaremos metidos entre los barrancos, camino del Norte, hasta Génova, hasta Venecia, hasta donde tú quieras...

—¡Basta! —dijo él, secamente—. Ya está bien de locuras. No puedes ser mi mujer, Fenice. Si no me matan mañana mismo, será dentro de poco, porque sé muy bien que estoy en medio de su camino.

Desenlazó los brazos de ella de en torno a su cuello, suave, pero firmemente.

—Mira, niña —prosiguió—, todo esto es ya bastante triste de por sí, y no debemos empeorarlo con la falta de razón y de cordura. Quizá, cuando te enteres un buen día de mi muerte, hayas encontrado ya un marido y unos hijos, y entonces comprenderás, estoy seguro, que el muerto tenía esta noche más razón que tú, aunque en aquella otra sucedió lo contrario. Déjame ir a dormir, vete tú también, y procura que mañana no nos veamos otra vez. Tú tienes buena reputación, según pude enterarme por los *contrabbandieri* durante el camino; si mañana nos abrazásemos y tú hicieses una escena...; ¿no es verdad, niña? Y ahora, anda. Buenas noches, buenas noches, Fenice.

Ofrecióle otra vez su mano con gesto cordial, pero ella no quiso aceptarla. A la luz de la luna parecía más pálida aún, más oscuras las cejas y las caídas pestañas.

—¿No he expiado bastante todavía —dijo, con un hilo de voz— el haber tenido demasiado juicio una noche, hace siete años? ¿Y ahora quiere él que este mil veces maldito juicio me haga de nuevo desgraciada, y esta vez por toda la eternidad? ¡No, no! ¡No le dejaré de mis manos! Me avergonzaría delante de todos los hombres si él se fuese y hallase la muerte.

—Pero ¿no has oído que es ésa mi voluntad? —interrumpióla él con vehemencia—. ¿No has oído que ahora quiero estar solo y dormir? ¿Por qué sigues diciendo esas tonterías y atormentándote a ti misma? Si no eres capaz de comprender que mi honor me obliga a apartarme de ti, no me sirves, no eres para mí. No soy yo ningún muñeco sobre tu falda para que lo mimes y le gastes bromas, niña. Yo me he trazado mi propio camino, y resulta demasiado estrecho para dos personas. Y ahora enséñame las pieles sobre las que he de pasar la noche, y olvidémonos el uno del otro.

—¡Aunque me apartes de ti a golpes, no me voy! ¡Con estos brazos te arrancaría de la misma muerte que se interpusiese entre nosotros! ¡En muerte o en vida, tú eres mío, Filippo!

—¡Silencio! —gritó él con voz colérica—. Su frente enrojeció de ira y apartó de sí a la apasionada joven con ambos brazos—. ¡Silencio! ¡Esto se acabó, de una vez por todas! ¿Te has creído que soy una criatura, de la que puede apoderarse quien se le antoje? Soy un hombre, ¿lo oyes?, un hombre, y sólo me poseerá la persona a quien yo me entregue por propia voluntad. Te has pasado siete años suspirando por mí..., y ¿crees que tienes por eso derecho a hacerme quedar deshonrado ante mí mismo? Si lo que querías era sobornarme, has escogido mal los medios. Hace siete años te quise porque eras otra muy distinta a la de hoy. Si entonces te hubieras aferrado a mi cuello y hubieras intentado cautivarme con amenazas, yo habría opuesto, como hago hoy, terquedad contra terquedad. Ahora todo ha terminado entre nosotros, y me acabo de convencer de que la compasión que me asaltó hace unos momentos no tenía nada que ver con el amor. Por última vez: ¿dónde está mi habitación?

Su voz era dura y cortante, y cuando calló pareció dolerse de haber hablado así. Sin embargo, no añadió una tilde, ni intentó arreglar su aspereza, y esperó en silencio la respuesta de ella, asombrado de que hubiese recibido sus palabras con mucha más serenidad de lo que él temía. Habría calmado gustosamente, con palabras más dulces y suaves, cualquier tormentoso estallido; pero ella echó a andar fríamente delante de él, abrió una pesada puerta de madera no muy alejada del hogar, indicóle con un mudo gesto el cerrojo y regresó después junto al fuego.

Él entró en la habitación y echó el cerrojo tras de sí, pero permaneció un buen rato junto a la puerta, pegado a ella, para escuchar lo que hacía la muchacha. Pero de la gran estancia central no llegó a él movimiento alguno audible, ni se escuchaba en la casa toda, por lo demás, otro rumor que el gemir inquieto del perro, el cocear del caballo en la cuadra y el cantar del viento, que dispersaba los últimos jirones de niebla. La luna brillaba en el cielo con todo su esplendor, e inundó con su plateada claridad toda la habitación cuando Filippo quitó un gran haz de brezo silvestre de un hueco en el muro que hacía las veces de ventana. Entonces se dió cuenta de que estaba en la alcoba de Fenice. Allí estaba la estrecha y pulcra cama junto a la pared; al lado, un arcón sin cerrar, una mesilla y un banco de madera; las paredes estaban cubiertas de estampas: santos y *Madonnas*, y, al lado de la puerta, bajo el Crucifijo, una pequeña pila de agua bendita.

Sentóse sobre el duro lecho, y sintió que algo se arrebataba, tormentoso, en su interior. Se puso de pie un par de veces, para precipitarse afuera y decirle que la había lastimado sólo por salvarla. Pateó el suelo con rabia, malhumorado por su arranque sentimental. «Es lo único que queda —dijo para sí—, si no aumentan las deudas y las condenadas pestes que han caído sobre mí. ¡Pobre criatura! ¡Siete años!» Un fuerte peine, adornado con pequeñas incrustaciones de metal, yacía sobre la mesa, y él lo cogió mecánicamente. Acudióle a la memoria la densa y espesa cabellera, la orgullosa nuca sobre la que reposaba, la noble frente en torno a la cual se ensortijaba, y las trigueñas mejillas. Arrojó al tentador en el arca, dentro de la cual vió pulcros corpiños y faldas, pañuelos para la cabeza, que trascendían un olor de tomillo y espliego, y todo género de adornos y aderezos, cuidadosamente guardados. Dejó caer la tapa lentamente, volvió al hueco del muro y miró a través de él.

La habitación estaba situada en la parte trasera de la casa, y no había cabaña o casa que le impidiera la visión de la iluminada serranía. Enfrente, alzándose detrás de los canchales, el desnudo lomo de la montaña, bañado por la luna, que en aquellos momentos debía de hallarse justo encima de la casa. A un lado vislumbró algunos cobertizos, a los que llevaba un sendero, que se perdía luego en la hondonada. Un pequeño pino solitario, de escuetas ramas, arraigaba en el pedregal; brezo y jara silvestre cubrían el suelo, y aquí y allá, algún raquítico seto.

«Realmente, no es éste el lugar más apropiado para olvidar que se ha amado —dijo calladamente—. ¡Bien distinto querría yo que fuera! Sí, quizá habría sido la mujer que me conviene, más aficionada a mí que a las modas y los paseos y los chismes de las niñas bien. ¡Qué cara pondría mi viejo Marco si volviese un buen día a casa con una mujercita! Ni siquiera sería preciso modificar la casa. Y alguna que otra vez me vendría muy bien a mí, que me estoy haciendo un viejo gruñón, un nene pícaro y sonriente... Pero basta ya de locuras, Filippo. ¿Qué sería de la pobre viuda de Bolonia? ¡No, no! ¡Ni pensar en ello! ¡No acumulemos nuevos pecados a los viejos! Despertaré a mi gente una hora antes y me escaparé antes que esté despierta en Treppi ni una sola alma.»

Iba a retirarse de la ventana, dispuesto a estirar en la yacija sus miembros, fatigados por la larga cabalgata, cuando vió salir de la sombra de la casa, al claro de luna, una figura femenina. La mujer no volvió hacia él la cabeza, pero no le cupo la menor duda de que era Fenice. Ésta fué alejándose de la casa en dirección al sendero que descendía hacia el barranco, con pasos rápidos y silenciosos. Un escalofrío de temor le recorrió la piel, porque le asaltó la idea de que intentaba quizá causarse algún daño; sin darse cuenta, se abalanzó a la puerta y tiró con violencia del cerrojo; pero el viejo y mohoso hierro se había atascado con tan terca obstinación, que fueron inútiles sus esfuerzos. Un sudor frío perló entonces su frente; gritó, zarandeó la puerta, la golpeó con puños y pies, sin conseguir rendirla. Por último la dejó, y se precipitó al ventanuco. A punto estaba ya de ceder a su furia una de las piedras del muro, cuando columbró en el sendero la figura de la joven, que regresaba en dirección a la casa. Llevaba algo en la mano, que no pudo reconocer por lo indeciso de la luz; tan sólo pudo distinguir su rostro, que aparecía grave y meditativo, pero sin huella alguna de pasión. No arrojó ni una mirada fugaz sobre la ventana tras la que estaba él apostado, y se sumió de nuevo en la espesa sombra del muro.

Aún seguía él inmóvil, respirando profundamente por la angustia y el esfuerzo físico realizado, cuando llegó a sus oídos un sonido estridente, que parecía provenir del viejo perro, pero que no era ni un ladrido ni un gemido. El enigma le atenazó de ansiedad, más desagradable por momentos; sacó la cabeza cuanto pudo por fuera de la ventana, pero no vió nada más que la extática noche sobre la silenciosa serranía. Resonó de nuevo un breve y quejumbroso gañir, y en seguida un gemido desgarrador del animal. Luego, por más que se aplicó a escuchar durante largo tiempo, en ávida tensión, no pudo percibir sino el batir de la puerta de la habitación central, y los pasos de Fenice sobre las losas. En vano permaneció largo tiempo junto a la aherrojada puerta, escuchando primero, rogando y preguntando después y suplicando al final, aunque no fuera más que una breve frase de la muchacha: todo permaneció sumido en el silencio. Arrojóse entonces, febril, sobre la cama, y permaneció así, desvelado y lleno de sombrías meditaciones, hasta que, por último, media hora después de la medianoche, la luna se ocultó tras los montes y la fatiga se enseñoreó de sus mil agitados pensamientos.

Cuando le abandonó el sueño, le envolvía una suave luz crepuscular. Pero al saltar del lecho, despejada totalmente su cabeza, dióse cuenta de que no era la penumbra del alba. Hasta él llegaba un débil rayo de sol y pronto vió que el hueco del muro, que había dejado abierto cuando se quedó dormido, estaba densamente obstruído con ramaje y hojarasca. Lo empujó con violencia afuera, y el sol mañanero le cegó. Poseído de furor contra los *contrabbandieri*, contra su propio sueño y, sobre todo, contra la muchacha, a quien debía imputar esta celada, se dirigió en un santiamén a la puerta, cuyo cerrojo cedió ahora a una ligera presión de su mano, y salió a la estancia central.

Allí estaba Fenice sola, sentada sosegadamente junto al hogar, con aspecto de llevar esperándole mucho tiempo. De su cara habían desaparecido las huellas de la tormentosa noche y su oscura y honda mirada no dejaba tampoco traslucir indicio alguno de tristeza o de alteración, ni de esfuerzo por dormirse.

—Tú has preparado esta estratagema para que la hora se me pasase durmiendo —le dijo con acento duro e imperioso.

—Sí —respondió ella con indiferencia—. Estabais cansado. Pero todavía podéis llegar a Pistoia con tiempo suficiente, si os habéis de enfrentar antes de la tarde con esos asesinos.

—Y ¿quién te dió permiso ni te pidió que te preocuparas por mi cansancio? ¿Es que piensas seguir importunándome y haciéndome la vida imposible? Te advierto que esto no te va a servir de nada, muchacha. ¿Dónde está mi gente?

—Se ha marchado.

—¿Que se ha ido? ¿Te estás burlando de mí? ¡Dónde están, te digo! ¡Estúpida, como si fuesen a largarse antes de pagarles yo!

Y se dirigió rápidamente a la puerta, para lanzarse afuera.

Fenice siguió sentada, inmóvil, y dijo con el mismo tono manso y monótono:

—Yo les pagué. Les he dicho que necesitabais dormir, y que yo misma os acompañaría allá abajo, porque la provisión de vino toca ya a su fin y tengo que encargar que suban más en una aldea que está una hora de camino antes de Pistoia.

La furia le impidió a él hablar durante unos instantes. Luego estalló:

—¡No, contigo no; de ningún modo; contigo, jamás! ¡Víbora pérfida! ¡Es ridículo que pienses todavía que vas a conseguir embaucarme y envolverme con tus trampas y tus ardides! ¡Ahora estamos mucho más profundamente separados que nunca! ¡Te desprecio, por haberme tomado por un estúpido, capaz de dejarse cazar con estas artimañas! ¡Contigo no voy! ¡Dame uno de tus peones ahora mismo, y aquí tienes..., cóbrate el desembolso a los *contrabbandieri*!...

Le arrojó una bolsa y abrió la puerta, dispuesto a buscar por sí mismo a alguien que le condujese a Pistoia.

—No os molestéis —dijo ella—. No encontraréis a ninguno de los peones, porque todos están en el monte. Y en Treppi no hay nadie que pueda serviros. Abuelitas achacosas, viejos y zagales, eso es lo único que hay. Si no me creéis, miradlo.

—Y después de todo —prosiguió, mientras él seguía en el umbral, vacilante, lleno de cólera y despecho, vuelto de espaldas a ella—, ¿por qué os parece tan imposible y peligroso el que yo os guíe? Esta noche he tenido un sueño que me ha dicho a las claras que vos no sois para mí. Es verdad que os quiero un poco todavía, y será una gran alegría para mí poder charlar con vos un par de horas más. ¿Es que voy a tenderos una trampa por esto, o voy a entreteneros? Libre sois para escapar de mi lado para siempre, a donde se os antoje, a la vida o a la muerte. He arreglado así las cosas para poder caminar a vuestro lado un trecho de camino hasta Pistoia. Os juro, si esto puede tranquilizaros, que solamente será un trecho, y de ningún modo hasta Pistoia; sólo el tiempo preciso para dejaros en el camino derecho. Si hicieseis el viaje por vuestra cuenta, os perderíais en la sierra y llegaría un momento en que no sabríais ni avanzar ni retroceder. Deberíais saberlo ya de vuestro primer viaje por estos montes.

—¡Vete al infierno, peste! —masculló él, mordiéndose los labios.

El sol estaba ya alto en el cielo, y bien pensado, ¿qué tenía que temer? No quiso confesarse a sí mismo lo peor. Se volvió a ella, y en la serena mirada de sus insondables ojos creyó ver el testimonio de que bajo sus palabras no se ocultaba engaño alguno. Verdaderamente, desde ayer parecía la joven haberse convertido en otra muy distinta para él, y en su sorpresa se mezcló casi un sentimiento de disgusto, porque hubo de reconocer que el acceso de dolorosa pasión de la víspera había desaparecido con presteza y sin dejar el menor rastro. Miróla ahora largo tiempo, pero decididamente ella no parecía dar motivo alguno de sospecha.

—Si te has vuelto tan razonable —dijo secamente—, sea; iré contigo.

Sin dar especiales muestras de alegría, ella se levantó entonces, y dijo:

—Tenemos que comer algo antes. En varias horas no encontraremos nada.

Púsole delante una cazuela y un jarro y comenzó ella misma a comer, en pie junto al hogar, pero sin probar una gota de vino. Por el contrario, él, para despachar cuanto antes, comió unas cuantas cucharadas colmadas, empinó bien el codo y, por último, encendió un cigarrillo con un ascua de la lumbre. Durante la comida, no le concedió a ella ni una sola mirada; sólo en una ocasión la había mirado, porque se acercó a ella, y entonces vió en sus mejillas un maravilloso rubor y en sus ojos resplandecía un secreto triunfo. Cuando terminó de beber, ella se levantó rápidamente, asió el jarro y lo estrelló de un golpe contra el enlosado suelo.

—¡Nadie debe beber en él después de haberlo tocado vuestros labios!

Estupefacto, se levantó él, y una sospecha cruzó como un relámpago por su pensamiento: «¿Te habrá dado un veneno?» Pero prefirió pensar que sería el último resto de la adoración de la que acababa de renegar, y sin que mediaran más palabras entre ellos, siguióla fuera de la casa.

—Se han llevado el caballo otra vez a Porretta —le dijo ella desde fuera, al ver que él buscaba al animal con la mirada—. No es fácil descender a caballo sin peligro. Los caminos están más difíciles aún que ayer.

Echó a andar delante de él y pronto dejaron atrás las últimas cabañas de la aldea, que yacían bajo el áspero sol, como muertas, y sin una sola voluta de humo en sus chimeneas. Ahora podía ver por vez primera toda la majestuosa grandiosidad de estas soledades, sobre las que alzaba su bóveda un cielo purísimo y transparente. La senda, apenas reconocible por una larga huella de color más oscuro, entre las duras rocas, serpenteaba hacia el Norte por lomas, cañadas y barrancos; de trecho en trecho, cuando se quebraba el hilo de los picachos que orillaban el camino paralelamente a él, destellaba en el lejano horizonte, a derecha e izquierda, una estrecha cinta de mar. No había vegetación alguna, excepto las secas y ruines hierbas y matas del monte, y las zarzas y jarales. Dejaron las alturas y descendieron al fondo de un barranco que era necesario atravesar para ganar después la masa rocosa que se erguía ante ellos. Allí se encontraron ya pinos y otras coníferas; en las laderas brotaban incontables manantiales, y allá en el fondo se escuchaba el batir furioso del agua. Fenice caminaba delante con pie seguro, apoyando el paso en las piedras más firmes, sin mirar en derredor suyo, ni decir una sola palabra. Él no podía hacer otra cosa sino dejar que sus ojos se fijasen en ella y admirar la elástica y ágil fortaleza de sus miembros. Le ocultaba su cara un gran pañuelo blanco, con el que se cubría la cabeza, pero cuando arregló las cosas para poder caminar junto a ella, a su lado, tuvo que esforzarse por fijar la mirada en el suelo ante sus pies, y lejos de ella, de tal modo le fascinaba la espléndida configuración de sus facciones. Y en ellas descubrió entonces un no sé qué de infantil, sin que pudiese decir en dónde radicaba, como si en aquella cara algo hubiera permanecido inalterado durante siete años, mientras todo lo demás se desarrollaba y mudaba.

Finalmente fué él quien rompió a hablar, y ella le respondió con frases indiferentes y discretas; su voz, que no solía ser tan bronca y áspera como se acostumbra entre las mujeres de la serranía, tenía hoy un dejo monótono y melancólico hasta en las cosas más insignificantes. Los senderos por los que andaban fueron frecuentados muchas veces en los últimos años por fugitivos políticos, de los cuales una inmensa mayoría había hecho alto en Treppi, con toda seguridad. Filippo hizo a la muchacha varias preguntas sobre algunos conocidos suyos, que describió con todo detalle; pero la joven no se acordaba casi nunca de ellos, aunque sabía que los *contrabbandieri* habían llevado a pernoctar en su casa a infinidad de forasteros. Sólo se acordaba de uno, pero eso sí, con toda claridad. Al describirlo, la sangre le afluyó al rostro, y detuvo la marcha.

—¡Qué miserable! —dijo con acento sombrío—. Tuve que despertar a los mozos en plena noche y hacer que le cerrasen la casa.

Distraído con esta charla, no se dió cuenta él de que el sol estaba cada vez más alto y aún no se abría a la mirada la ancha campiña de Toscana. En realidad, no dedicó un solo pensamiento al inminente término de aquel día: era tan refrescante, tan vivificador, caminar así, cincuenta pasos por encima de la torrentera, por aquella senda totalmente cubierta de maleza, sentir ascender el fresco vaho de la cascada, y ver a las lagartijas deslizarse sobre las rocas y a las gráciles mariposas perseguir las manchas de sol entre el follaje, que no se percató en absoluto de que caminaban en dirección contraria al curso del torrente y no giraban nunca en dirección opuesta. En la voz de su compañera había una magia que le hacía olvidar todo cuanto le había obsesionado tercamente ayer en compañía de los *contrabbandieri.* Pero cuando salieron de la hondada, y se extendió ante su atónita mirada una interminable sucesión de montes, inabarcable para la mirada, extraña y bravía región, con nuevos riscos y hondos valles, despertó súbitamente del hechizo, se detuvo en seco y alzó la mirada al cielo. Entonces se dió clara cuenta de que habían estado caminando en sentido totalmente opuesto al que debían, y que estaban, por lo menos, dos horas más alejados de su punto de destino que cuando se hallaban en Treppi.

—¡Alto! —dijo Filippo—. Veo todavía a tiempo que me has tomado el pelo. ¿Es éste acaso el camino de Pistoia, ladina, pérfida?

—No —dijo ella sin temor alguno, pero con la mirada clavada en el suelo.

—¡Pues entonces, por todos los diablos del infierno, que bien podrían ir a tu casa como a la escuela para aprender hipocresía de ti! ¡Maldita sea mi ceguera!

—Todo se puede, se es más poderoso que los diablos y los ángeles, cuando se ama —dijo ella con voz grave y llena de tristeza.

—¡No —gritó él en un arrebato de furor—, no te regocijes todavía, insolente, petulante! No puede doblegar la voluntad de un hombre esto que llama amor una chiquilla estúpida. Vuelve ahora mismo conmigo al lugar y enséñame el camino más corto, o te ahogaré con estas manos, insensata. ¿No comprendes que he de acabar por aborrecer a la persona que quiere obligarme a cometer una indignidad ante los ojos del mundo?

Avanzó hasta ella con los puños crispados, incapaz de dominarse.

—¡Ahógame! —dijo ella con voz trémula, pero clara—. ¡Hazlo, Filippo, anda! Pero cuando lo hayas hecho te arrojarás sobre mi cadáver y llorarás lágrimas de sangre, por no poder devolverme de nuevo la vida; aquí a mi lado estará tu lecho, y lucharás con los buitres que vengan a despedazarme. Te achicharrará el sol del día, te bañará la escarcha de la noche hasta que caigas junto a mí, pero de mi lado no podrás separarte jamás. ¿Crees que la pobre chiquilla loca que se ha criado entre montes va a tirar por la ventana siete años enteros, como si se tratase de un solo día? Sé bien lo caros que me han costado, y que pago un precio justo si quiero comprarte con ellos. ¿Dejarte ir a la muerte? Sería ridículo. Apártate, aléjate de mí, y ya te darás cuenta de que te atraigo hacia mí por toda la eternidad. Porque has de saber que en el vino que bebiste esta mañana estaba mezclado un bebedizo amoroso, un filtro mágico, al que todavía no ha podido resistirse ningún hombre bajo la capa del cielo.

Parecía una reina, extendiendo el brazo hacia adelante, como si sostuviese en su mano un cetro sobre algún vasallo caído en desgracia. Pero él soltó una áspera risotada y exclamó.

—¡Tu filtro de amor te presta unos pésimos servicios, porque nunca te he aborrecido tanto como en estos momentos! Pero soy un necio al odiar a una loca. Ya te curarás de tu desvarío, y también de tu amor, en cuanto me pierdas de vista. No necesito tu guía. Allá arriba veo una choza con un rebaño alrededor, y una fogata delante. Allí sabrán indicarme el camino. ¡Adiós, víbora, adiós!

Se volvió y echó a andar. Ella, sin decir palabra, se sentó tranquilamente a la sombra de un gran peñasco junto a la hondonada y sumió la mirada de sus grandes ojos en el oscuro verdor de los pinos que crecían abajo junto al agua.

*

No se había alejado mucho de ella, cuando perdió el camino, entre peñas y matorrales; por más que se rebelase contra ello, las palabras de la maravillosa muchacha habían ejercido un efecto perturbador sobre su corazón y le habían transtornado y cambiado. Frente a él, en la ladera, veía el fuego de los pastores y siguió abriéndose paso vigorosamente, para alcanzar cuanto antes el fondo. Calculó, por la altura del sol, que serían alrededor de las diez. Cuando hubo descendido la falda del monte halló abajo una escondida vereda, y poco después una pasarela sobre un arroyuelo, que prometía llevar a la otra orilla del barranco y en último término desembocar en la pradera sobre la que se alzaba la cabaña. Siguióla, pues; la senda ascendía al principio, empinada, pero de improviso, después de un recodo, se halló otra vez en la montaña que acababa de dejar. Entonces se dió cuenta de que aquel camino no llevaba a su punto de destino. Frente a él se erguían unos escarpados riscos, invencibles de todo punto, y no se decidió a retroceder, sino que prefirió confiarse a su suerte y seguir andando. Así, pues, siguió rápidamente aquella dirección, como si acabaran de librarle de unas ataduras, dirigiendo de cuando en cuando miradas a la choza, que se alejaba cada vez más de él. Paulatinamente fuése calmando su sangre, y le vinieron a las mientes todos los pormenores de la recién vivida escena. Ahora tenía delante de sus ojos la bella imagen de la joven, clara y precisa, y no como antes, cuando la veía a través de la niebla de su furor. No podía evitar una profunda lástima por ella. «Ahora estará sentada allá arriba —dijo para sus adentros—, la pobre loca, esperando que den resultados sus pobres artes de hechicería. Quizá saliese anoche de la casa con el fin de coger quién sabe qué inofensivos hierbajos. Sí, por cierto; ahora me acuerdo de que mis bravos *contrabbandieri* me enseñaron las extrañas flores que crecían en las grietas de las peñas, y me dijeron que eran muy eficaces para el amor. ¡Bah! Inocentes habladurías que cuentan de vosotras... Por eso me supo tan amargo el vino, claro. Estaba ante mí como una sibila, tan segura de la verdad, como muy difícilmente lo estaría aquella romana que arrojó sus libros al fuego. ¡Pobre corazón, qué hermoso y qué mísero te hace tu desvarío!»

Cuanto más se alejaba, tanto más fuertemente le iba poseyendo la conmovedora grandeza de su amor y el poder de su hermosura, que transfiguraba más aún la separación. «No he debido pagarla así, porque ella, con la mejor buena fe, quiere librarme de mis ineludibles deberes para salvarme. He debido darle la mano, y decirle: te tengo cariño, Fenice, y si salgo con vida de ésta, volveré a buscarte para llevarte conmigo. ¡Qué ciego he sido, por no habérseme ocurrido esta salida! Una vergüenza, una verdadera vergüenza para un abogado. Hubiera debido despedirme con besos, como un novio, y así no habría tenido recelo alguno de que la fuese a engañar. Pero he pretendido llevar la cosa con dureza y terquedad y no he hecho sino empeorarla.»

Se sumergió de lleno en la imaginación de una tal despedida, hasta que creyó sentir su aliento y la presión de sus frescos labios sobre su boca. Le pareció oír que le llamaban por su nombre. «¡Fenice!», respondió apasionadamente y se detuvo, con el corazón latiéndole violentamente. El regato murmuraba a sus pies, las ramas de los abetos pendían inmóviles; en torno, sólo la *agreste* y umbrosa soledad.

Tenía de nuevo su nombre en los labios, pero la vergüenza le cerró a tiempo la boca. Vergüenza y miedo al mismo tiempo. Se golpeó la frente: «¿Adónde he llegado a parar, que hasta sueño despierto con ella? ¿Tendrá razón al decir que ningún hombre ha sido capaz de resistirse a ese hechizo? Entonces no sería yo digno de llamarme nada mejor que un esclavo de las mujeres, un perrillo faldero, que es lo que ella pensaba hacer de mí. ¡No, no, que el infierno te lleve, bella diablesa engañada!»

Recobró por el momento su presencia de ánimo, pero se dió perfecta cuenta de que había estado vagando por un camino equivocado. No podía retroceder, si no quería correr en brazos del peligro. Por ello se decidió a coronar, fuese como fuese, algún risco, desde el que pudiese otear de nuevo el perdido refugio de pastores. La orilla del murmurador arroyo que corría hondo a sus pies, por la que caminaba él, era demasiado escarpada. Arrollóse la capa al cuello, escogió un punto seguro y se halló de un salto en la otra orilla del barranco, cuyas paredes se aproximaban estrechamente en aquel lugar. Con nuevos ánimos comenzó a escalar la vertiente, y pronto alcanzó la luz del sol.

Prosiguió abriéndose camino monte arriba con incansable ahinco; la cabeza le ardía y tenía la lengua seca y sedienta. De nuevo le sobrevino el temor de que, pese a todos sus esfuerzos, no podría alcanzar ya su meta. La sangre se le agolpaba más y más en la cabeza, y mientras renegaba del endiablado vino que se había echado al coleto por la mañana, se acordó otra vez de las blancas florecillas que le habían enseñado el día anterior durante el camino, y que cubrían las peñas de aquellos lugares. La piel se le erizó. «Si fuese cierto eso —pensó—, si hubiese poderes capaces de subyugar nuestro corazón y nuestra mente y de humillar la voluntad de un hombre al capricho de una chiquilla... ¡No, antes la muerte que tamaña afrenta! ¡Preferible morir a ser esclavo! Pero no, no; los embustes sólo vencen a quien cree en ellos. Pórtate como un hombre, Filippo, y sigue adelante, que ahí tienes ya la cumbre. Un pequeño esfuerzo aún y dejarás atrás para siempre esta maldita sierra con su duende...»

Con todo, no podía calmar la febril excitación de su sangre. Cada piedra, cada punto resbaladizo del camino, cada rama de abeto cruzada ante su paso, eran para él un obstáculo que sólo con un violento y desproporcionado esfuerzo de su voluntad era capaz de superar. Cuando llegó arriba, agarrándose a los últimos zarzales, y ganó la cumbre con un postrer esfuerzo, quedó ciego durante unos momentos; de tal modo se le había agolpado la sangre en las sienes y tan deslumbradora le envolvía la luz del sol que bañaba las amarillas rocas de la altura. Rabiosamente, se friccionó la frente, y, quitándose el sombrero, se pasó la mano por los cabellos. Y entonces oyó realmente pronunciar su nombre; estupefacto, clavó la mirada en el punto de donde provenía la voz. Allí, pocos pasos frente a él, sentada en las rocas, tal y como la había dejado él, estaba Fenice, mirándole con ojos tranquilos y llenos de felicidad.

—¡Por fin vuelves, Filippo! —dijo con acento entrañable—. Te esperaba mucho antes.

—¡Fantasma infernal! —gritó él fuera de sí, mientras en su interior trababan una terrible lucha el espanto y todas las pasiones de la nostalgia y el deseo—. ¿Te burlas aún de mí, por haber andado perdido entre torturas y haberme abrasado los sesos al sol? ¿Triunfas tú, pues, porque tengo que verte otra vez más, para maldecirte de nuevo? ¡Si te he encontrado no ha sido por haberte buscado, no, Dios lo sabe, y a pesar de todo me perderás de vista para siempre!

Ella sacudió la cabeza, con una extraña sonrisa.

—Te domina sin que tú lo sepas —dijo—. Me habrías encontrado aunque se interpusieran entre nosotros todas las montañas de la tierra, porque mezclé en el vino siete gotas de sangre del corazón del perro. ¡Pobre *Fuoco*! Me quería y te odiaba. Así odiarás tú también al Filippo que fuiste antes, cuando me rechazaste un día, y sólo te sentirás en paz cuando me ames. Filippo, ¿no ves cómo te he conquistado al fin? Ven, ahora quiero enseñarte el camino de Génova, querido mío, amor mío, mi marido.

Se levantó, y se disponía a estrecharle entre sus brazos cuando se detuvo de súbito, asustada por la expresión de su rostro. Habíase vuelto mortalmente pálido; el blanco de sus ojos estaba inyectado en sangre; sus labios temblaban mudos; el sombrero había caído de su cabeza; con las manos extendidas rechazaba cualquier aproximación.

—¡Un perro! ¡Un perro! —fueron las primeras palabras que barbotó trabajosamente—. ¡No, no, no! ¡Tú no puedes vencer, demonio! ¡Mejor un hombre muerto que un perro vivo!

Una terrible carcajada estalló en sus labios, y lentamente, como si cada paso le costase una terrible lucha consigo mismo, clavados los ojos fijamente en la muchacha, retrocedió dando traspiés y se precipitó de espaldas por el precipicio que acababa de abandonar.

Ante los ojos de ella todo se volvió negro como la noche. Llevóse las manos al corazón y prorrumpió en un alarido que rebotó en los riscos y los barrancos, como el grito de un halcón, cuando vió desaparecer la alta figura por el borde rocoso del abismo. Dió un par de pasos vacilantes y luego se detuvo, rígida e inmóvil, con las manos siempre apretadas contra el corazón.

—¡Santísima *Madonna*! —balbució, incapaz de pensar en nada.

Mirando siempre abajo, a sus pies, acercóse rápidamente al precipicio y comenzó a bajar la rocosa pared, entre los abetos. Sus labios, convulsos y respirando afanosamente, murmuraban palabras sin sentido; con su mano izquierda contenía los latidos de su corazón, y con la diestra se ayudaba en su descenso, entre las rocas y el ramaje. Así llegó hasta las raíces del abeto donde yacía caído él. Tenía los ojos cerrados, la frente y los cabellos empapados en sangre. Recostado sobre una raíz, tenía desgarrado el sobretodo y la pierna derecha parecía estar también lesionada. No pudo distinguir si vivía aún, pero cuando lo alzó de la tierra sintió que se movía; la capa, que llevaba apretadamente doblada en derredor de los hombros, parecía haber amortiguado el golpe de la caída.

—¡Jesús bendito! —respiró ella.

Fué como si le hubiesen nacido de pronto fuerzas de gigante. Llevando al herido apretado contra su pecho, comenzó a escalar de nuevo la abrupta pendiente. Mucho tiempo transcurrió, y más de cuatro veces tuvo que depositarle entre el musgo y las rocas, pero la vida seguía latiendo en su cuerpo.

Cuando llegó, por fin, a lo alto, con su desventurada carga entre los brazos, cayó de rodillas y permaneció unos momentos olvidada de todo, casi desfallecida. Empero, se rehizo en seguida y se alejó en dirección a la choza de los pastores. Cuando estuvo suficientemente cerca de ella, dejó resonar un penetrante grito por todo el ámbito del valle. Respondió el eco, y al momento una voz de hombre. Gritó ella por segunda vez, y echó a andar, sin esperar ya respuesta. Cuando llegó de nuevo junto al exánime, sollozaba violentamente. Le arrastró hasta dejarle a la sombra de la peña donde había estado antes sentada para esperarle.

Allí se encontraba él todavía, cuando le volvió la conciencia débilmente y entreabrió los ojos. Vió junto a sí a dos pastores, uno de ellos ya anciano, el otro mozo, como de diecisiete años. Le estaban arrojando agua a la cara y friccionándole las sienes. Sintió que su cabeza reposaba en algo muelle y suave, pero lo que menos hubiera podido figurarse es que descansaba sobre el regazo de la muchacha, a la que, por lo demás, parecía haber olvidado por completo.

Exhaló un profundo suspiro, que estremeció su cuerpo hasta la punta de los pies, y después volvió a cerrar los ojos. Luego suplicó con voz entrecortada:

—Uno de vosotros, buena gente, que vaya rápidamente abajo, a Pistoia, pero aprisa, por Dios, aprisa. Me esperan allí. Decid al amo de La Fortuna lo que me pasa y el estado en que me encuentro. Dios os lo pagará. Me llamo...

No pudo concluir, porque le abandonaron de nuevo la voz y la conciencia.

—Yo iré —dijo la joven—. Vosotros, entre tanto, llevad al señor a Treppi y acostadle en la cama que os indicará Nina. Decidle que avise en seguida a Chiaruccia, la vieja, para que cure y vende al señor. Levantadle: tú, Tommaso, por los hombros, y tú, Bippo, por las piernas; ve tú delante, Tomasso, cuando subáis el monte. ¡Vamos, arriba con él! ¡Cuidado, más suavemente! ¡Ah, un momento! Empapad esto en el agua y ponédselo sobre la frente; luego lo vais humedeciendo en cada regato que os encontréis. ¿Habéis entendido?

Desgarró un trozo de su pañuelo de lino, lo empapó en agua y rodeó con él los ensangrentados cabellos de Filippo. Levantáronle los hombres, y emprendieron el camino de Treppi. La muchacha los siguió con la mirada llena de angustia y pesar; ordenó después apresuradamente sus vestidos y se lanzó monte abajo por las ásperas y difíciles veredas.

*

Serían alrededor de las tres de la tarde cuando llegó a Pistoia. La posada de La Fortuna estaba un centenar de pasos antes de la ciudad, y en aquella hora de la *siesta* apenas bullía en ella la vida. Cobijados bajo la sombra del amplio porche había carros desenganchados, coches y tartanas, cuyos cocheros dormían plácidamente sobre los cojines; la gran herrería de enfrente yacía asimismo en descanso, y ni el más ligero soplo de brisa agitaba el follaje de los polvorientos árboles que orillaban el camino. Fenice se acercó al pilón que había ante la casa, cuyo chorro de fresquísima agua caía sonoramente sobre el gran cuenco de piedra, y se refrescó manos y cara. Bebió luego, a tragos grandes y despaciosos, para apagar a un tiempo la sed y el hambre, y luego entró en la taberna.

El posadero se levantó soñoliento del banco en que dormitaba, y se dejó caer de nuevo en él, al ver que la turbadora de su descanso era una muchacha de la sierra.

—¿Qué quieres? —le interpeló—. Si quieres algo de comer, o vino, vete a la cocina.

—¿Sois el amo de la posada? —preguntó ella.

—Y ¿quién ha de serlo sino yo? Yo creía que era bien conocido: Baldassare Tizzi, de La Fortuna. ¿Qué me traes de nuevo, hijita?

—Un recado de parte del *signor avvocato* Filippo Mannini.

—¡Vaya, vaya! ¿Conque está aquí, eh? Esto es otra cosa muy distinta —dijo, levantándose con presteza—. ¿No viene él en persona, niña? Porque aquí hay unos señores esperándole.

—Pues llevadme a donde estén.

—¡Vaya, hombre, miren la misteriosa! ¿Es que no se puede saber qué tiene él que decir a los señores?

—No.

—Bueno, está bien, niña, está bien. Cada uno tiene sus propios secretillos, lo mismo esta linda cabecita testaruda que esta cabeza dura del viejo Baldassare. ¿Vaya, eh? ¿De modo que él no viene? Me parece que va a sentarles a los señores como un tiro, porque parece que se traen con él negocios muy importantes.

Miró de reojo a la muchacha, parpadeando. Pero como ella no hizo gesto alguno que indicase que estaba dispuesta a seguir en sus confidencias, sino que se dirigió a la puerta y la abrió, el viejo tabernero se encasquetó su sombrero de paja y siguióla, moviendo la cabeza.

Al fondo del patio había un pequeño viñedo, que atravesaron ambos; el viejo prosiguiendo incansablemente sus preguntas y exclamaciones; la muchacha, sin pronunciar una sola sílaba. Al final del emparrado, bajo el que caminaban, había un insignificante cobertizo, cuyos postigos estaban cerrados a cal y canto y por dentro de cuya encristalada puerta colgaba una tupida cortina. Unos pasos antes de llegar a él, mandó el hostelero a Fenice que se detuviese y le esperase allí, y se dirigió solo hacia la puertecilla, que se abrió a su llamada. Fenice vió después como abrían uno de los postigos y un par de ojos miraron curiosos hacia ella. Después, el viejo se le acercó de nuevo y le dijo que los señores querían hablar con ella.

Cuando Fenice entró en la habitación se levantó un hombre que estaba sentado ante una mesa, de espaldas a la puerta, y la miró con una breve mirada penetrante. Sobre la mesa había una frasca de vino y algunos vasos.

—¿No viene, pues, el *signor avvocato*, como había prometido? —dijo el primero—. ¿Quién eres tú y qué traes para acreditar tu embajada?

—Soy una doncella de Treppi, señor; Fenice Cattaneo. Autorización, no traigo ninguna, sino que digo la verdad, y eso basta.

—¿Por qué no viene el *signor avvocato*? Nosotros creíamos que era un hombre de honor.

—Y lo es. Pero se ha caído por un precipicio, entre peñascos, y se ha herido la frente y una pierna, que no tiene ni conocimiento siquiera.

El que hablaba cambió una mirada con los otros, y prosiguió después:

—Estás dejando entrever la verdad, Fenice Cattaneo, porque te apañas muy mal para mentir; si perdió el conocimiento, ¿cómo pudo enviarte aquí para que nos hicieses saber esto?

—Porque le volvió el habla unos instantes, y entonces dijo que le estaban esperando en La Fortuna y que era preciso dar a conocer allí lo que le había ocurrido.

Uno de los dos sentados prorrumpió en una áspera risotada.

—¿Ves? —dijo entonces el primero—, tampoco estos señores creen en tu cuento. Sin duda es mucho más cómodo comportarse como un poeta que como un hombre de honor.

—Si esto quiere decir que pensáis que el *signor* Filippo no ha venido aquí por cobardía o miedo, os digo que es una mentira miserable, y repugnante que os tendrá en cuenta Dios algún día —dijo ella con tono duro, y mirándoles a uno tras otro.

—Estás acalorada, pequeña —se burló el hombre—; sin duda alguna eres una buena amiga del señor *avvocato*, ¿eh?...

—No, señor; la *Madonna* lo sabe —dijo ella con voz grave.

Los tres hombres cuchichearon entre sí, y ella pudo oír cómo uno de ellos advertía a los otros: «La aldea está aún en territorio de Toscana.»

—Así, pues, ¿no creéis en la seriedad de estos manejos? Me parece que él está ahora en Treppi como yo en...

—¡Venid y vedle en persona! Pero si he de conduciros yo, es con la condición de que no llevéis armas de ninguna clase.

—¡Boba! —exclamó el que primero había hablado—, ¿piensas que nos interesa la vida de una criatura tan bonita como tú eres?

—La mía, no; pero sí la de él; bien lo sé.

—¿Tienes alguna condición más que poner, Fenice Cattaneo?

—Sí; que venga con nosotros un cirujano. ¿Lo es alguno de vosotros, señores?

No recibió respuesta. En lugar de esto, los tres individuos cuchichearon de nuevo entre sí.

—Cuando llegamos le vi casualmente pasar por delante de la casa; es de esperar que no haya regresado todavía a la ciudad —dijo uno de ellos; y abandonó el pabellón.

A los pocos momentos regresó con un cuarto hombre, que no parecía conocer a ninguno de los tres.

—¿Nos haréis el favor de venir con nosotros a Treppi? —le espetó el que llevaba la voz cantante—. Durante el camino se os informará de qué se trata.

El recién llegado se inclinó silenciosamente, y todos abandonaron la habitación. Cuando pasaron por la cocina, Fenice cogió un pan y comió algunos bocados. Luego echó a andar delante del grupo y tomó el camino de la montaña. Durante éste, no prestó la menor atención a sus acompañantes, que conversaban animadamente entre sí. Caminó tan aprisa como le fué posible, y más de una vez hubieron de llamarla para que no se les perdiese de vista. Entonces se detenía y esperaba, sumida en angustiosos pensamientos, con la mano apretada sobre el corazón.

Atardecía cuando llegaron arriba. La aldea de Treppi no tenía un aspecto más animado que lo acostumbrado. Algunas caras infantiles aparecieron, curiosas, en los ventanucos, y en las puertas de las míseras casas observaron algunas mujeres el paso de Fenice y sus acompañantes. A nadie dirigió ésta la palabra; antes al contrario, apresuró más aún el paso, respondiendo con un breve gesto de la mano a los saludos que la dirigían. Ante su casa había un grupo de hombres conversando junto a la puerta; algunos mozos estaban atareados con unos caballos cargados de diversos bultos, y arriba y abajo paseaban unos cuantos *contrabbandieri*. Cuando vieron venir a los desconocidos, se hizo el silencio en el grupo. Se hicieron a un lado y dejaron el paso libre a la comitiva. Fenice cambió algunas palabras con Nina en la gran estancia central, y luego abrió la puerta de su alcoba. En la penumbra del crepúsculo se podía divisar al herido, tendido sobre la cama. Junto a él, acurrucada sobre el suelo, una viejísima mujer.

—¿Cómo va eso, Chiaruccia? —preguntó Fenice.

—No va mal, bendita sea la Virgen Santísima —contestó la anciana.

Y examinó con una rápida ojeada a los cuatro hombres que habían entrado junto con la joven.

Filippo despertaba en aquel momento de su sopor, y su pálido rostro enrojeció de pronto.

—¡Eres tú! —dijo.

—Sí, yo soy. Y aquí traigo al señor con el cual teníais que batiros, para que vea por sus propios ojos que no habéis podido acudir a la cita. También está aquí un médico.

La débil mirada del yacente resbaló lentamente sobre los cuatro rostros extraños.

—Él no está aquí entre ellos. No conozco a ninguno de estos caballeros.

Se disponía a cerrar de nuevo los ojos cuando el que hablaba siempre primero se adelantó a los tres, y dijo:

—Es suficiente con conoceros a vos, señor Filippo Mannini. Teníamos orden de esperaros y deteneros. Han sido interceptadas cartas vuestras de las que se infiere que habéis puesto pie nuevamente en Toscana, no sólo para celebrar un duelo, sino para reanudar de nuevo ciertas relaciones que debían redundar en servicio de vuestro partido en Bolonia. Tenéis delante al comisario de Policía, y aquí está la orden de detención.

Sacó una hoja del bolsillo y la puso ante los ojos de Filippo. Éste la miró de hito en hito, como si no comprendiese nada de lo que sucedía, y se sumió de nuevo en su soñolienta modorra.

—Inspeccionad las heridas, doctor —se dirigió el comisario al médico—. Si su estado lo permite, trasladaremos a este caballero allá abajo inmediatamente. Afuera he visto caballos. Si nos apoderamos de ellos realizaremos dos actos en favor de la ley, porque están cargados con mercancías de contrabando. Deben saber de una vez por todas qué clase de gentuza frecuenta este pueblo de Treppi.

Mientras decía esto, y en tanto el médico se aproximaba a Filippo, desapareció Fenice de la habitación. La vieja Chiaruccia siguió sentada sin inmutarse, mascullando algo para sus adentros. Se dejaron oír voces, y un trajinar de gentes que van y vienen. A través del hueco de la pared que hacía las veces de ventana aparecieron caras que se esfumaban al momento.

—Es posible, en efecto —dijo el médico—, trasladarle abajo,

porque está vendado fuertemente y con maestría, por cierto. Pero se repondría más rápidamente si se le dejase reposar tranquilo y bajo los cuidados de esta vieja bruja, cuyas hierbas medicinales harían avergonzarse de su ciencia al médico más experto. La fiebre, que es consecuencia de las heridas recibidas, puede costarle la vida durante el camino. Yo declino en absoluto toda responsabilidad en este asunto, *signor comissario.*

—No es necesario, ni podemos andar con miramientos. Ponedle un vendaje, tan prieto como podáis, para que nada quede omitido, y luego, adelante. Esta noche hay luna y llevaremos un mozo con nosotros. Vos, Molza, afuera entre tanto, y asegurad las cabalgaduras.

Uno de los esbirros, el destinatario de la orden, abrió rápidamente la puerta de la alcoba con intención de salir, cuando un inesperado espectáculo le detuvo en seco, petrificado de asombro. La habitación de al lado estaba llena de un tropel de gentes del lugar, a cuyo frente se hallaban dos *contrabbandieri.* Y Fenice, que había hablado previamente con ellos, se adelantó hasta el umbral para decir con gran aplomo:

—Debéis abandonar en el acto la habitación, *signori*, y sin el herido, o de lo contrario no volveréis a ver Pistoia. En esta casa no ha corrido aún la sangre desde que es su dueña Fenice Cattaneo, y la Virgen nos guarde de cualquier atrocidad en el futuro. No intentéis tampoco volver, tal vez con más gente. Creo que conserváis aún en vuestra memoria el lugar donde la escalerilla de piedra sube entre paredes cortadas en pico. Un niño puede defender ese paso haciendo rodar abajo las rocas que hay amontonadas arriba. Pondremos allí un centinela hasta que este señor esté sano y salvo. Idos ahora, pues, y enorgulleceos de la heroica acción de haber engañado a una muchacha y haber querido asesinar a un hombre herido.

Los rostros de los esbirros enrojecían de furia más cada vez. Tras las últimas palabras sobrevino una tensa pausa. Después los tres sacaron sendas pistolas, hasta entonces ocultas, y el comisario dijo con sangre fría:

—Venimos en nombre de la ley. ¿No la respetáis vosotros y encima queréis impedir que otros la ejecuten? Si nos obligáis a hacerla respetar y cumplir por la fuerza, puede costaros la vida a media docena de vosotros.

Un murmullo recorrió el grupo.

—Calma, amigos —alzó la voz la decidida joven—. No se atreverán a eso. Sabes bien que por cada uno de nosotros que maten caerán seis de ellos. Habláis como un insensato —dijo, dirigiéndose al comisario—. Pero, al menos, el temor que dejan ver a las claras vuestras frentes, habla más cuerdamente que vos. Haced lo que él os aconseje. ¡El camino está libre, *signori*!

Retrocedió, y se dirigió por la izquierda hacia la puerta de entrada de la casa. Los que estaban en la alcoba cuchichearon entre sí unas breves palabras, y después echaron a andar, con más tolerable actitud, por entre el excitado grupo, que les llenaba de maldiciones y denuestos, cada vez más encrespados, durante el breve recorrido. El cirujano permaneció dentro, indeciso sobre si debería seguirlos o no. Pero a un gesto imperioso de la joven se unió presta y obedientemente a sus acompañantes.

El enfermo había contemplado esta escena desde la cama, con los ojos muy abiertos y medio incorporado. La vieja se acercó de nuevo a él y le arregló las almohadas.

—¡Estaos tranquilo, hijo mío! —dijo—. No hay peligro alguno. Dormid, dormid, pobre hijo. La vieja Chiaruccia vela y de vuestra seguridad se encarga nuestra Fenice, Dios la bendiga. ¡Dormíos, vamos, dormíos!

Le adormeció con monótonas cantilenas, como a un niño. Y él se llevó a sus sueños el nombre de Fenice.

Diez días hubo de permanecer Filippo arriba en la montaña, y bajo los cuidados y vigilancia de la vieja, durmió profundamente y largamente por las noches y durante el día gozó del puro aire serrano y de la soledad, sentado ante la puerta. Tan pronto como estuvo en condiciones de escribir, envió un propio a Bolonia con una carta, cuya respuesta llegó días después, sin que pudiese leerse en su rostro si era propicia o desagradable. Fuera de su cuidadora y de algunos niños del lugar, no habló con nadie; a Fenice la veía por las tardes, cuando ésta recogía el ganado y los rebaños, pues abandonaba la casa al rayar el alba y permanecía todo el día en pleno monte. En otros tiempos no ocurría así, según pudo inferir de algunas manifestaciones captadas al azar. Pero, por otra parte, aunque se hallase en casa, no había posibilidad de entablar conversación con ella. Se comportaba como si no advirtiese en absoluto la presencia de él y parecía vivir igual que antes; pero su cara se había vuelto como tallada en granito, y sus ojos estaban apagados y tristes.

Un día que Filippo, atraído por el espléndido tiempo, se alejó de la casa más de lo acostumbrado, y sintiéndose otra vez en posesión de sus fuerzas, trepó hasta unos riscos, para descender después una suave colina, casi se asustó cuando, al volver una gran peña, se encontró a Fenice, sentada en el musgo junto a una fuente. Tenía la rueca en las manos y parecía ensimismada en sus pensamientos, mientras devanaba el huso. Al oír los pasos de Filippo, alzó la vista y se demudó su rostro, aunque no pronunció palabra. Se levantó con presteza y recogió sus enseres de trabajo. Instantes después había escapado, sin hacer caso de las llamadas de él.

La mañana siguiente a este encuentro, recién levantado él, y entregado a la dulce tarea de encaminar hacia ella sus primeros pensamientos, se abrió la puerta de su habitación y entró la muchacha, con gesto sereno y tranquilo. Desde el umbral le hizo una señal imperiosa con la mano, y él se apresuró a obedecer, acercándose a ella desde la ventana junto a la cual le había sorprendido.

—Estáis de nuevo a salvo —dijo la joven con frialdad—. He hablado con la vieja, y cree que tenéis ya suficientes fuerzas para emprender el viaje, en pequeñas jornadas y a caballo. Mañana temprano abandonaréis Treppi y no volveréis allí abajo. Espero de vos esta promesa.

—Lo prometo, Fenice, pero con una condición.

Ella calló.

—¡Que te vengas conmigo, Fenice! —exclamó él con incontenible emoción.

En sus oscuras cejas vibró un relámpago de furia. Pero se contuvo, y dijo, asiendo el pestillo de la puerta:

—¿Qué he hecho yo para merecer esta burla? Habéis de prometerlo sin condición alguna; de vuestra caballerosidad lo espero, *signor.*

—¿Vas a rechazarme así, después de haberme empapado hasta la médula en tu filtro amoroso, y hacer que me entregue a ti para siempre jamás, Fenice?

Ella movió suavemente la cabeza.

—Ya no existe entre nosotros conjuro alguno, señor —dijo, con voz apagada—. Habéis perdido sangre antes que la bebida hubiese surtido efecto, y el conjuro se ha roto. Así está bien, porque yo me porté mal. No hablemos más de esto, y decidme tan sólo que os marcharéis. Se os preparará un caballo, y os acompañará un guía hasta donde os parezca preciso.

—Si el embrujo que a ti me liga no tiene ya poder, tendrá que ser otro, niña, contra el cual tú nada puedes. Que Dios me...

—¡Silencio! —le interrumpió ella, y sus labios se contrajeron, sombríos—. No quiero oír las palabras que vais a pronunciar. Si creéis que me adeudáis algo, que me debéis un desagravio, y me tuvierais compasión..., os digo que os vayáis, y con esto están saldadas las cuentas. Ahora sé bien que es tan imposible comprar a un hombre con unos cuantos favores o servicios insignificantes como con siete años de espera, que son bien evidentes ante Dios Todopoderoso. No debéis pensar que me habéis hecho desgraciada; al contrario, me habéis curado. ¡Idos, pues, y llevaos mi sincera gratitud!

—¡Respóndeme ante Dios! —gritó él fuera de sí, acercándose a ella—: ¿te he curado también de tu amor?

—No —dijo ella con firmeza—. ¿Por qué preguntáis eso? El amor es mío, y no tenéis derecho ni poder alguno sobre él. ¡Marchaos!

Retrocedió y traspasó el umbral. Pero él se arrojó entonces a sus pies, y abrazó desesperadamente sus rodillas.

—Si es cierto eso que dices —gritó con voz desgarrada de dolor—, sálvame, tómame, acógeme en ti, o si no, esta cabeza que ha experimentado un milagro en sus junturas se hará pedazos junto con este corazón que tú quieres rechazar. ¡Mi mundo está vacío, mi vida es una presa de odio, mi antigua y mi nueva patria me destierran...! ¿Para qué seguir viviendo, si también he de perderte a ti?

Levantó la mirada hacia ella, y vió cómo de sus cerrados ojos fluía un torrente de lágrimas. Su cara estaba aún inerte y sin expresión, respiró profundamente, y sus mudos labios se estremecieron; la vida pareció renacer en ella de un golpe. Se doblegó hasta él y sus fuertes brazos le alzaron del suelo:

—¡Eres mío! —dijo, temblorosa de pasión—. ¡Ahora soy tuya, tuya para siempre!

*

Cuando salió el sol del siguiente día, sus rayos bañaron a la pareja, que marchaba camino de Génova, donde Filippo había decidido hurtarse a la persecución de sus enemigos. El hombre, alto y pálido, cabalgaba sobre un seguro y tranquilo caballo, que llevaba su novia de la rienda. A ambos lados del camino se extendían las cumbres y los abismos del hermoso Apenino, bañados en la transparente y tersa claridad del otoño; los aguiluchos describían sus lentos círculos sobre los canchales y allá a lo lejos destellaba el mar. Y como él, plácido y esplendoroso, se abría el porvenir ante los dos caminantes.